KB254056

기자가 말하는

기자

지은이들 임영주 경향신문 주말팀 기자 | 한정일 조선일보 편집부 기자 | 박대호 전 경향신문 경제부장 대우, 현 오리온 그룹 상무 | 엄민용 굿데이 교열팀장 | 민경욱 KBS 보도국 기자 | 이기창 연합뉴스 국제뉴스국 특신부 차장 | 박인규 프레시안 대표 | 김연수 문화일보 사진부장 | 서화동 한국경제신문 문화부 기자 | 정일용 연합뉴스 논설위원 | 양훈도 경인일보 문화체육부장 | 지정남 East-Asia-Intel.com 한국 특파원 | 정지환 시민의신문 취재부장 | 이종만 인천 연수타임즈 사회부 기자 | 김철관 오마이뉴스 시민 기자 | 김녕만 전 동아일보 사진부장, 현 월간 사진예술 발행인 | 최상훈 AP통신 서울지국 특파원 | 천세익 한국언론재단 연수팀 차장 | 김종래 전 동아일보 기자, 현 파파DVD 대표 | 김삼웅 전 대한매일 주필, 현 성균관대학교 언론정보대학원 겸임교수 | 함경옥 전 세계일보 논설위원 | 박종권 중앙일보 사회부차장 | 반영환 전 서울신문 논설고문 | 이희용 연합뉴스 여론매체부 차장 | 정운현 오마이뉴스 편집국장 | 공희정 한국디지털위성방송 홍보팀장(이상 원고 게재 순)

기자가 말하는 기자

2003년 12월 29일 초판 1쇄 발행
2022년 10월 1일 초판 14쇄 발행

지은이 임영주 외 25인 | 펴낸곳 부키(주) | 펴낸이 박윤우
등록일 2012년 9월 27일 | 등록번호 제312-2012-000045호
주소 03785 서울 서대문구 신촌로3길 15 산성빌딩 6층
전화 02) 325-0846 | 팩스 02) 3141-4066
홈페이지 www.bookie.co.kr | 이메일 webmaster@bookie.co.kr
제작대행 올인피앤비 bobys1@nate.com
ISBN 978-89-85989-63-3 14300
ISBN 978-89-85989-61-9(세트)

부키 전문직 리포트 2

기자가 말하는 기자

24명의 전·현직 기자들이
솔직하게 털어놓은
기자의 세계

부·키

차례

졸병 기자의 세상 보기

1장

박카스와 크림빵으로
세상을 배우다

| 임영주 |

경향신문 주말팀 기자. 2000년 3월 경향신문사에 입사해 2년 동안 사회부 경찰팀에서 일했다. 경제부 증권팀, 산업팀, 전자업계, 재경부 등을 거쳐 현재 주말팀에서 주말 섹션을 맡고 있다.

무더운 날씨가 이어지던 7월. 3킬로그램이 훌쩍 넘는 노트북 가방을 어깨에 메고 청량리경찰서 앞의 오르막길을 걸어가면 경찰서 정문에서 보초를 서고 있던 전경이 반갑게 인사를 하곤 했다.

"기자 누나, 기자 누나~"

그 목소리는 반가움이 넘쳐 애처롭기까지 했다. 솜털과 여드름이 채 가시지 않은 앳된 얼굴의 그 전경도 나처럼 힘들고 외로운 '졸병'이었다. 고등학교를 막 졸업한 어린 나이에 시작한 경찰서 생활에 힘들어하며 정을 그리워하는 그 표정이 지금도 생생하다. 그 전경을 보면서 바로 수습 기간의 내 모습을 보곤 했다.

선배들의 호통에, 처음 겪어 보는 경찰서 숙식 생활에, 꾀죄죄해진 외모에, 이런 모든 조건들이 갑자기 서러워지면 구석에서 혼자 우는 궁상을 떨기도 했지만 그와 동시에 느낀 것은 무엇이든 해야 하고 또 할 수 있다는 힘이 내 안에 생겼다는 것이다.

2000년 3월에 입사했으니까 여름을 지나 그해 9월까지 수습 기간을 거쳤다. 수습 기간이 끝난 후에도 사회부 경찰팀에 남아 1년 6개월을 더 근무했으니 총 2년 동안 경찰팀에서 일한 셈이다.

사람들은 수습 기간, 특히 경찰팀에 근무했을 동안 몸이 많이 힘들지 않았느냐, 어떻게 험한 일들을 했냐며 물어오곤 한다. 험하고 힘든 일들이 많은 것은 사실이지만 더 중요한 건 그런 상황이 직업으로서 기자 생활을 하는 데 어떤 의미를 갖고 있느냐 하는 것이다.

내게 사회부 수습 시절과 초년병 기자 시절은 정문 앞에서 보초를 서고 있던 막내 전경의 심정과 같은 것이었다. 어느 정도는 고생스러운 처지에 있지만 그럼으로써 주변의 일들이 하나하나씩 눈에 들어오고, 그 안에서 버텨야 한다는 깡이 생기는 것. 고생스럽지만 그 기간을 거치지 않았으면 결코 느끼거나 얻지 못했을 경험들을 차곡차곡 쌓아나갔던 기간이었다.

박카스 두 병과 크림빵 한 봉지.

수습 시절, 선배의 첫 번째 취재 지시를 받는 아침마다 청량리경찰서 근처의 슈퍼마켓에서 샀던 것들이다. 택시를 타고 취재 장소까지 가는 동안에 따뜻한 밥과 국 대신 빵을 씹으며 박카스로 목을 축였다.

선배의 지시에 따라 이곳저곳 돌아다니다 보면 잠은 부족하기 마련이고 더운 여름날 입맛이 있을 리 없었다. 빵으로 배를 채우면서 졸음을 쫓기 위해 우유나 주스 대신 박카스를 마셨다. 박카스는 양이 적으므로 빵 하나를 목으로 넘기기 위해서는 두 병을 마셔야 했다.

일이 익숙하지 않은 수습 초기, 밤 8~9시에 시작하는 저녁 마와리

(담당 경찰서를 돌며 발생한 사건 사고를 챙기는 것)는 새벽 2시가 돼서야 끝난다. 경찰서로 돌아와 씻고 잠자리에 들지만 아침 마와리를 돌기 위해서는 새벽 4시쯤 일어난다. 두어 시간만 자고 다시 일어나 좀전에 돌았던 관내를 다시 돌며 아침 보고거리를 챙기게 된다.

이렇게 몇 시간밖에 못 자는 생활이 일주일을 넘으면 체력적인 한계를 느낄 수밖에 없게 된다. 길을 걷다 너무 졸리면 눈에 띄는 벤치로 가 잠시 졸다 다시 일어나 걷기를 반복할 정도였다. 잠을 제대로 못 자면 신경도 날카로워지고 일을 하다가 실수를 할 가능성이 많기 때문에 일을 하는 데 더욱 신경을 쓸 수밖에 없다. 하지만 수습 때의 이 같은 고행은 나중에 갑작스러운 취재 상황이 생겼을 때 재빨리 대응할 수 있는 바탕이 된다.

하루는 기획 회의 후 뒤풀이를 하고 있을 때였다. 이미 여러 잔의 폭탄주가 돌았고 시간도 밤 12시를 넘어가고 있었다. 회사에서 갑자기 '미국에서 추가 테러가 발생했다.'는 연락이 왔다. 회식하던 경찰팀들은 모두 회사로 들어왔고 그때부터 취재하고 기사를 작성하기 시작했다. 이런 상황에서는 술기운도 누를 수 있는 정신력을 동원하는 것뿐이다.

전날 아무리 늦게까지 술을 마셨어도, 한숨도 못 잤어도 누구에게 사정을 봐 달라고 할 수는 없다. 그런 날일수록 새로 실시된 의약 분업 정책이 제대로 정착되고 있는지 확인하기 위해 새벽까지 병원 응급실을 돌거나, 수해가 난 지역에 나가 피해 상황을 확인하거나, 문제를 일으킨 유명인사를 집 앞에서 밤새 기다려야 하거나, 분명 일이 생기게 마련이다.

어떠한 상황에서든지 맡은 일은 해내야 한다는 책임감을 가지는 것은 수습 때 배워야 할 가장 큰 덕목 중 하나다.

역경이 많을수록 이해 폭이 넓어진다

수습 기간에는 선배의 지시에 쫓기고 야단에 밀려 떠밀리듯 일을 배우기 시작하지만 이런 과정이 계속 되면서 스스로 일에 대한 욕심도 붙고, 오기가 생기게 된다. 정확한 사실을 찾아내 알리는 것이 가장 중요한 만큼, 이런 오기가 없으면 오보를 내기 쉽고 가치 있는 기사를 만들어 내기도 어렵기 때문이다.

수습 시절, 1차 이산가족 상봉을 앞두고 취재 경쟁이 벌어졌다. 역사적인 행사인 만큼 애절한 사연을 가진 이산가족의 이야기를 찾아내는 것이 중요했다. 당시엔 세종연구소 소장 강영훈 전 총리를 인터뷰하려는 경쟁이 벌어졌다. 강 전 총리는 적십자 총재까지 지낸 분으로 자신의 지위를 이용하면 얼마든지 북측 방문단에 포함될 수 있었으나, 자신의 처지를 알리지 않고 일반인들과 마찬가지로 상봉단 추첨에 응모했다가 탈락하고 말았다. 이 사연이 뒤늦게 알려졌으나 강 전 총리는 자랑할 것이 못 된다며 인터뷰를 고사하고 있었다.

그때 나는 선배의 취재 지시를 받고 경기도 세종연구소로 향했다. 강 전 총리가 모든 인터뷰를 거절하고 있으니 설사 인터뷰가 성사되지 않더라도 큰 부담은 갖지 마라고 선배는 말했지만, 왠지 느낌이 좋았고 꼭 하고 싶다는 욕심도 생겼다.

담당 비서가 냉정하게 문전박대를 했다. 그러나 나는 여기까지 왔으니 얼굴 뵙고 인사라도 드리고 가겠다고 문밖에서 기다렸다. 시간이 지나고, 더운 날 그곳까지 찾아와 기다리고 있는 정성을 높이 샀는지 강 전 총리는 인터뷰에 응해 주었다. 어떤 일을 진심으로 하고자 한다면, 또 그만큼의 정성을 보인다면 사람의 마음은 움직인다는 것을 그때 깨닫게 됐다.

강 전 총리의 인터뷰를 성사시켰던 경험은 그 이후로도 어려운 인터뷰를 더 적극적으로 시도하게 되는 바탕이 됐고, 성사 가능성이 있는 취재나 일에 대해서는 쉽게 포기하지 않는 태도를 갖게 되는 계기가 됐다.

언제던가. 미군기지 관련 취재를 갔다가 별 성과 없이 돌아오던 길이었는데, 좀 전에 인터뷰를 했던 관계자가 전화를 걸어와 이야기를 들을 만한 사람의 연락처를 알려 주었다. 그 관계자는 "피곤해 보이기는 했으나 눈빛이 살아 있어서 도움을 주고 싶었다."고 말하며 전화를 끊었다.

일에 대한 자신감이나 노하우는 한 번에 쌓이지 않는다. 수습을 거치면서 이러한 경험을 하다 보면 어떤 게 옳은 취재 방법인지에 대해 확신이 선다.

'안 되면 되게 하라.'의 정신을 잘못 체득하면 엉터리 기자가 될 수도 있다. 마감에 쫓기거나, 윗사람의 재촉에 마음이 급하거나, 자신의 욕심이 앞설 때, 또 그러한 마음을 스스로 제어하지 못할 때 억지로 기사를 만드는 경우다. 그러나 이런 기사는 남들이 읽어도 본인이 읽어도 잘못된 기사라는 것이 금방 드러난다. 이 경계선에서 옳은 길로 완전히 돌아서는 것도 수습 기간에 결정된다.

하나 더. 안 되는 걸 되게 할 수 있지만, 운이 없어 혹은 실력이 모자라 결국 안 되는 일로 끝나는 경우도 생긴다. 보통은 노력하면 안 되는 것도 된다. 하지만 경우에 따라서는 정말 노력했는데도 안 되는 경우가 종종 생긴다. 마음 아프지만 다음을 기약하며 그 상황을 받아들이는 것도 필요하다.

사람들을 많이 만나면서 배운 것 중의 하나는 어려운 일을 많이 겪어 본 사람일수록 다른 사람의 아픔, 세상의 아픔을 더 많이 이해할 수 있다는 것이다. 수습 시절 힘든 일을 많이 겪게 하는 것도 이 같은 의미가 있다고 생각한다.

수습 시절, 윤락가인 미아리 텍사스에 취재를 간 적이 있다. 윤락가를 담당하는 경찰들이 뇌물을 받았는지 여부를 확인하는 취재였다. 태어나서 처음으로 발을 들여 놓은 윤락가라 스스로도 긴장이 많이 됐다. 그곳으로 들어가기 전까지 입구에서 서성이면서 마음 다잡기를 여러 번. 밤샘 영업을 끝내고 청소를 하고 있는 업소 한 곳 한 곳을 돌며 취재를 시작했다.

취재를 하러 왔다고 하면 문전박대를 당할지도 모른다고 생각했는데, 취재 상황을 듣자 업소 주인과 그곳에서 일하는 사람들 모두 경계하는 표정을 풀고 취재에 응해 주었다. 자신이 알고 있는 선에서 솔직하게 말해 주었고, 구속 경찰관에 대한 뒷이야기도 들려주었다. 이런저런 얘기를 하면서 말이 잘 통한다고 느끼자 그들은 수박화채며 사이다를 내주었고, 나는 또 덥석 받아먹었다. 나중엔 언니 동생 하자며 연락처도 주고받았다.

여러 업소를 들어갔다 나왔다 하며 취재를 마치고 나서 마음은 왠지 싸했다. 그곳에서 일하는 사람들에게서 풍기던 느낌이 그 어떤 곳의 사람들보다 솔직하고 순했기 때문이다. 다른 사람에 대한 연민도 진실하고 깊다고 느꼈다. 윤락 행위의 옳고 그름을 떠나서 그들은 편치 않은 상황에서 돈을 버는 사람들 중의 하나였던 것이고, 다른 사람의 어려움을 누구보다 쉽게 이해할 수 있는 사람들이었다.

편히 산 사람은 어려움을 이해하기 힘들지만, 어렵게 산 사람은 나중에 잘 살게 되어도 남의 사정을 이해할 수 있다. 사람과 사회에 대한 것도 마찬가지다.

언론의 가장 큰 역할 중의 하나가 스스로 목소리를 내기 어려운 사람을 대변하고 부조리를 고발하는 것이라면, 기자는 분명히 사회의 어려움과 힘든 사람의 처지를 이해할 수 있는 바탕이 있어야 한다.

사람들은 흔히 기자들은 성격이 예민하고 가끔씩 신경질적이고 난폭하기까지 하다고 말하곤 한다. 하지만 다른 사람의 마음을 빠르게 파악하며 동정심도 강하다. 그건 아마도 기자가 취재를 부탁하는 직업이기 때문이 아닐까. 취재는 협조를 받아내는 과정이다. 중요한 사실을 이야기하도록 상대방을 설득하고 필요한 정보를 받을 수 있도록 요청하는 과정을 포괄하는 것이다. 부탁을 하고 무엇인가를 받아내야 하는 입장을 알기 때문에 부탁이나 사정하는 사람들을 쉽게 외면하지 못하는 점도 있는 것 같다.

때로는 거짓말도 필요하다

사회부에서는 거짓말을 통한 취재를 할 수밖에 없는 상황이 온다. 특히 막일을 해야 하는 수습기자라면 더 말할 나위 없다. 의도야 어찌 됐든 누군가를 속여야 한다. 속여서 하는 취재는 대의의 옳음을 떠나 결국 취재 대상자에게는 상처를 주는 종류의 기사일 가능성이 크기 때문에 마음이 편치 않은 경우가 많다. 법조에 오래 출입했던 한 선배는 친하게 지낸 한 검사로부터 이런 말을 들었다고 한다.

"기자와 검사는 본의가 아니더라도 다른 사람들에게 상처 주는 일을 할 수밖에 없으니 평소에 덕을 많이 쌓아야 한다."

실제로 이 문제로 고민하는 동료 선후배도 많다. 나도 때때로 이런 고민에 빠진다. 누군가를 닦달해서 얻어 내고 아픈 곳을 들춰서 알리는 일에 대한 부담감 때문이다.

한 시민단체가 공기업에게 후원금을 요구했던 사건을 취재할 때 나 역시 거짓말을 했다. 해당 시민단체가 공기업에 후원금을 요구한 사실을 공기업 쪽에서는 확인을 해 주었지만, 시민단체로부터도 사실을 확인해야 했다. 단도직입적으로 물어보면 사실 확인을 해 주지 않을 것이기에, 나는 시민단체의 재정 구조에 대한 현황을 취재하러 왔다고 말했다. 시민단체 관계자는 친절히 상황에 대해 설명해 줬다.

"얼마 전 후원회에서 기업들도 후원금을 냈다던데…"

나는 이렇게 말을 꺼내며 "혹시 그 내용을 볼 수 있냐."고 물었다. 담당자는 "팀원들한테도 보여 주지 않는 대외비인데…" 하며 책꽂이에서 파일 하나를 꺼내 들었다. 바로 그 파일에는 국내 유명 대기업들의 명단과 그곳에서 낸 후원 금액이 나란히 적혀 있었다. 수첩에 내용을 적을 수는 없었기에 눈에 쌍심지를 켜고 회사 이름과 금액을 머릿속에 집어넣었다.

그때 확인한 내용으로 기사는 나갔고 신문 초판이 나간 후 해당 시민단체는 긴급 해명 기자회견을 열어 후원금을 받은 다른 의도는 없었다고 말했다. 내가 취재했던 시민단체 관계자로부터 "어떻게 이럴 수 있느냐."는 항의 전화가 오리라 생각했는데, 끝내 전화는 오지 않았다.

그 단체 입장에서는 공개하지 말았어야 하는 내용을 외부인에게 보여준 잘못을 통감했을 테니, 내가 거짓말을 했던들 자신의 잘못을 스스로 책망하지 않을 수는 없었던 터였다.

나 역시 대의야 어쨌든 거짓말을 했으니 그쪽에서 전화가 왔다 한들 미안하다는 말밖에 할 말이 없었을 것이다. 그 일 이후로 한동안은 무거운 마음을 안고 지냈다.

무기 로비스트의 주변 상황을 취재할 때는 화장품 방문 판매원을 가장해 수위 아저씨를 속이고 빌라로 들어가 취재를 하기도 했다. 2~3시간 버티면서 이것저것을 물어본 끝에 로비스트 관련 주변 정보를 얻어 돌아오기는 했지만 "회사에서 잘리지 말고 화장품 많이 팔라."며 배웅해 주는 수위 아저씨를 뒤로 하고 나오는 마음도 편하지는 않았다.

언젠가 법원 직원의 사기 범죄 내용이 외부에 알려지지 않도록 영장에 애매한 표현을 쓴 검찰의 봐 주기 식 수사를 지적하는 기사를 쓴 적이 있다. 기사가 나간 이후로 담당 지청에서 섭섭해 한 것까지는 알고 있었다. 어느 날 법원을 들렀더니 법원의 다른 직원이 "보통 같은 죄에 대해 받는 처벌보다 더 과중한 처벌을 받았다. 기사 때문인 것 같다."며 아쉬워했다. 검찰의 봐 주기 식 수사를 지적한 것은 옳은 일이었지만 그 사람에게는 인간적으로 미안한 일일 수밖에 없다. 마음은 불편하지만 기사를 쓰기 위해서는 이런 상황을 감수해야 하는 것도 사실 쉽지는 않은 일이다.

수습 시절과 사회부 초년병 시절에 겪고 느꼈던 일들이 왜 중요했는지, 시간이 지나서야 깨달을 수 있게 됐다. 수습 당시에는 몸도 바쁘고 일 배우느라 정신도 없기 때문에 의미를 찾을 마음의 여유가 없었기 때문이다. 수습 기간을 겪으면서 생긴 고민들 중에는 아직 해결하지 못한 것들도 있다. 하지만 그 과정에서 여러 어려움을 겪고, 많은 사람들을 만나면서 깨달은 것들은 지금 취재를 하고 살아가는 데도 많은 영향을 주고 있다.

기자라는 직업을 갖게 되면 다른 직업을 갖게 된 또래 친구들보다 사회에 대해, 세상에 대해 자의반 타의반으로 더 빨리 알게 된다. 한동안은 그것을 빨리 받아들여야 하는 것이 버겁고 힘들 때도 있었지만 또 한편으로는 그만큼 알게 되고 배우게 되는 것이 많다는 뜻이기도 하다.

기록하는 자의 숙명

2장

무명씨로 남아 있는
신문 지면의 총 연출가

| 한정일 |

조선일보 편집부 기자. 1988년 조선일보에 입사해 조선일보의 모든 면을 편집해 보았다. '나리 양 유괴사건' 편집으로 이달의 기자상을, 월드컵 섹션 편집으로 한국편집기자회 월드컵편집대상 최우수상을 수상했다.

오후 5시, 서울 광화문에 있는 어느 조간 신문사의 첫 번째 마감 시간. 겉으로 보기엔 평범한 회사의 사무실과 별 차이 없어 보이는 신문사 편집국은 '찌르면 터질 듯한' 팽팽한 긴장감으로 가득하다. 여기 저기 울리는 전화, 기사를 보완하고 지시하는 데스크들, 원고와 사진과 도표를 들고 부산하게 움직이는 기자들. 하루의 뉴스를 정리하고 종합하는 작업이 철저히 분업화된 시스템에 의해 움직이는 신문사 편집국의 책상 위엔 백지로 출발했던 각 지면들이 하나씩 채워지기 시작한다. 기사가 늦어지거나 지면이 마음에 안 들 때는 고성이 터지기도 한다.

지금은 기자 직군도 물갈이가 되어 신세대가 많이 유입되었고 '신사적인 분위기'가 많아졌지만 몇 년 전까지만 해도 "자식이 이걸 기사라고 썼어?" 혹은 "얌마! 이걸 제목이라고 달았냐? 다시 달아!"라며 호통 치는 모습을 흔히 볼 수 있었다. 신문 제작이 컴퓨터화되기 이전, 원고지에 기사를 썼을 때 어떤 데스크(기사나 제목을 지시, 수정하는 간부)는 기자가 쓴 원고 뭉치를 당사자가 보는 앞에서 쓰레기통에 처박아 버리기도 했으며 상소리, 욕설에 멱살잡이까지 하는 광경을 연출하기도 했다.

더 좋은 신문을 더 빨리 더 정확하게 독자에게 전달하기 위해 매일 매일 벌어지는 이런 전쟁터 같은 치열한 신문 제작의 최전선에 편집부 기자들이 있다. 그렇다. 신문을 만드는 것은 매일 승패가 결정되는 전쟁, 칼 대신 붓을 들고 싸우는 치열한 전투에 다름 아니다.

"편집 기자도 기자인가요?"

신문 편집 기자의 존재를 제대로 알고 있는 일반 독자는 드물다. 편집부의 역할에 대해서도 상당한 오해가 있는 것이 사실이다. "편집 기자도 기자인가요?"라는 물음은 보통이고 "편집부가 뭐하는 데죠? 신문 찍는 공장에서 일하세요?"라는 황당한 질문을 받을 때도 있다. 그도 그럴 것이 '신문 기자' 하면 떠오르는 것이 취재원을 만나 특종을 캐는 날렵한 기자의 모습이거나 사건 현장에서 범행을 재구성하는 날카로운 눈빛의 현장 기자를 연상하는 것이 보통이기 때문이다. '기자'라고 하면 흔히 역사의 비밀을 파헤쳐 기록하고 정권을 송두리째 뒤흔들 수 있는 특종을 날리는 근사한 모습을 떠올리게 마련이다. 책상머리에 하루 종일 붙어 앉아 백지 위에 신문 지면 만들 구상을 하고 하루 몇 번

씩의 마감 시간 때면 머리를 쥐어뜯으며 제목을 적어 나가는 사람들을 기자직과 연관시키기는 쉽지 않을 것이다.

그러나 신문을 알고 신문 제작 현장의 경험이 있는 사람들은 편집부야말로 신문의 품질과 영향력을 좌지우지하는 중요한 부서이고 편집부 기자는 어느 부서의 취재 기자 못지않은 '기자 중의 기자'라고 말하는 경우가 많다. 신문과 신문 기자는 물론 특종을 쫓는다. 그러나 매일매일의 신문 지면 중에서 괄목할 만한 특종은 경험적으로 볼 때 전체 기사의 1%도 되지 않는다. 신문을 만들어 나가는 나머지 99%의 뉴스 기사들을 대개 웬만한 신문사와 언론사들이 공유한다. 인터넷 등 새로운 뉴스 매체의 발달로 인해 뉴스 정보는 실시간으로 급속하게 전파되는 경향을 보이며 특정 매체가 특수 정보를 독점하는 것은 굉장히 힘든 상황이 됐다.

정신 차릴 수 없을 정도로 많은 뉴스가 쏟아지는 이러한 조건에서 더욱 더 중요해지는 것은 그 뉴스들을 간추려 핵심을 독자들에게 잘 전달해 주는 것이고 또 세상의 변화와 흐름을 추적해 독자들이 건전한 비판 정신을 가질 수 있도록 방향과 가치를 부여하는 것이다. 적어도 40~50쪽, 많을 때면 70~80쪽까지 매일 신문을 발행하는데 일반 독자들은 도저히 그 기사들을 전부 읽어 낼 시간이 없다. 그래서 눈에 띄는 기사만을, 그것도 제목만을 대충 보고 지나가는 면이 대부분이다.

신문사의 편집 기자들은 뉴스의 홍수 속에서 독자에게 전달해야 할 것들을 골라내 그 내용을 압축하는 맛깔스러운 제목을 붙이는 뉴스 전달과 포장의 전문가들이다. 방송사에 PD가 있듯이 신문 지면의 총 연출가를 편집 기자로 보면 된다. 편집 기자가 하는 가장 중요한 일은 쏟아지는 뉴스 중에서 신문에 실릴 기사, 사진, 그래픽 등을 취사선택하고 그 기사의 가치를 부여하는 '단수'를 결정한 다음 그 기사를 압축, 해석하는 제목을 붙이는 것이다. 이러한 일을 하는 편집부를 신문사에 따로 두는 이유는 신문 제작이 잡지 및 출판과는 달리 상당히 짧은 시간에 신속하게 이루어지기 때문에 기사를 재빨리 처리하고 제목을 달 수 있도록 평소에 훈련 받은 사람들이 필요하기 때문이다. 각 신문사들은 독자의 집 앞에 새벽 몇 시까지 배달이 되기 위해서는 새벽 몇 시 몇 분까지 신문 제작이 끝나고 인쇄가 시작되어야 한다는 시간표를 갖고 있다. 이 마감 시간을 지키기 위한 기자들의 스트레스는 상당하며 어느 신문사의 편집국을 가 보더라도 마지막까지 기사 한 줄을 더 쓰려는 취재 부서와 신문 제작 시간을 지키려고 기사 출고를 재촉하는 편집부의 신경전을 쉽게 볼 수 있다.

최후의 기자, 최초의 독자

이렇게 신속하게 업무를 수행하지만 유능한 편집 기자는 신문 제목에 독특한 개성과 가치관, 세계를 바라보는 시각을 담는다. 똑같거나 비슷한 기사를 실은 신문들이 편집 기자의 능력과 가치관에 따라서 완전히 다른 인상과 호소력을 갖는 경우를 신문을 유심히 관찰한다면 수없이 볼 수 있다. 예를 들어 다음과 같은 기사가 당신 앞에 놓여 있다고 치자.

'세계보건기구는 북경을 제외한 중국 대부분 지역을 사스 위험 지역에서 제외했다고 14일 밝혔다. 세계보건기구는 중국의 허베이, 텐진, 광둥, 산시 지역에서 최근 20일간 사스 환자가 추가로 발견되지 않았다고 밝히고 외국인 관광객 등에 대한 이 지역의 여행 자제 권고를 철회했다고 말했다. 그러나 북경과 대만에 대한 여행 자제 권고는 여전히 유효하며 대만에서는 14일 새로운 사스 환자가 5명 발생했다고 확인했다.'

자, 이 짧은 뉴스를 어떻게 처리할 것인가.

'중국 대부분 사스 위험 지역서 제외'라는 제목을 달았다면 당신은 아주 상식적이거나 약간은 낙관적인 사람일 것이다. '중국 사스 공포 벗어나나' '중국, 사스 탈출 임박'이라는 제목을 붙인 경우는 좀 더 상황을 긍정적으로 전환시키려는 의지와 기대를 담는다. 그런 사람은 적극적이지만 비현실적일 수가 있다. '중국 광둥 지역 등 20일간 사스 발병 없어'라고 제목을 붙였다면 분석적이거나 치밀한 성격의 소유자다. 당신이 철저히 현실적이거나 약간 비관적이라면 '북경은 아직도 사스 공포'라는 제목을 선호했을 것이다. 만약 '대만에 또 사스 환자 5명 발생'이라는 기사 후미의 내용을 뽑아 제목을 썼다면 당신은 신문사에 들어와서 대성하거나 아니면 완전히 왕따가 되든가 둘 중 하나일 것이다.

위에서 본 것처럼 똑같은 기사를 가지고 180도 다른 각도에서 해석하고 전달할 수 있다는 것에 신문 편집의 묘미와 중요성이 있다. 신문은 세상을 그대로 비추는 거울이 아니다. 판화를 찍어낸 듯 100% 객관적인 기사란 존재하지 않는다. 기사를 쓰는 데서부터 이미 취재 기자의 주관과 가치관이 개입하게 되고 편집 기자의 기사 선택과 제목 작성 과정에서 각 기사는 다시 한 번 옷을 갈아입고 독자를 만나게 된다. 그러한 과정을 통해 각 신문의 고유한 컬러나 방향이 결정되며 독자들은 기자들이 해석한 세상의 모습을 바라보게 되는 것이다.

그러나 그 주관과 가치관은 편견과 억지와는 엄연히 구분되어야 하는 것은 물론이고 사실을 왜곡하거나 판단의 근거가 되는 중요한 정보를 임의로 삭제, 과장해서는 안 된다.

신문사 내에서 흔히 편집부 기자를 가리켜 '최후의 기자, 최초의 독자'라고 부른다. 이 말은 편집 기자가 가져야 할 두 가지 역할과 양면성을 잘 나타낸다. 우선 '마지막 기자'로서 편집 기자는 취재 부서의 현장 기자들이 써 온 기사들과 사진들을 취사선택한다. 우리나라 신문사의 경우 대개 한 사람의 편집 기자가 신문 한 면을 편집하게 되는데 경력이나 능력, 적성에 따라 신문의 각 면을 담당하게 된다. '마지막 기자'는 일선 취재 기자들이 써 온 기사를 숙독하고 각 지면에 배치하는 일로 편집 업무를 시작한다. 그 과정에서 기사의 미진한 점이라든지 보완할 것들을 취재 부서에 요청하기도 한다. 그리고 지면 제작에 필요한 비주얼한 요소들, 사진과 도표 일러스트 등을 챙기고 지면을 레이아웃한다. 지면 레이아웃이란 지면 구성 요소들을 보기 좋고 효율적으로 배치하여 독자들에게 읽기 쉽고 강력한 인상을 주도록 신문 지면을 디자인하는 것은 말한다. 스트레이트 뉴스를 주로 다루는 신문의 종합 1-2-3면, 정치면, 사회면, 국제면 등은 지면 구성이 비교적 단조롭지만 각 신문의 스포츠-여행-레저-문화-영화-주말 특집 섹션 등은 레이아웃이 상당히 중요하며 화려하고 컬러풀한 지면을 만들어 내기 때문에 디자인에 많은 신경을 쓴다.

편집 기자의 역할 중 가장 독특한 것은 신문사 편집국 내의 '독자' 역할을 한다는 것이다. 이것은 취재 기자가 쓴 기사를 항상 비판적으로, 그리고 독립적으로 바라봐야 한다는 것을 뜻한다. 수많은 독자들을 대신해서 신문사에 앉아 있는 사람들이 편집 기자라고 봐도 좋다.

취재 기자도 사람인 만큼 모든 것을 다 완벽하게 잘할 수는 없는 일이다. 때로는 자기가 쓴 기사에 자기가 취해서 오버하는 경우도 있고, 취재원과의 친소 관계 때문에 기사가 영향을 받는 상황도 완전히 배제할 수는 없다. 이럴 때 독자의 눈으로 기사를 비판하고 견제하는 일을 편집 기자가 한다. 기사가 마음에 안 들거나 잘못됐다고 판단될 때 편집 기자는 "방향이 잘못됐다."는 둥 "이런 기사는 쓰기 곤란하다."는 둥 취재 부서의 자존심을 건드리는 직설적 비판을 서슴지 않는다. 혹은 "이런 식으로 기사를 써 달라."고 적극적으로 요청하기도 한다. 때로는 부담스럽고 어려운 일이지만 그런 일을 적극적으로 해야 하는 것이 편집부의 임무다. 두 말할 것도 없이 이것은 '신문사 내의 악역'이기 때문에 종종 취재 기자와 편집 기자가 갈등을 일으킬 때도 있고 충돌이 격화돼 얼굴을 붉히며 고함과 욕설을 주고받는 위기일발의 장면이 연출되기도 한다.

단 한 줄의 제목을 찾아

현재 우리나라의 각 신문사들은 취재부 기자와 편집부 기자를 따로 뽑는 경우도 있고 '수습기자'라는 형태로 기자들을 한꺼번에 뽑아 그 중의 일부를 편집부에 배치하는 경우도 있다. 편집부의 업무가 상당히 전문적인 데 비해 그 업무를 사전에 익히고 들어오는 경우는 거의 없다. 신문사에서 편집부에서 일할 신입사원을 뽑을 때도 특수 분야의 전문가보다는 신문 기자라는 넓은 틀 안에서 일반적으로 갖추어야 할 학력과 교양, 사람 됨됨이를 측정하기 때문이다. 수험 과목도 대개는 외국어, 국어, 작문, 상식 등으로 일반 취재 기자의 것과 차이가 없다. 개중에는 학교에서 교지 편집 등으로 편집 업무에 익숙한 경우도 있지만 그렇다고 해서 시험에서 특별한 가산점을 받는 것은 아니다.

또 편집 기자가 되는 데 특별히 유리한 전공이나 불리한 전공도 없다. 문과 출신이 많기는 하지만 일단 들어오게 되면 순전히 자기 능력과 자질에 의해서 업무 성과를 평가받는다. 시중의 '편집 학원' 등은 편집에 대한 이해를 높여 주고 기본적인 기술을 사전에 배울 수 있지만 신문사 입사할 때 특별히 유리한 점을 제공하는 것은 아니다. 평소에 신문을 열심히 읽고, 이 기사에 나라면 어떤 제목을 붙일 것이지 연구도 해 보고, 또 시집이나 광고 카피를 눈여겨보는 등 말을 다루는 훈련을 계속한다면 입사시험에 도움도 되고 입사한 다음에도 쉽게 자리를 잡을 수 있다. 편집 기자를 지원한 경우 면접 과정에서 신문 편집에 관한 질문이 흔히 나오므로 사전에 신문 편집에 대한 정확한 이해를 하고 있다면 면접관에게 좋은 인상을 줄 수 있다.

신문 편집 기자는 상당히 전문적이고 나쁘게 말하면 폐쇄적인 직종이라고 할 수 있다. 신문사의 편집 기자 공급 통로는 신문사 그 자체로 상당히 제한되어 있다. 가끔은 출판, 잡지 편집을 하다가 신문 편집 기자로 옮기는 경우가 있으나 아주 드문 케이스이다. 또 신문 편집 기자를 하다가 다른 직종으로 바꾸는 것도 상당히 어렵다. 드물게는 기업의 홍보직이나 사보 편집 등으로 전직하기도 하지만 아주 적은 수다. 따라서 신문사의 편집 기자 직종에 지원을 하는 경우에는 '과연 내 인생을 걸 만큼 보람을 느낄 수 있고 내 적성에 맞는 직종인가.' 충분히 생각하고 결정을 해야 한다.

신문을 사랑하고 신문 읽기를 좋아하지 않는다면 편집 기자가 되기 어렵고 또 된다고 해도 큰 만족을 얻기 어렵다. 조간신문이 대부분인 한국에서 신문 편집 기자는 다른 취재 부서 기자와 마찬가지로 밤늦게까지 근무를 자주 한다. 밤을 새는 경우도 많다. 불규칙한 근무 때문에 사생활이 많이 희생되기도 한다. 요령껏 한 건 잘 올려서 떼돈을 벌 수 있는 직종도 아니다. 취재 기자들은 지면에 자기 이름이 박히지만 편집 기자들은 독자들에게 언제나 무명씨로 남는, 신문 지면 저 너머의 아득한 존재일 뿐이다.

그러나 사람들이 모두 잠든 새벽녘에 독자들을 울리고 웃기고 분노하게 만드는 한 줄의 제목을 찾아서 밤을 새며 고민하는 편집 기자들은 신문이라는 매체가 존재하는 한 바른 언론의 길을 지키고 밝혀 줄 영원한 등대지기로서 묵묵하고 성실하게 자기 역할을 지켜 나갈 것이라고 자부한다.

'기사' 로 진짜 권위를 만들자

| 박대호 |

전 경향신문 경제부 부장대우. 전자신문, 서울경제신문을 거쳐 경향신문에 입사해 경제부에서 근무하며 전경련, 대기업, 중소기업, 재정경제원, 기획예산처 등을 출입했다. 기업 경영 현장을 경험하기 위해 오리온 그룹(스포츠 토토) 상무로 자리를 옮겼다. 기자 시절 이달의 기자상을 두 번 수상했으며, 올해의 경향인에 선정되기도 했다. 저서로는 『김대중 시대의 경제 읽기』(공저) 『언론에 비친 한국정치』(공저)가 있다.

2001년 미국 워싱턴 D.C.의 한 대학원에서 공부할 때의 얘기다. 당시 시험 때면 시간이 부족해 학교 근처 한국인 클래스메이트의 방에서 밤늦게까지 공부하곤 했다. 그때 그 친구의 룸메이트, 그 대학원을 마치고 바로 옆에 있는 국제경제연구소(IIE)에서 일하던 한 20대 후반의 한국인 친구가 예상치 않은 질문으로 나를 당황케 했다. 질문의 대강은 이랬다.

"학교에 온 이유가 뭐냐. 신문사 차장이면 이제 그 분야에서 자리를 잡았을 테니 슬슬 지내도 될 텐데, 왜 그리 되지도 않는 공부에 시간을 쏟느냐. 미국 석사 간판이 필요해서 그러냐, 아니면 실제 일에 도움이 되기 때문이냐. 사실 나도 가능하면 한국에 가서 전문기자를 하고 싶은데 16년간 기자 생활하고서 다시 그렇게 공부해야 한다면 나는 그냥 여기서 일하는 게 나을 것 같다. 전문성을 어느 정도나 갖춰야 하는 것이냐. 기자를 하면 무엇이 좋으냐. 그런데 도대체 기자가 뭐냐."

질문의 앞부분에 대해서는 이리저리 변명 겸 설명 겸 그런 대로 말이 되게 얘기했던 것 같다. 그러나 '기자가 뭐냐.'라는 물음에는 금방 답을 할 수가 없었다. 몇 년간 들어보지 못했던 질문이요, 사실 나도 잊고 있던 물음이었다. 잠시 뒤 이렇게 답했다.

"비교적 맑은 하나의 영혼이 이 세상의 불특정 다수의 영혼과 건조한 글을 통해 대화하는 일"이라고. 참 추상적이고 엉뚱한 대답이었지만 나 스스로 그 답에 만족했다. 그리곤 몇 가지 설명을 덧붙인 것으로 기억한다.

내가 내린 기자에 대한 이 정의는 얼른 보면 문학가에 대한 정의를 연상시킨다. 한 영혼이 불특정 다수의 영혼과 대화한다는 점에서 기자가 문학가와 비슷하다고 생각한다. 그럼에도 둘 사이에는 다른 게 적지 않다.

그 하나의 차이는 기자의 영혼은 '비교적 맑은' 수준이지만 문학가의 그것은 '대체로 맑은'이라고 할 수 있다는 데에 있다. 다른 말로, 영혼의 순수성 정도에서 기자가 문학가보다 앞설 수 없다는 말이다. 이는 기자를 비하하는 뜻이 아니다. 세상을 구도하는 종교가의 작업과 비슷한 수준에 문학가의 일을 올려놓는 예우를 한다면 아무래도 기자의 그것은 문학가의 그것보다 좀 아래에 놓아도 좋다는 뜻이다. 실제로 문학가는 현실을 본 딴 가상의 세계에서 자신의 꿈과 가설을 그려나가지만 기자는 엄연한 현실 안에서 그 현실의 개선을 시도한다. 그런 점에서 기자는 좀 더 세속적일 수밖에 없다. 그렇다고 완전히 세속적이어서는 현실을 비판하거나 현실의 대안을 제시할 수도, 그리고 아름다운 이야기를 그대로 아름답게 전달할 수도 없다. 그래서 기자는 '비교적' 만큼만 맑아야 한다는 전제가 성립한다.

두 번째 차이는 문학가의 일은 다양한 글체를 요구하지만 기자의 그것은 주로 단순한 글을 요구한다는 데에 있다. 기사의 문장은 문학성보다 실용성을 중시한다. 일반적으로 기자의 기능적인 요건 세 가지를 들라면 '취재력' '문장력' '기획력' 을 얘기하는데, 여기서도 문장력은 기본적으로 갖춰야 할 요건이지, 절대적인 요건은 아니다. 기자는 일어나는 상황을 빨리 파악해 독자에게 쉽고 정확한 용어를 일정 원칙에 따라 기사로 정리해야 독자가 빨리 이해한다. 여기에는 상황에 맞는 적확한 용어와 문장이 있으면 된다. 해설 기사와 칼럼에서는 문학성과 서정성, 그리고 취재원의 마음을 담아내는 깊은 성찰이 요구되긴 하지만 그것은 기자로서 일정 단계를 지나 자기 세계를 만들고 자신의 주장을 펴 나갈 수 있을 때 필요한 요소다. 그 전에는 정확하고 객관적인 상황 판단력과 효과적이고 기능적인 글쓰기가 무엇보다 필요하다. 그래서 '건조한 글을 통해 대화한다.' 는 것이다.

위에서 얘기한 '영혼의 순수성 정도' 와 '글의 스타일' 은 나 개인의 체험적 기자론으로 비춰 볼 때 기자 생활을 구성하는 큰 두 축이다. 전자는 인간의 품격을, 후자는 글의 방식을 가리킨다. 품격을 괜찮게 갖춘, 또는 갖추려고 노력하는 한 인간이 세상의 일을 효율적으로 전달하는 글을 쓸 수 있다면 그 사람은 기자로서 일단 합격점을 받을 수 있다고 나는 생각한다.

그런데, 합격점을 받는다는 것이 좋은 기자가 된다는 것을 뜻하지는 않는다. 좋은 기자가 되려면 위의 두 가지에다 몇 가지, 또는 수십 가지의 작은 요건들을 함께 갖춰야 한다. 그런 조건들을 위해 스스로 고민하고 싸우고 자신을 닦아야 하는 게 기자의 운명인 것이다.

자율성이 곧 책임으로 연결된다

좋은 마음을 갖고 좋은 글을 쓴다고 해도 기자들이 흔히 저지르는 게 오보(誤報), 즉 잘못된 기사다. 오보는 누군가에게 피해를 주거나 세상을 오도하고 나아가 그 기자의 명예와 신뢰에 치명적인 상처를 주기 때문에 기자로선 가장 경계해야 할 것이다. 기자치고 오보를 하고 싶은 사람은 없다. 남보다 빨리, 그리고 정확히 쓰려고 했지만 능력에 부쳐 생긴 결과가 오보다. 그 오보는 첫째, 사실 또는 진실에 대한 확인 작업이 부족했거나 둘째, 상황에 대한 판단이 빗나갔을 때 생긴다.

사실, 또는 진실에 접근하기는 쉽지 않다. 어떤 사건이 벌어지거나 특정 현상이 나타났을 때, 왜 그랬는지, 문제의 원천은 무엇인지, 누가 벌였는지, 어떤 과정이 있었는지, 누가 이득과 손해를 보는지, 이런 것들을 확인하는 것이 사실에 접근하는 작업이다. 또 사건의 핵심이나 주변에 있는 사람들이 하는 말은 거짓이 아닌지, 이 일은 옳은 것인지 그른 것인지, 사실은 A이지만 사회적으로는 B로 풀려야 맞는 게 아닌지 등 가치 판단까지 포함하는 것이 진실에 접근하는 작업이다. 취재에 시간이 모자라거나 또는 특종에 욕심이 생겨 이 작업들을 소홀히 하면 오보를 낳는다. 따라서 기자는 '사실 또는 진실로 위장된 것' 들과 싸워야 하는 것이다. "그런 것들은 수사팀이나 거짓말 탐지기, 혹은 신부나 목사의 영역이 아니냐."고 물을 수도 있다. 그러나 그런 것까지 기자의 몫으로 다가온다는 것은 얼마나 의욕과 구미가 당기는 일인가.

오보가 생기는 두 번째 원인인 상황 판단력의 부족은 사실 및 진실 확인과는 또 다른 문제다. 예를 들어 이런 것이다. A라는 문제가 취재망에 걸렸고 취재도 금방 됐다. 이 사건만 해도 꽤나 큰 특종이 된다. 취재팀은 성과에 도취돼 이 사건만 크게 보도했다. 그런데 사실 그 사건은 빙산의 일각처럼 진짜 의혹의 일부였을 뿐이었다. 앞에 잡은 작은 것에 만족하지 않고 기사화를 보류한 후 좀 더 시각을 넓혀 접근했다면 더 큰 비리나 구조적인 문제점을 잡을 수 있었고 그것을 보도했다면 사회적으로 의미 있는 큰 변화를 유도할 수 있었다. 그런데 성급한 보도 때문에 진짜 범인은 대책을 마련해 숨어 버렸고 그 구조적인 문제점은 심증만 있고 보도할 만한 증거는 사라졌다. 이런 경우 겉으로 보면 분명 오보가 아니다. 그러나 크게 보면 언론의 작은 성과와 사회의 큰 비리가 교환된 꼴이다.

이런 예도 있을 수 있다. 미래 지향적인 개혁을 위해 어느 정부기관이나 기업이 기존의 이해관계를 뒤엎는 강도 높은 개혁을 추진하기 시작했다. 그런데 새 방식이 현실에 적용되는 과정에서 부작용과 일부 비리, 그리고 비효율성이 드러났다. 한 신문의 집중 취재에 의해 이것이 크게 보도됐고 개혁 정책은 자연스럽게 사라졌다. 이런 경우는 언론의 단기적인 욕심이 중장기적인 사회 개혁을 방해한 꼴이다.

이런 문제를 상황 판단력의 부재라는 말로 표현하는 게 적절한지는 모르겠으나 언론이 정상적인 기능을 발휘하기 위해서는 큰 틀로 판단하는 능력이 요구되는 것이다. 그래서 기자는 항상 객관적이고 미래 지향적인 판단력을 키우기 위해 자신과, 그리고 주위의 인식의 벽과 싸워야 하는 것이다. 기자의 세 번째 큰 조건으로 '상황 판단력'을 들고 싶은 것은 이 때문이다.

후자의 오보에는 책임이 뒤따르지 않지만 전자의 오보, 즉 사실과 진실이 확인되지 않아서 생기는 오보, 특히 피해자가 생긴 오보에는 책임이 뒤따른다. 문제는 그 책임을 지는 방식이 사회의 일반적인 조직과는 판이하게 다르다는 데 기자 사회의 특징이 있다.

왜 그런가. 이렇게 얘기해 보자. 지금은 기사 실명제의 시대다. 아무리 짧은 기사 한 줄에도 그것을 취재하고 기사를 쓴 기자의 이름이 명시된다. 이메일 주소까지 함께. 거기에는 '이 기사는 쓴 기자가 책임진다.'는 뜻이 숨어 있다. 아니, 왜 기사를 쓴 기자가 그 기사에 대해 책임을 져야 하지? 삼성전자가 만든 전자제품을 뒤집어보면 일련번호가 대개의 경우 최종 검사자의 이름과 함께 찍혀 있다. 그 표시는 그 물건에 하자가 있으면 그 사람이 책임진다는 뜻인가. 그 사람이 물건을 교환해 주고 보상해 주나. 아니다. 삼성전자라는 법인이 애프터서비스 망을 갖춰 교환해 주고 보상해 준다. 정 문제가 커지면 회사나 경영자가 책임을 진다.

그러나 기사는 안 그렇다. 일차적으로 담당 기자가, 다음엔 데스크 즉, 차장과 부장이 책임을 지고, 일이 더 커지면 국장과 사장이 책임을 진다. 어느 경우에도 일선 기자의 책임이 면제되지 않는다. 기사로 피해를 입은 사람이 소송을 해서 신문사가 배상을 하게 되면 기자도 책임져야 한다. 삼성전자의 근로자나, 신문사의 기자나 모두 기업의 종업원일 뿐인데 책임지는 방식이 완전히 다르다. '기자는 자기 일에 스스로 책임진다.'는 명예스럽고 떳떳한 이 구절이 가끔 현실에서는 엄청난 책임으로 돌아온다. 따라서 기자는 '스스로의 책임 및 권한'과 싸우는 것이다.

'자기 일을 스스로 책임진다.'는 것은 일의 방식과 밀접히 연결돼 있다. 기사를 어떻게 쓸 것인가, 그리고 어떤 기사를 취재할 것인가는 초기엔 완전히 일선 기자의 판단력과 탐구력에 달려 있다. 그 다음에 데스크와 협의하는 것이요, 그런 연후에 최종 의제로 설정된다. 따라서 그 자율성이 곧 책임으로 연결되는 것이다. 팀이나 데스크와 함께 일하는 데에도 불구하고 일의 시작은 일선 기자에서 출발하고 그 결과에도 일정 정도의 책임을 지는 것, 부장이 데스킹을 해서 나간 기사라도 일선 기자의 이름으로 나가고 세상에는, 즉 독자에게는 모든 것이 그 기자의 일로 비추는 것, 이것이 기자라는 직업의 매력이고 함정이다. 그래서 기자는 '집단적이면서도 결국은 혼자 하는 직업'이다.

이 말은 기자 직업이 화려하거나 재미있다는 표현에서 꽤나 거리가 있을 수 있음을 시사한다. 사람들은 흔히 "기자는 멋있다." 혹은 "기자는 젊을 때가 좋다."라는 말을 한다. 실제로 기자가 취재를 나가면 특히, 정치권, 정부 부처, 기업 등에서는 취재 협조를 잘 해 주는 편이고 기자에 맞는 대우를 해 준다. 국회의원이나 장관, 기업 임원들이 젊은 기자들에게도 나이에 관계없이 비교적 깍듯이 예우한다. 취재에 필요한 자료를 잘 제공하는 것은 물론 어떤 경우엔 점심도 사고 술도 산다. 그리고 대개 "잘 부탁한다."고들 한다. 그래서 기자에겐 젊은 때부터 권위가 부여된다. 이것이 화려하거나 멋있게 보일 수 있다.

그러나 이 권위나 힘은 진짜가 아니다. 취재원들이 필요에 따라 주는, 또는 아직은 정상적이지 않은 사회가 그 기자 자연인이 아닌 또 다른 권력인 언론이라는 '제4부'에게 주는 가짜 권위인 셈이다. 가짜 권위에 취하면 추해진다. 기자는 이 가짜 권위에서 벗어나기 위해 자신과 싸워야 한다. 대신 사회에 필요하고 미래 지향적인 기사를 씀으로써 독자와 신뢰를 쌓아 진짜 권위를 확보해야 하는 것이다.

　　가짜 권위는 필연적으로 유혹을 낳는다. 기자 생활에는 유혹이 도처에 깔려 있다. 기사를 잘 써 달라며 오는 작은 제안에서부터 큰 기사에 대한 은밀한 거래 요청, 명분 없는 인터뷰 제안, 기업의 주가 등 이해관계에 영향을 미칠 발표 자료 등 정신을 가다듬고 있지 않으면 자신도 모르게 연루될 만한 일들이 적지 않다. 이런 유혹들과 싸우면서 나름대로 기자로서의 정체성을 쉴 새 없이 되새김하지 않으면 어느 날 "어느 새 내가 신참 때 비판하던 그 선배의 모습이 돼 버렸구나." 하면서 낭패감을 맛볼지 모른다. 이런 방법은 어떨까. "기자는 세상에서 가톨릭 신부 다음으로 깨끗한 직업이다."라고 자신을 마취시키는 것은. 아니면, "기록하고 제시하는 자의 이 기쁨을 어디 돈과 맞바꿀 수 있을 것이냐." 하고 버티는 것은.

　　유혹에서 가장 잘 버틸 수 있으려면 자신의 일이 자랑스러워야 한다. 자랑스럽다는 느낌을 가지려면 여러 가지 조건이 충족돼야 하겠지만 '사회적으로 의미 있는 일을 하고 있다.'고, '그래서 보람 있다.'고 생각하면 어떨까. 나 개인만을 위해서가 아니라 이 사회가 발전하는 데에, 예를 들어 빈부격차를 줄이는 데, 또는 남북의 긴장을 완화하는 데, 또는 문화가 자생력을 갖는 데 등등 일정 기여를 하고 있다고 생각하고, 실제로 그런 일들을 하면 훨씬 자신의 일이 소중해지고 일에 대한 자부심이 생기지 않을까.

　　여기서 '기자가 사회에 얼마나 기여해야 하는가.'라는 전통적인 의문이 등장한다. 예전에는 지사(志士), 즉 국가와 사회를 위해 한 몸 바치려는 사람이 기자를 했다. 따라서 일의 사회적인 의미가 기자에겐 가장 중요했다. 그러나 지금은 과거와는 다르다. 그저 이 일이 좋아서, 어떤 특정 분야에 관한 한 전문적인 평자가 되고 싶어서 등이다. 그래서 기자의 일에 사회적인 의미를 부여하는 것은 진부할지도 모른다. 그렇다 해도 기자라는 직업은 사회 속에서 사회와 사회, 사회와 개인, 그리고 개인과 개인의 관계를 소재로 일하게 되어 있다. 일이 사회와 떨어질 수 없으니 사회적인 가치 판단이 요구되는 것은 당연한 일이다. 따라서 기자는 자신과 사회를 연결한 긴 끈 위에서 자신은 어디에 있는지, 자신의 일은 어떤 뜻을 갖고 있는지 고민한다면 유혹에 강하면서도 일에서 소외되지 않을 수 있다고 본다.

낮은 곳으로 향하는 휴머니스트가 되라

이처럼 기사의 방향과 내용을 일단 혼자 결정해야 하고, 다수의 영혼과 혼자 교류해야 하고, 유혹도 혼자 견뎌 내야 하고, 사회적인 의미도 찾아야 하고, 그런 점에서 기자는 외로운 게 정상적이다. 취재에서도 여러 사람과 만나야 하지만 좋은 기사를 위해서는 혼자 탐구하고 혼자 결정하는 것, 이런 것들에 '기자 고독'의 묘미가 있다.

이상이 기자 고유의 모습이랄 수 있는데, 요즘 세상은 더욱 변하고 있다. 이념의 색이 바래고 빨리 변하는 세상에서는 어쩔 수 없이 작은 담론의 기자를 요구한다. 사회의 평등과 평화, 자유를 외치기보다는 각 분야에서 설득력 있는 대안을 제시하기를 요구 받는다. 이 변화는 기자들에게 영원한 줄타기인 '전문성과 일반성의 사이'에서 자리 잡을 것을 요구하는 것과 같다. 지금처럼 여러 영역을 거치면서 사회 전반에 대한 판단력을 키우는 제너럴리스트(Generalist)냐, 사회의 전문화 추세에 맞춰 전문적인 소양과 기능을 갖추는 스페셜리스트(Specialist)

냐, 이 양자의 사이에서 고민하게 된다. 물론 일의 특성상 기자는 때로는 전문가의 영역으로 들어가서 생존해야 하고 때로는 일반인 입장에서 상식으로 외쳐야 한다. 자신은 전문가가 아니더라도, 전문적인 지식이 없다 해도 필요할 때마다 자문을 받을 수 있는 전문가 그룹을 확보하고 있으면 별 문제가 없기도 하다. 그러나 현실의 엄연한 추세는 이 사회가 기자에게도 전문가의 지식을 갖춰 전문가의 영역에 들어오라고 '강요'하고 있다는 점이다. 어느 새 부쩍 성장해 버린 전문가 집단들이 '전문성을 갖추지 않은 기자와는 대화할 수 없다.'며 함께 겨룰 것을 요청하고 있다. 그래서 기자는 전문성과 일반성의 줄다리기 위에서 자신의 기존 위상과 싸우면서 자신에게 맞는 길을 찾아야 할 때가 됐다.

예전의 기자들이 기자라는 직업을 마치 숙명처럼 받아들였다면 지금의 기자들은 자신에게 맞는 직업 중의 하나라는 점에서 선택의 대상으로 여기고 있다. 그래서 기자로서의 권리와 의무에 대한 생각도 둘 사이에는 차이가 있다.

그러나 기자에게 변하지 않는 숙제가 있다. 이 사회의 차고 얼어붙고 소외된 곳을 어루만지는 일이다. 기자의 모든 기능과 역할은 이것을 도외시하고는 의미가 없다. 기자에게 사회가 부여하는 권력, 힘 있는 곳을 견제해서 좋은 세상을 만들라고 일반인들이 준 언론 권력의 의미는 불합리가 없는 따뜻한 세상, 억울하게 피해를 당해 스러져 가는 이들이 적은 세상을 만드는 데 쓰여야 제대로 빛을 발하는 것이다.

그것은 이웃과 주위에 대한 사랑과 휴머니즘, 힘 없는 이들에 대한 애정이 있어야 가능하다. 기자 시절 초기에는 냉철한 머리로 사회를 말하고 경륜이 쌓일수록 따뜻한 가슴으로 어루만져야 한다. 그런데 아이러니는 이 따뜻한 가슴이 하루아침에 길러지지 않는다는 데 있다. 기자 생활의 초기부터 이 부분을 자신이 항상 챙기고 세상과 소외 지대에 대한 사랑이 식지 않도록 기사와 행동으로 길러 나가야만 대기자, 또는 노기자가 됐을 때 기능과 사랑을 함께 갖춘 좋은 글을 생산할 수 있는 것이다. 기능만 뛰어나고 사랑이 체화되지 않으면 자신과 동떨어진, 남들이 읽어도 감동이 없는, 그런 소외된 기사만 생산하게 되고, 그것은 결국 기자 자신도 공허하게 만든다고 선배들은 충고하고 있다. 그래서 기자의 네 번째 큰 조건은 낮은 곳으로 향하는 휴머니즘이다. (이 글은 필자가 기자 시절에 쓴 글로, 출판사의 사정으로 책 출간이 늦어짐에 따라 필자의 신상에 변화가 생겼다.)

자부심 가득한 우리말 지킴이

| 엄민용 |

굿데이 교열팀 팀장. 경향신문, 국민일보, 스포츠투데이 교열부 기자를 거쳤다. 1996년부터 4년간 한국어문
교열기자협회에서 발행하는 『말과글』 편집장을 역임했으며 한국어문상 대상(문화부장관상)을 수상했다.

신문이 독자의 손에 전달되기까지는 많은 과정을 거쳐야 한다.
우선 편집국장의 주재로 각 부서 데스크(desk, 신문사나 방송국에서 기
사의 취재와 편집을 지휘하는 사람)가 모여 회의를 한다. 이 회의에서 그
날 신문에 실릴 기사들의 내용이나 취재 · 보도 방향 등이 정해진다.

정치 · 사회 · 경제 · 체육 · 문화 · 연예부 등 취재 부서 데스크들은
회의에서 결정된 내용을 바탕으로 담당 기자들에게 취재를 지시한다.
지시를 받은 기자는 출입처(기자가 정보 수집 등을 위해 일정하게 드나드는
곳)에 나가거나 취재원을 만나 정확한 사실적 정보를 모아 기사를 작성
한다.

취재 기자가 기사를 작성해 담당 데스크에게 보내면, 데스크는 기
사를 검토해 수정 · 보완한 뒤 최종 완성된 기사를 편집부에 보낸다.

그러면 편집부는 기사의 내용이나 사회적 파장, 독자들이 궁금해 하는 정도 등을 종합적으로 살펴 톱 기사, 사이드 기사, 박스 기사, 단신 기사 등을 정해 지면에 앉힌다. 이때 기사 내용을 함축적으로 표현한 제목 뽑기, 기사 전달 효과를 높일 수 있는 사진·삽화·그래픽 앉히기 등도 함께 이뤄진다. 이렇게 꾸며진 지면은 제작부에 보내져 필름 출력, 소부, 윤전 등의 과정을 거쳐 종이에 찍혀 독자들에게 전해진다.

신문은 이렇듯 복잡한 과정을 거쳐 만들어진다. 그런 과정 중에 교열이 있다. 교열 과정은 보통 취재 부서에서 편집부로 기사를 보내는 중간에 이루어진다.

교열(校閱)의 사전적 의미는 "(원고나 문서의 내용을) 검열하여 바로잡는 것"이다. 즉 신문에서 교열은 취재 기자가 작성한 기사에서 틀린 글자가 있는지, 사실과 다른 내용이 있는지, 글 내용이 너무 어려워 독자가 이해하지 못할 부분이 있는지를 살펴 잘못된 부분을 바로잡고 얽힌 문장을 쉽게 풀어 주는 일을 한다.

신문을 상품과 비교하면 데스크 회의는 생산될 제품을 기획하는 과정이고, 취재와 편집은 원자재를 공급하고 제작하는 과정이다. 그 사이에서 교열은 재료의 하자(오자, 사실적 오류)를 찾아내 바로잡고, 독자들이 기사 내용을 쉽게 이해하도록 문장을 다듬는 일을 한다. 좋은 상품을 만들기 위한 검열 과정이자 포장 과정인 셈이다.

교열은 단순한 작업이 아니다. 문법적·실재적 오류를 찾아내 바로잡고, 실타래처럼 얽힌 문장을 독자의 눈높이로 고쳐 잡는, 상당히 복잡하고 고차원적인 작업이다. 취재 기자가 땀 흘려 작성한 기사를 화룡점정(畵龍點睛)하는 것이 교열이다.

그럼에도 불구하고, 지난 1997년 말 IMF 외환 위기를 겪으며 많은 신문사들이 경영난을 이유로 교열부를 폐지하거나 교열 인력을 축소했다. 그 결과 신문은 사회로부터 '우리말과 글을 훼손시키는 원흉'으로 지탄 받기에 이르렀고, 독자들의 거센 항의에 직면하게 됐다. 경영이 호전되면서 신문사 대부분이 교열 인력을 충원하고 있으나 아직까지는 미흡한 실정이다.

신문에서 교열 기자가 어떤 일을 하는지는 과거 교열 기능을 없앴던 신문들에서 어떤 잘못들이 나타났는지를 살펴보면 쉽게 이해가 될 것이다.

글자부터 기사 내용까지 모든 오류를 잡는다

나는 외환 위기 당시 경영난을 구실로 교열 인력을 없애다시피 한 두 종합 일간지의 오류를 모아 계간지 '말과글' 73호(한국어문교열 기자협회, 1997년 가을호)에 게재한 바 있다. 당시 A신문의 경우 4명의 교열 기자가, B신문은 3명의 교열 기자가 일하고 있었다. 그 결과 두 신문은 삼류 주간지보다 많은 오자(誤字)를 쏟아내고, 비문(非文)과 악문(惡文)이 지면을 가득 메웠다.

꼼꼼히 살피지 않고 죽 훑어 가면서 눈에 가시처럼 박히는 것들만 모았는데도 A신문의 경우에는 하루치(1997년 10월 30일자) 신문에서 오자가 80여 개 나왔고, 적합하지 않은 낱말을 사용한 사례도 25곳이나 됐다. B신문(1997년 10월 24일자)은 오자가 100여 개에 이르고, 부적합한 낱말을 사용한 사례는 21건이나 됐다.

A신문에서는 허긴(하긴), 국민에들게(국민들에게), 諸廷丘(諸廷坵),

오랫만에(오랜만에), 발병율(발병률), 70~74세 68.8%(70~74세 6.88%, 우리나라 70~74세 인구 중 68.8%가 치매 환자라는 것은 말도 안 된다), 11위을(11위를), 양수겹장(양수겸장), 소홀히(소홀히), 계돈(곗돈), 내좇고(내쫓고), 차가와져(차가워져), 긍적정인(긍정적인), 널부러져(널브러져), 풀통매고(풀통 메고) 등 초등학생들도 알 만한 오자가 발견됐다.

B신문에서는 金杞培의원(金杞培 전의원), 백짓장(백지장), 鍾泌총재(金鍾泌 총재), 키르기스탄(키르기스스탄), 가게에 주름살이(가계에 주름살이), 대손충담금(대손충당금), 게제된(게재된), 글구를(글귀를), 공룡화석을 발굴되는(공룡화석이 발굴되는), 승점 34로 승점 32인 전남에 승점 1점차로 앞서(승점 34로 승점 33인 전남에 승점 1점차로 앞서), 블편을(불편을), 흐뭇해(흐뭇해), 단속헤(단속해), 홈메이지(홈페이지), 웹메거진(웹매거진), 매핑???(매핑시스템, 글자 대신 해괴한 부호가 인쇄됐다) 우스꽝스러게(우스꽝스럽게) 등의 오자가 나타났다.

그뿐 아니다. 이들 신문에서는 '증시 폭락에 때맞춰' '청각을 상실한' '철조망으로 꽃을 싸고' '김 대통령 사퇴 촉구 회견' '샤워를 설치토록' 따위의 이상한 표현도 부지기수였다.

'때맞추다'는 '때에 알맞게 하다'는 뜻으로 나쁜 의미로는 쓸 수 없다. 또 '시력을 잃었다'고 말하지 '시각을 잃었다'고 하지 않는 것처럼 '청각'(귀청이 울려 나는 감각) 자체를 잃을 수는 없다. 잃은 것은 '청력'(소리를 듣는 힘)이다. '철조망'으로 꽃을 싼다는 말에는 그저 웃음만 나오고, 탈당하라는 얘기를 대통령 직에서 사퇴하라고 적은 대목에서는 비명이 나온다. 또 대체 '샤워'는 어떻게 설치할 수 있다는 말인가.

두 신문에는 ① "'할로윈데이 파티'를 알리는 대형 포스터가 나붙은 29일 강남의 한 카페 입구에 지나가는 젊은이들이 쳐다보고 있다." ②

"스탠퍼드를 졸업한 우수한 인재들이 형성하는 인맥이 행사하는 영향력은 절대적이다." 따위의 비문도 많았다.

①은 "29일 '헬러윈데이 파티'를 알리는 대형 포스터가 강남의 한 카페 입구에 걸린 것을 지나가는 젊은이들이 쳐다보고 있다."로 ②는 "스탠퍼드대 졸업생들로 이뤄진 인맥은 절대적인 영향력을 행사한다." 정도로 고쳐야 바르고 쉬운 문장이 된다.

사실 기사 마감 시간에 쫓기는 취재 기자들로서는 자신의 글을 다시 한 번 확인할 시간을 가질 수 없다. 1분 1초를 다툴 때는 현장에서 전화로 부르고, 내근 기자들이 받아쓴 뒤 바로 송고(送稿, 원고를 편집 담당자에게 보내는 일)하기도 한다. 그러다 보니 오자와 부적절한 표현, 난삽한 문장 등을 살피고 말고 할 것도 없이 지면 메우기에 급급하기 일쑤다.

위에서 보듯 시간에 쫓긴 취재 기자들이 숱한 잘못들을 만들어 내면, 그것을 다시 한 번 꼼꼼히 살펴 바로잡는 것이 교열 기자가 하는 일이다. 또 강판 시간(편집 마감 시간)에 쫓기는 편집 기자들이 제목에서 오자를 만들거나, 기사 내용과 어긋나는 제목을 달 때도 있다. 신문 제작은 철저히 분업으로 이뤄지는 까닭에 사진 설명과 사진이 일치하지 않거나, 기사에 딸린 도표 등이 기사 내용과 다른 경우도 생긴다. 교열 기자는 이런 오류들도 바로잡는다.

현재 우리나라 신문의 교열 기자 수는 외환 위기 이전의 절반 정도에 불과하다. 독자에게 엉터리 정보가 전달되든 말든, 우리말과 글이 병들든 말든, 오직 '이익'만 내면 그만이라는 신문사 경영자들의 장삿속이 빚은 결과다. 그렇다면 외국의 교열 기자 현황은 어떨까?

외국 언론의 교열 기자 현황을 살필 때, 가장 부러움의 대상이 되는 신문은 프랑스의 일간지 르 몽드이다. '겨우' 32면을 발행하는 르 몽드의 교열 기자 수는 38명이다(97년 기준). 자국어에 대한 프랑스 국민의 자부심을 감안할 때, 교열 기자 수가 늘면 늘었지 줄어들지는 않았을 터이다.

자기네 말이 세계 최고의 문화어라고 자부하는 프랑스는 1975년 12월 31일 '국어(프랑스 말)에 관한 법'을 만든 데 이어 1994년 7월 29일 이를 대폭 강화하는 방향으로 1차 개정을 했다. 이렇듯 '1등 문화국'임을 자부하고 자국어를 세계 최고의 말로 가꿔 나가는 프랑스 인들의 문화적 자긍심을 르 몽드 지가 선도하고 있다.

교열에 대해 이야기할 때 빼놓을 수 없는 나라가 일본이다. 일본 신문들의 교열 기자 수는 상상을 초월한다. 편집국 기자 수가 200명인 마이니치신문의 경우 교열 기자 수가 50명(97년 현재)에 이른다. 그네들은 우리보다 몇 걸음 앞서 컴퓨터 교열 시스템을 갖췄다. 더욱이 일본 신문사는 외근과 편집 부서를 두루 거친, 즉 누구보다 기사 감각이 뛰어나고 어문 실력이 거의 박사급 수준인 '선배 기자' 들이 교열 업무를 수행하기도 한다. 일본의 신문이나 잡지들이 '오자를 찾으면 얼마씩 주겠다.' 며 현상금까지 내거는 자신감은 바로 이러한 교열 숭상주의에서 비롯된 것이다.

또 우리말에 비해 상대적으로 오자나 비문이 생길 가능성이 적은 한자의 특성에도 불구하고 중국 인민일보의 교열 기자 수는 36명(97년 현재)으로 국내 신문사 교열 기자 수의 2~3배에 이른다. 중국 신문들이 교열을 중시하는 바탕에는 그네들의 문화 우월주의가 깔려 있다. 세계 중심 국가이니 문화 또한 세계의 중심이고, 그 문화의 바탕인 문자도 당연히 세계 최고이므로, 잘못 쓰이는 일을 막아야 한다는 정신이 교열 중시 사상으로 이어진 것이다.

오자 하나로 폐간되던 그 시절

일본의 요미우리신문은 메이지 32년(1898년) 5월 24일자 사설 속에 '無智無能한 露國皇帝'라는 형용구를 활자화해 신문 배포까지 마쳤다. '無智無能'은 '全智全能'(우리 표기는 全知全能)의 잘못으로, 추어올린다고 쓴 것이 조소하는 글이 돼 버렸다. 이 때문에 요미우리신문은 호외를 발행해 바로잡는 전무후무한 조치를 취했다.

우리나라에서는 1955년 3월 15일 동아일보의 '傀儡(괴뢰) 사건'이 터졌다. '한·미 석유협정' 기사의 제목 '고위층 재가 대기 중 한·미 석유협정'이 '傀儡 고위층 재가 대기 중 한·미 석유협정'이라고 나온 것이다. 난데없이 '傀儡' 두 자가 제목 앞에 붙어 버렸다. 이 사건으로 동아일보는 이틀 후인 3월 17일자로 무기 정간 처분을 받았다. 이에 앞서 1953년에는 충청일보에서 '犬統領 사건'이 벌어졌다. '犬統領(대통령)'의 '大' 자에 제작 과정에서 점 하나가 찍혀 '개 견(犬)' 자로 둔갑한 것이다. 이로 인해 당시 편집국장을 포함한 3명이 구속되고, 충청일보는 폐간되고 말았다.

이런 사건은 수없이 많았다. 또 지금도 그러한 오자는 신문에서 수없이 발견된다. 다만 최근에는 과거와 달리 오자로 인한 정치적 제재가 없을 뿐이다. 이는 우리나라의 민주주의가 성숙해 언론의 자유가 커졌다는 의미이자, 언론의 힘이 그만큼 막강해졌다는 방증이기도 하다. 그러나 오자에 대해 책임을 묻는 정치적 위압은 사라졌을지 몰라도, 그와 반대로 독자들의 비판은 한층 거세지고 있다. 단순한 오자, 사실과 다른 내용, 부적절한 표현, 심지어 신문사의 논조에 대해서도 독자들은 단호하면서도 엄중하게 힐책하고 비난한다. 그 결과 최근 많은 신문사들이 외환 위기 당시 불필요한 기능으로 여겨 대폭 축소했던 교열 기자를 충원해 그 기능을 강화하고 있는 추세다. 교열의 필요성과 중요성을 새로이 인식했다는 증거다.

과거 우리나라 신문은 '정치 바람'을 많이 탔다. 신문의 정치적 성향이 곧 신문의 흥망과 성쇠를 가름하는 열쇠였다. 그러나 이제는 아니다. 신문사들의 경쟁은 예전보다 더 치열해졌지만, 그 경쟁의 승자와 패자를 결정하는 주체는 '정치권'에서 '독자'로 바뀌었다.

독자로부터 신뢰를 받는 신문은 강한 글을 쓸 수 있고, 건실한 기업으로서 경영에서도 흑자를 낼 수 있다. 반대로 독자의 믿음을 잃은 신문은 하루아침에 풍비박산이 날 수도 있다. 이는 자유경쟁 시대의 냉엄한 준칙이다.

그렇다면 신문은 무엇으로 독자의 믿음을 얻을 수 있을까? 우선 다양한 정보를 빠르게 전해야 한다. 물론 그 정보는 정확해야 한다. 여기에 더하여 공동의 선(善)이 담긴 정보라면 금상첨화다. 하지만 이 모든 것을 갖췄더라도, 그것이 기자의 전문가적 수준에서 다뤄져 난해한 문장으로 쓰여 있다면 쓸모가 없다. 독자의 눈높이를 벗어난 정보는 낙서에 불과하다. 그 난해함을 풀어 주고 다듬어 독자의 눈높이에 맞추는 작업이 교열이다. 이런 점에서 교열 기자는 '최초의 독자'다.

또 문맥이 아무리 매끄럽다고 해도 몇 줄 건너 오자가 튀어나오고, 기자나 면마다 형식이 제각각이어서는 곤란하다. 상품의 질도 중요하지만 그에 못지않게 포장도 중요하다. 보기 좋은 떡이 먹기에도 좋은 법이다. 이런 포장 작업을 하는 일이 교열이고, 그런 점에서 교열자는 '최후의 제작자'다. 그런 만큼 교열 기자의 미래는 밝다.

선진국일수록 문화에 대한 애착과 자긍심이 커진다는 것도 교열 기자의 밝은 미래를 점치는 조건이 된다. 모든 문화는 그 나라의 말과 글에 뿌리를 두고 있기 때문이다. 오늘날 우리 사회의 모든 화두가 '경제'에 집중돼 있지만, 먹고사는 문제가 어느 정도 해결되면 대중의 관심은 '문화'에 쏠리게 될 것이다. 말과 글이 중요시되고, 말과 글을 갈고 다듬는 사람들이 '대접 받는' 시대가 올 것이라는 얘기다. 더욱이 교열 기능은 신문사뿐만 아니라 책을 비롯한 출판물, 방송 · 영화의 자막 등 필요로 하는 곳이 많다.

대립과 상충, 합리적인 사고로 극복해야

앞에서 얘기했듯이 교열은 단순한 작업이 아니다. 상당히 고차원적이며 복잡한 과정이다. 그런 만큼 풍부한 지식과 합리적인 사고, 냉철한 판단력이 필요하다. 우선 표준어규정, 한글맞춤법, 표준화법 등 우리말과 글에 대한 많은 어문 지식이 필요하다. 하나 예를 들어보자.

"어느날, 울 어머니가 장난끼 가득 한 얼굴로 귓볼을 잡고는 귀에 대고 소근소근 얘기했다. '네 귀 속에 귓밥이 가득하구나' 하고. 그런데 그렇게 말씀하시는 엄마의 눈에는 눈꼽이 끼여 있었다."

이 예문에서 틀린 부분을 찾아보자.

'어느날'은 '어느 날', '장난끼'는 '장난기', '가득 한'은 '가득한' '귓볼'은 '귓불', '소근소근'은 '소곤소곤', '귀 속'은 '귓속', '귓밥'은

'귀지', '눈꼽'은 '눈곱', '끼여'는 '끼어'가 바른 표기다. 한 문장에서 '어머니'라 했다가 '엄마'로 격을 바꿔 부르는 것도 옳지 않다. '어머니가 … 얘기했다'는 '어머니가 … 말씀하셨다'라고 해야 바른 표현이 된다. 어떤가? 이래도 단순한 작업으로 보이는가?

외래어 표기법도 알아야 한다. 외국어를 잘하는 것과 그런 말들을 우리 문자로 정확히 표기하는 것은 별개의 문제다. 외국어를 소리 내어 말하는 것과 그것을 우리 문자로 적는 것에는 하늘과 땅만큼의 차이가 있다. 이는 우리나라만 그런 것이 아니라 문자를 가진 모든 나라가 마찬가지다. 예를 들어 쥬스(juice)는 주스, 스프(soup)는 수프, 꽁트(conte)는 콩트, 몽타지(montage)는 몽타주, 랑데뷰(rendez-vous)는 랑데부, 도꾜(東京)는 도쿄, 바베큐(barbecue)는 바비큐, 징기스칸(Chingiz Khan)은 칭기스칸으로 적어야 바른 외래어 표기다.

또 교열 기자는 상식이 풍부해야 한다. 다양한 분야에 걸쳐 넓고 깊은 상식을 갖춰야 한다. 그래야 취재 기자의 잘못을 바로잡을 수 있다.

"1921년에 '백조' 동인으로 활약하였으며, 신극 운동에도 참가하여 토월회를 이끌고 희곡도 창작하였다."

국립국어연구원이 펴낸 『표준국어대사전』이 홍사용(洪思容) 시인에 대해 설명해 놓은 글이다. 그러나 문예 동인지 『백조』는 1922년에 창간됐다.

또 『표준국어대사전』은 인도의 토다 족(Toda族)에 대해 설명하며 '일부다처의 풍속'이 있다고 설명하고 있으나, 이는 잘못된 것이다. 토다 족은 한 여자가 여러 남편을 거느리는, 일처다부혼(一妻多夫婚)에 바탕을 둔 대가족제를 이루고 있다.

교열 기자의 사고는 냉철하면서도 '합리적'이어야 한다. 교열 기자는 많은 취재 기자와 편집 기자들을 상대한다. 그들에게는 가끔 어법을 알면서도 지킬 수 없는, 그들만의 피치 못할 사정이 생긴다. 또 말과 글은 수학 공식처럼 항상 한 가지 답(뜻)만을 갖는 것이 아니다. 표준어를 쓰지 않아야 비로소 글맛이 사는 문장도 숱하다. 'accent'의 바른 표기는 '악센트'이지만 모 자동차 회사는 자신들이 생산하는 차의 이름을 '엑센트'로 정했다.

이러한 대립과 상충을 합리적인 사고로 대처하지 못하면 자칫 교열 기자는 싸움꾼(?)이 되기 쉽다.

긴장을 즐기는 현장주의자

| 민경욱 |

KBS 보도본부 보도국 기자. 1991년 KBS에 입사해 정치부, 기동취재부, 보도제작부를 거쳐 현재 〈KBS 뉴스8〉 앵커로 활약 중이다. 이달의 기자상, 한국방송대상, KBS 바른언어 대상 등을 수상했다. 시청자와의 소통을 중시해 KBS 홈페이지 내에서 칼럼을 쓰고 있으며(http://ifamily.kbs.co.kr/Column/minkw), 메일링 서비스를 신청하면 방송 뒷얘기와 매일 매일의 주요 뉴스를 담은 뉴스레터를 보내주기도 한다.

행정고시를 봐서 고급 공무원이 되려고 대학은 행정학과로 진학했었다. 그런데 대학 시절 2년 동안 대학 신문사 기자로 활동하면서, 따분한 고시 공부를 해서 공무원이 되는 것보다 기자가 되는 게 더 치열한 삶을 사는 게 아닌가 하는 생각이 불현듯 들었다. 이 생각은 한번 머리에 박히더니 도대체 뇌리에서 떠나질 않았는데, 대학을 졸업한 뒤 직장에 취직하고 나서도 변함이 없었다.

막연히 기자가 되겠다고 일요일마다 취미 생활하듯 언론사를 쫓아다니며 시험을 치르기를 20여 차례. 언젠간 모 통신사에 접수한 입사 원서가 되돌아왔다. '나이 제한'에 걸린 것이다. '아, 이제는 기자 시험도 못 보는 나이구나.' '내 인생에 기자라는 운은 없는 거구나.' 이때의 심정은 정말로 참담했다. 필자가 시험을 치렀던 그 많은 언론사

가운데 가장 늦게 시험공고를 낸 KBS만 모집 요강의 응시자격이 다른 언론사보다 한 살 더 많았다. 마지막 기회를 그냥 놓칠 수 없다는 생각으로 치른 방송사 입사시험에 나는 운 좋게 합격했다.

당시 공보처에서 공무원 생활을 하고 있던 나는 발표일인 그날 하필 외국 손님을 모시고 경주 불국사 관광 안내를 하고 있었다. 살짝 불국사 경내 공중전화를 통해 시험 결과를 알아봤는데 합격이란다! "뭐라고요? 합격이라고요?" 황당해 하는 외국 손님을 뒤로 한 채 고성을 지르며, 펄쩍펄쩍 뛰고 좋아했던 기억이 생생하다. 영원히 놓쳐 버린 기회라고 생각했던 기자 시험에, 그것도 단 한 번 남은 기회에 합격한 것이다. 내 인생에 잊을 수 없는 순간이었다.

지도교수 안병영(후에 교육부 장관을 지내셨다) 선생님을 찾아뵙고 KBS 기자 시험에 합격했다고 인사를 드렸다. 안 선생님은 강자와 약자, 가진 자와 없는 자의 이익이 부딪혔을 때 항상 좀 더 약하고, 좀 덜 가진 사람의 편에서 생각하라는 가르침을 주셨다. 기자 생활을 하면서 그 말씀을 얼마나 실천하고 살아가고 있는지 부끄러울 뿐이다.

"석줄로는 못 쓰고 석줄 반으로 썼습니다"

그렇게 기쁘게, 학수고대하며 입사했건만 회사 생활은 조심스러웠고 적응하기가 쉽지 않았다. 수습 시절, 생전 가 보지 않았던 경찰서를 마치 제 집처럼 드나들며 무지막지한 형사들과 생활하는 것도, 도무지 웃을 줄 모르는 무서운 기자 선배들을 대하는 일도 고역이었다. 수습기자의 미숙함을 지적하며 '너는 엑스야, 임마.' '이 곰바우야.' 같은,

기자가 되기 전에는 들어보지 못한 욕을 들을 땐 무시무시한 어감에 몸을 떨곤 했었다. 선배 기자들을 '선배님'이 아닌 '선배'라고 불러야 하고, 경찰서장을 '서장님'이 아닌 '서장'으로 불러야 하는 이유도 그때 배웠다. 당시 29살의 자연인 민경욱이라면 50대에 권력을 가진 경찰서장이 어려워 '서장님'이라고 불러야겠지만, KBS라는 언론기관을 대표하는 기자로서 당당하게 취재를 하기 위해서는 '님'자를 생략한 '서장'이라고 불러야 한다는 것이었다. 그런 언어 습관을 회사 안에서부터 실천하기 위해 기자 선배들을 '선배님'이 아닌 '선배'라고 부른다고 했다. 당당한 기자로 만들기 위한 기자 사회의 장치였고, 독특한 문화였다. 그 뜻은 알았지만 들어온 지 얼마 되지 않은 수습기자가 정년을 바라보는 간부들에게 '김 선배', '이 선배'라고 부르는 것이 처음에는 쉽지 않았다. 양주와 맥주를 섞은 '폭탄주'도 떨리는 마음으로 신고식을 치르듯 처음으로 마셨다. 사회부 수습 기간에 대학생들의 시위를 취재하기 위해 건국대학교에 갔을 때, 나는 군대 생활 이후 처음으로 춥고, 졸리고, 배가 고파서 도저히 견딜 수 없는 극한 상황을 체험하기도 했다.

수습 과정을 거치면서 머리를 떠나지 않던 의문 중의 하나가 '기자들의 선후배 관계는 왜 그렇게 경직될 수밖에 없는가?'였다. 내 결론은 기사 작성을 비롯한 기자로서 살아가는 모든 방식이 이른바 도제제도를 따르는 데 있는 게 아닐까 하는 것이었다. 사람 목숨을 다루는 의사들이 집도 방법을 일일이 전수하기 때문에 선후배나 사제 사이에 엄격한 위계질서가 존재하는 것처럼, 기자들 역시 대학교육을 받았음에도 불구하고 그 누구도 기사 작성 방법을 체계적으로 받아보지 못했기 때문에 그 방법을 가르치고 배우는 선후배 관계가 엄격하고 경직될 수밖에 없는 건 아닐까?

상하 관계가 경직되면 의사소통에 문제가 생기기 마련이다. 한번은 이런 일도 있었다. 입사 동기로 지금은 해외 특파원으로 활동하고 있는 유능한 기자의 수습 시절 일이다. 사회부 수습 첫날 경찰서 형사계에 앉아서 관할 구역 이곳저곳에 전화를 하며 기삿거리를 챙기던 이 친구가 관내 건물에서 불이 난 걸 알아내곤 선배에게 전화로 보고했다. 보고를 받은 선배는 바로 기사를 부르라고 했지만 사회부 수습을 처음 시작한 날 화재 사건을 술술 기사체로 부를 실력 있는 기자가 몇이나 되겠는가. 이 친구가 '아, 어'를 반복하며 헤매자, 선배 기자는 불호령과 함께 어서 회사로 들어오라고 지시했다. 회사로 들어간 그 친구에게 선배는 소방서에서 보낸 보도자료를 던져주면서 딱 석 줄만 쓰라고 했다. 친구는 끙끙거리며 작은 글씨로 기사 용지 석 줄을 넘겨 반을 더 쓰고는 "석 줄로는 도저히 쓸 수 없어 석줄 반으로 썼습니다." 했단다. 선배가 말한 '한 줄'은 '한 문장'이라는 뜻이었는데, 수습이 알 리가 없었던 것이다. 이 배꼽 잡는 일화는 지금까지 보도국에서 회자되고 있다. 굳이 동기 기자의 이야기를 할 것도 없다. 나 역시 수습 기간 동안 길어야 일곱 문장인 방송 리포트 원고를 제대로 작성하는 법을 배우기까지 참으로 많은 속눈물을 흘렸다.

딱 일곱 문장에 세상을 담아라

방송 기사는 일곱 문장이다. 9시 뉴스에 방송되는 리포트의 길이는 대개 1분 20초. 인터뷰 두 개쯤 들어가면 문장이래야 기껏 6~7문장이면 끝을 맺어야 한다. 때문에 방송 기사를 작성하는 건 매우 간단해 보인다. 사안에 따라 신문 한 면을 혼자 채워야 하는 신문 기자들의 작업이 훨씬 더 어려운 것이 아닐까? 대학 시절 신문사 기자 경험이 전부일 뿐, 프로 신문 기자로서의 경험이 없어서 한마디로 단언하기는 힘들지만 꼭 그렇지도 않다는 게 12년 방송 기자 생활을 한 나의 견해다. 짧은 만큼 분명한 맥을 짚어내야 하고, 쉽고 간결한 문장으로도 전체 그림을 그릴 수 있도록 해야 하는 방송 기사는 어떤 의미에서 더 어렵다. 무릇 길게 늘이는 것보다 짧게 줄이는 것이 더 어렵다고 하지 않는가.

방송이 신문에 비해 상대적으로 빛을 보는 건 현장 생중계 방송이다. 태풍이나 폭우, 폭설 등의 재해 방송, 삼풍백화점 붕괴 사고와 성수대교 붕괴 사고 등 대형 사건 사고 방송, 총선 및 대선 개표 상황 방송이 단적인 예다. 시시각각 변하는 현장의 상황을 실시간으로 연결해 보도하는 피를 말리는 작업이 바로 방송하는 자들의 숙명이자 업보며, 자존심의 근원이기도 하다.

지난 95년, 당시 정치부에 소속돼 있던 나는 삼풍백화점 붕괴 사고로 밤을 새는 사회부 동료들을 지원하는, 이른바 지원병으로 차출돼 서울 서초동의 사고 현장으로 달려갔다. 마침 그날 무너진 삼풍백화점 지하 3층에서 24명의 청소부들이 극적으로 구출됐다. 지하 3층, 지상 5층의 백화점 건물이 폭삭 무너져 건물은 간 데 없고 건물 잔해만 지상 높이로 내려앉은, 각 층이 시루떡처럼 켜로 포개진 처참한 상황. 쥐새끼 한 마리조차 살아 있을 것 같지 않던 그 지옥 같은 건물 더미를 뚫고 중년과 노년의 청소부 24명은 기적적으로 살아나왔다.

그 당시 각 방송사는 구조 현장을 24시간 생중계 방송하고 있었다. 그날 나는 안전모와 우비를 입은 자원봉사자로 위장해 기자들의 출입이 엄격하게 제한된 구조 현장에 잠입하는 데 성공했다. 이후 5시간 동안 밥도 굶고 용변도 그 근처에서 해결하며 말없이 구출 현장을 지켜보았다. 오후 5시쯤 구조 현장에서 나온 나는, 그때부터 청소부들이 모두 구출된 밤 10시까지, 무려 5시간을 원고도 없이 연속 생방송을 해야 했다. 새벽에 나와 한 끼도 먹지 못한 채 밤 10시까지 보는 대로, 들리는 대로, 느끼는 대로 정신없이 떠드는 그 한마디 한마디가 전국으로 방송되는 그 긴박함, 머릿속이 하얗게 비고, 입술은 바짝바짝 타들어가는 그 극한의 치열함을 견딘 이후에야 나는 왜 젊은이들이 부나비처럼 방송 기자가 되고자 줄을 서는지 어렴풋이 깨달았다.

방송 기자가 되려는 사람을 왜 부나비라고 하는가? 통계에 따르면 가장 단명하는 직업군, 즉 가장 빨리 죽는 직업군 중 하나가 기자, 그중에서도 방송 기자라고 한다. 빨리 죽는 직업군에는 문학인과 체육인들이 포함되고, 장수하는 직업군에는 종교인과 연예인, 정치인, 교수들이 포함됐다. 불규칙한 생활 습관과 스트레스가 단명의 주요 원인이라고 하는데, 굳이 설명이 필요 없다. 지금 내 주위 선후배 동료들을 둘러보면 방송 기자라는 직업이 얼마나 건강에 좋지 않은지를 잘 알 수 있다. 백혈병, 암으로 일찍 세상을 뜬 선배들도 즐비하고 심한 스트레스와 불규칙한 생활 습관, 그리고 폭음과 흡연 때문에 뇌혈관 질환에 걸려 속된 말로 '머리 뚜껑을 여는' 수술을 받은 선배들도 어렵지 않게 찾아볼 수 있다.

이런 열악한 근무 조건에도 불구하고 해마다 방송사 기자 시험에는 유능한 젊은이들이 구름같이 몰려서 경쟁률이 수백 대 일에 이르고 있다. 왜? 내 경험으로 짐작해 볼 때 방송 직업이 주는 치열함과 긴박함이라는 코드가 패기에 찬 젊은이들의 마음에 들어서가 아닐까 한다.

시도 때도 없이 벌어지는 사건을 기다리며 하루 24시간을 까치발을 딛는 심정으로 힘겹게 보내다 보면 생활은 사건과 기사, 방송 일정에 따라 불규칙하게 변한다. 자연히 친구들은 하나 둘씩 멀어진다. 그래도 입사 후 얼마간은 모임이 있을 때마다 내가 참석하지 못할 걸 알면서도 친구들이 꼬박꼬박 연락은 하더니, 5년이 지나니 이제 연락조차 하지 않게 되었다. 이같이 열악한 근무 환경은 주 5일 근무제가 도입되면 좀 낫지 않을까 기대하고 있다.

매 시간마다 찾아오는 데드라인

흔히 기자를 '무관의 제왕', '사회의 목탁'이라고 표현한다. 혹은 "기자는 거지(또는 시체)보다 높지 않고 대통령보다 낮지 않다."고 하기도 한다. 이런 표현은 초라한 외형에도 불구하고 사회의 부정을 파헤치고 정의를 세울 수 있는 기자라는 직업이 가진 무형의 위력을 묘사하고 있다. 나 역시 역대 대통령부터 부검대에 누워 있는 시체, 그리고 길거리의 노숙자까지 두루 취재원으로 겪으면서 기자 생활 12년을 보냈다. 20대 후반 자연인으로서 다른 직업이라면 도저히 가질 수 없는 사회적인 능력, 사회의 밑바닥과 상층부를 자유롭게 드나들며 사회 현상을 직접 마주할 수 있고, 잘못된 걸 바로잡아 사회 정의를 구현하는 데 일조할 수 있다는 그 무한한 가능성 때문에 꿈을 가진 젊은이들이 모여드는 것은 아닐까? 하긴 바로 그 모습이 20대 후반 기자라는 직업을 선택해서 열 번 넘는 도전 끝에 방송사 입성에 성공한 나의 자화상이기도 하다.

기자들 공통의 적은 데드라인이다. 하루에 한 번인 신문 기자들의 데드라인과는 달리 방송 기자들은 시계 바늘을 따라 한 시간마다 편성된 텔레비전과 라디오 뉴스 시간이 모두 데드라인이다.

전송 수단이 발달해 신문 기자들이 현장에서 이메일로 기사를 전송하는 요즘에도 방송 기자는 방송을 위해 방송사로 들어와야 한다. 기사만 보내면 되는 신문 기자들과는 달리 방송 기자는 현장에서 취재한 촬영 테이프로 직접 제작을 해야 하기 때문이다. 그런 면에서 방송 기자들은 취재부터 제작까지 철저히 현장을 지키고 있어야 하는 현장주의자들일 수밖에 없다. 이런 방송 기자들의 처지 때문에 방송 기자들의 술은 폭탄주일 수밖에 없다는 얘기도 있다. 즉, 기자들이 함께 술자리를 벌여도 초저녁부터 술을 마신 신문 기자들의 주흥을 따라가기 위해서는 일러야 9시 뉴스를 마친 10시쯤에 합류하는 방송 기자들은 댓바람에 폭탄주를 마실 수밖에 없다는 아전인수 격의 설명이지만, 물론 '믿거나 말거나' 다.

신문 기자들은 현장에서 취재를 하고 기사를 송고하면 끝난다. 하지만 방송 기자가 텔레비전 리포트를 한 꼭지 만들려면 현장 취재, 촬영, 방송사 복귀, 기사 작성, 데스크의 수정 작업, 음성 녹음, 컴퓨터 그래픽 의뢰, 자막 원고 작성, 편집, 녹화 또는 송출이라는 과정을 거쳐야 한다. 현장 취재와 기사 작성, 그리고 데스크의 수정 작업이야 신문을 제작하는 데도 필수적인 과정이지만 음성 녹음과 자막 원고 작성, 편집과 녹화 또는 송출 과정은 오롯이 방송 기자만 수행해야 하는 특수한 작업이다.

특히 중계차가 함께 출동했거나 주위에 화면 송출을 위한 피딩 포인트(feeding point)가 없는 경우에는 테이프를 방송사로 전달하는 운

:: 〈KBS 뉴스8〉 생방송 직전 스튜디오에 앉아 있는 필자 민경욱 기자(왼쪽). 책상 위에 놓인 국어사전이 인상적이다.

송 수단 확보가 취재에서 중요하게 고려해야 할 사항이 되곤 한다.

방송 기자들이 꼭 하고 싶어 하는 것으로 앵커와 특파원, 국장을 꼽을 수 있다. 앵커는 매일 뉴스 시간마다 시청자들을 직접 만날 수 있다는 점에서, 특파원은 드넓은 해외에서 자신의 취재 실력을 마음껏 펼칠 수 있다는 점에서, 그리고 국장은 펄펄 나는 기자들을 현장에서 총괄 지휘하는 야전 사령관과 같은 존재라는 점에서 선망의 대상이다.

나는 현재 <KBS 뉴스8>의 앵커를 맡고 있다. 뉴스 진행자를 뜻하는 앵커는 남자의 경우 기자와 아나운서가 나눠서 맡고, 여자의 경우는 대개 아나운서가 맡는 것이 일반적이었다. 하지만 최근 점차 여기자들의 진출도 눈에 띄고 있는 추세다. 앵커는 사내 오디션을 통해서 공개모집을 하는데 정확한 발음과 신뢰를 주는 인상, 그리고 다양한 취재 경력, 위기 상황에서의 대처 능력 등이 선발 기준이다.

시청자 중에는 앵커를 아나운서와 동의어로 생각하고 '아나운서님께'라는 제목의 이메일로 어떻게 하면 앵커가 될 수 있느냐고 문의를 해 오는 경우도 종종 있다. 그럴 때마다 현재 방송사의 관례로 볼 때 남자의 경우는 기자, 여자의 경우는 아나운서가 되는 것이 앵커가 되는 일반적인 경로라고 설명하곤 한다.

앵커와 기자 생활을 비교해 보자. 앵커는 진행 멘트 작성, 분장과 머리 단장, 의상 착용 등 짜여진 시간 안에 정해진 각본에 따라 같은 일을 매일 반복해야 하는, 일면 단조롭지만 자신의 시간을 조정하면서 활용할 수 있는 장점이 있다. 이에 비해 기자는 그날그날 발생하는 사건 사고에 따라, 기삿거리에 따라 하루 일과가 극히 불규칙하다.

사람에 따라 차이가 있지만 대부분의 앵커들은 현장으로 돌아가서 취재 기자로서 취재 경력을 쌓을 것이냐, 아니면 앵커의 길을 선택해 앵커 경력을 관리할 것이냐를 놓고 고민한다. 주말에만 뉴스를 진행하는 주말 앵커의 경우 취재와 앵커 역할을 동시에 수행하지만 9시 뉴스를 비롯한 그 밖의 뉴스 앵커들은 출입처 없이 방송 진행에만 전념하도록 하고 있다.

"경욱아, 너는 언제쯤 손범수처럼 되니?"

방송 기자는 고달픈 직업이다. 기자의 취재는 대부분 잘못된 것을 바로 고치기 위한 고발이 대부분이다. 자신에 대해, 자신의 회사에 대해 나쁜 부분을 취재할 게 뻔한 데도 불구하고 친절하고 예의 바르게 대해 주는 취재원은 거의 없다.

이런 어려움을 극복하고 필요한 장면을 촬영하고, 원하는 인터뷰를 얻어서 방송 리포트라는 하나의 작품으로 완성한다. 이 리포트는 텔레비전이라는 엄청난 광역성과 즉시성을 지닌 매체를 통해 방송된다. 자연히 반향이 클 수밖에 없고 기자의 보람도 함께 커진다. 방송 기자는 단순히 텔레비전에 얼굴을 내미는 사람이 아니다. 사회의 곳곳을 누비며 힘든 취재를 한다는 자부심이 다른 어떤 직업보다 남다른 사람들이다.

그러나 사람들은 방송 기자에게 존경과 인정을 보탠 후한 점수를 주지 않는다. 특히 어른들은 텔레비전에 자주 나오면 대단하게 생각하고, 자주 나와도 자기가 알아보지 못하면 별로 유명한 사람이 아니라고 대수롭지 않게 여긴다. 그건 우리 아버지도 마찬가지셨다. 방송사에 입사한 지 얼마 되지 않았을 때 하루는 아버지가 텔레비전 앞에서 혼잣말같이 툭 던지신 말씀이 생각난다.

"애, 경욱아, 너는 언제쯤 손범수처럼 되니?"

내가 비록 유명 아나운서처럼 텔레비전에 자주 나오진 못해도 방송 기자로서 갖는 자부심은 그 누구보다도 크다는 말씀을 드리고 싶었지만, 괜한 변명처럼 들릴까 별 말씀을 드리지 못했던 기억이 난다. 이제 텔레비전 뉴스 앵커가 돼서 매일같이 텔레비전에 얼굴을 내미는 아들의 모습을 보시고, 아버지는 이제 아들이 손범수 아나운서처럼 훌륭한 사람이 돼서 기쁘게 생각하시는지 언제 한번 여쭤어 봐야 되겠다.

"뉴스 1분 전, 스탠바이!"

"자, 다들 준비됐습니까? 방송 1분 전입니다. 카메라맨 스탠바이. 테이프는 몇 개나 와 있습니까? 톱 기사는 와 있죠? 자, 앵커들도 스탠바이 하십시오."

얼굴을 덮은 짙은 분장에, 잔뜩 살린 머리에, 상의만 차려 입은 모습으로 세 대의 카메라가 각기 다른 방향에서 앵글을 잡는다. 눈도 제대로 못 뜰 정도로 따갑게 내리 쬐는 조명을 받으며, 한 시간 전부터 준비한 리포트들에 대한 앵커 멘트를 차분히 챙긴다. 떨리느냐고? 이젠 떨리지 않는다. 처음엔 떨렸냐고? 아니 처음부터 떨리지 않았다. 방송 기자는 매 순간 긴장을 즐겨야 하기 때문이다.

이 글을 읽는 독자 중에 방송 기자가 되고 싶은 사람이 있는가? 그러면 긴장을 즐길 수 있어야 한다. 기자들에게 필요한 공통적인 자질, 왕성한 호기심과 정의감, 우리 국어에 대한 해박한 지식은 기본이다. 특히 방송 기자 생활이 주는 스트레스를 즐길 수 있는 낙천주의자가 방송 기자로 적합하다.

동해 무장공비 침투 사건, 괌 KAL 여객기 추락 사고 같은 대형 사건 사고가 터져 일단 특별 취재반이 구성되고, 그 구성원이 되면 대략 두 주는 현장에서 취재 활동을 해야 한다. 긴박하고 긴장이 팽팽한 현장에서 동료, 선후배와 함께 지내야 하기에, 특별 취재반이 해체될 때면 기자들끼리 서로 얼굴을 붉히는 일도 종종 일어나곤 한다.

기사 작성과 방송을 포함한 비정형적인 생활 습관 자체를 하나의 도전으로 받아들이는 진취적인 자세를 갖춘 사람이라야 방송 기자 생활을 비교적 수월하게 소화해 낼 수 있다.

단 한 치의 실수도 용납하지 않는 생방송을 매일 하면서도 내가 떨리지 않는 건, 정말로 떨리지 않아서가 아니라 떨지 말아야 하는 방송 기자의 숙명 때문이다.

가장 먼저 도착해
맨 나중에 떠나라

| 이기창 |

연합뉴스 국제뉴스국 특신부 차장. 1989년 연합뉴스에 입사해 경제부, 정치부, 외신부 기자로 일했으며 1999년 8월부터 2002년 7월까지 카이로 특파원을 지냈다. 1999년 터키 지진과 2000년 이스라엘–팔레스타인 유혈 분쟁, 2001년 아프가니스탄 전쟁, 2003년 이라크 전쟁 등 최근 발생한 주요 국제 분쟁 현장을 취재했다.

연합뉴스 카이로 특파원으로 부임한 지 채 한 달도 지나지 않은 1999년 8월 19일 오전 6시께. 아직도 달콤한 아침 잠에 취해 있는 시간에 전화벨이 다급하게 울렸다.

"터키에 큰 지진이 났으니 빨리 가라."

본사 데스크는 자세한 설명도 없이 무조건 빨리 지진 현장으로 달려갈 것을 주문했다. 잠자리를 박차고 일어나 컴퓨터부터 켜고 외신 기사를 검색해 대체적인 상황을 파악한 뒤 터키 행 비행기 스케줄을 확인했다. 카이로발 이스탄불 행 비행기의 출발 시간은 오전 11시. 여행사에 비행기표 예약을 부탁한 뒤 인터넷을 통해 터키 주재 한국대사관과 KOTRA, 한국 기업 지사, 한국 음식점 등의 전화번호를 찾아내 다이얼을 돌렸지만 지진으로 통신이 완전히 끊긴 듯 모두 불통이었다.

:: 2003년 이라크 전쟁 당시 걸프 해역에서 공격을 감행한 USS케어사지 호에 승선해 1박 2일간의 취재를
마친 뒤 미 해병대 헬기 탑승을 기다리는 필자 이기창 기자.

일단 통화를 포기하고 옷가지를 대충 챙겨 출장 가방을 싼 뒤 은행으
로 달려가 출장비를 인출했다. 그 사이에도 끊임없이 다이얼을 돌렸지
만 터키로 전화는 끝내 연결되지 않았다. 결국 아무런 정보도 갖지 못
한 채 무작정 터키 행 비행기에 몸을 실었다.

여행객들이 대부분 예약을 취소해 버려 텅 빈 비행기 편으로 이스
탄불 공항에 내리자마자 거대한 난민촌처럼 변한 시내 모습을 스케치
해 기사를 송고하는 것으로 지진 취재는 시작됐다. 가까스로 한국 음
식점을 찾아내 한국인들의 피해 여부를 확인하고, 가이드를 섭외하고
자동차를 빌려 지진 현장을 둘러본 뒤 다시 후속 기사들을 송고했다.

이스탄불에서 100킬로미터쯤 떨어진, 진앙지인 이즈미트 지역엔 시
루떡처럼 폭삭 폭삭 주저앉은 수많은 건물과 그 사이에 매몰된 숱한

주검들, 졸지에 사랑하는 가족과 이웃을 잃고 통곡하는 생존자들의 이야기가 있었다. 아수라장 같은 지진 현장에서 두 주를 보낸 뒤 카이로로 돌아왔다. 강력한 여진이 24시간 내에 이스탄불을 강타할 것이라는 보도에 호텔 투숙객들이 모두 잔디밭으로 피신했던 날 밤에도 객실에 그대로 남아 새벽까지 기사를 송고하다 쓰러져 잠들었던 일은 지금도 잊지 못할 추억으로 남아 있다. 두 주에 걸친 터키 지진 취재는 몹시 힘들었지만 그 큰 뉴스의 현장에 한국 기자로선 내가 가장 먼저 도착해 기사를 송고했다는 자부심 같은 것이 아직도 내 마음엔 남아 있다.

시작이 험난했던 탓일까? 카이로에 머무는 동안 이런 일들은 몇 차례 더 반복됐다. 2000년 9월 28일 이스라엘과 팔레스타인 간에 유혈 분쟁이 터졌을 때도 곧바로 예루살렘으로 달려가 가자 지구와 요르단 강 서안의 라말라, 나블루스 등을 오가며 현장을 취재했다. 2001년 9.11 테러 직후 미국이 아프가니스탄 공습을 준비하고 나섰을 때도 나는 한국 기자 중 가장 먼저 전운이 짙어 가는 파키스탄의 이슬라마바드로 날아갔다. 심지어 중동 근무를 마치고 서울로 돌아온 뒤에 일어난 2003년 이라크 전쟁 때도 전쟁이 일어나기 거의 한 달 전에 쿠웨이트로 파견돼 바그다드까지 들어갔다 왔다.

전쟁이나 지진이 났을 때 현장으로 접근하는 비행기 안은 거의 텅 비어 있고 팽팽한 긴장감이 감돌기 마련이다. 모두들 전쟁이나 지진을 피해 나오는 비행기 편을 잡으려고 아우성인 마당에 '태풍의 눈'처럼 예고된 위험을 향해 달려가는 사람들은 대부분 기자이거나 자원봉사자다. 목숨이 위태로울지도 모르는 위험 지역으로 들어가는 비행기 안에서 '통신 기자'라는 나의 직업에 대해 곰곰이 생각해 보곤 했다. 나는 왜 언제나 다른 사람들이 모두 빠져나오려고 아우성인 분쟁과 재난의 현장으로 달려가야 하는 걸까? 그건 바로 내가 기자, 특히 통신 기자이기 때문이리라. 통신 기자에게는 현장에서 어떤 일이 일어나고 있는지를 알려야 할, 그것도 가장 먼저 알려야 할 책무가 있다고 할 수 있다. 그러니 설령 위험이 도사리고 있다 해도, 뉴스가 있는 곳이라면 마땅히 가장 먼저 달려갈 수밖에 없는 것이 통신 기자의 팔자인 셈이다. 물론 다른 기자에게도 속보는 중요하다. 그러나 만일 통신 기자가 방송이나 신문 기자보다 뒤늦게 현장에 도착해 기사를 보낸다면 그야말로 맥 빠지는 일이 아닐 수 없다.

전화기 하나가 가른 특종과 낙종

수습 시절 어느 선배로부터 전해 들은 이야기 하나를 지금도 잊지 못한다. 존 F. 케네디 전 미국 대통령의 암살 현장에 대한 이야기이다. 1963년 11월 22일 오후 케네디 대통령이 탄 차량은 미국 달라스의 거리를 달리고 있었다. 갑자기 총성이 울리고 대통령이 쓰러져 병원으로 실려 가는 아수라장이 연출됐다. 당시 대통령 차를 뒤따르던 취재 행렬 중 가장 먼저 병원에 도착해 상황을 파악한 뒤 1보를 부른 것은 UPI 통신의 백악관 출입 기자 메리먼 스미스. 스미스 기자는 라디오 카에 있는 송고용 전화기를 재빨리 집어들고 '케네디 피격, 치명상인 듯'이라는 단 한 줄짜리 기사를 불렀다. 이때 한 대뿐인 전화기를 빼앗긴 경쟁사 기자가 신발을 벗어 스미스 기자의 머리를 내리치며 전화기를 빼앗으려 안간힘을 썼다는 이야기이다. 간발의 차이였지만 승패는 너무나 뚜렷이 갈렸다. 먼저 전화기를 들고 1보를 부른 스미스 기자는 역사에 길이 남을 특종을 했다. 그러나 불과 몇 초 차이로 1보를 놓친 경쟁자는 영원히 씻을 수 없는 역사적인 낙종을 한 꼴이 됐다. 통신 기자에게 속보가 얼마나 중요한가를 말해 주는 이야기가 아닐 수 없다.

속보가 생명인 통신 기자들 사이에선, 송고 수단 확보에 대한 이야기들이 많이 전해져 내려온다. 통신 사정이 극도로 열악했던 한국 전쟁 초기에 외신 기자들 사이에선 송고 전쟁이 치열했다고 한다. 그래서 당시 종군 기자들은 정력의 5분의 1만 취재에 쏟고 나머지 5분의 4는 송고 수단을 찾는 데 썼다고 한다. 기자들은 수십 명인데 송고용 전화기가 2~3대밖에 없다면 어떻게 할까. 슬쩍 전화기의 나사를 풀어 부품 하나를 빼낸다. 그리곤 '고장'이라고 써 붙여 놓는다. 취재가 끝나고 부품만 끼워 넣으면 이 전화기는 전용으로 쓸 수 있는 것이다. 좀 과장되긴 했지만 이런 치사한 방법을 써서라도 기사를 빨리 보내야만 하는 게 통신 기자라는 이야기이다.

통신 수단의 급속한 발달로 인해 이제 더 이상 송고 수단은 큰 문제가 되지 않는다. 통신망이 마비된 아프가니스탄의 카불이나 이라크의 바그다드에서도 수천 명의 외신 기자들이 위성전화를 비롯한 각종 첨단장비를 펼쳐 놓고 치열한 속보 전쟁을 벌이는 모습은 아주 인상적이었다. 국내에서도 이제 웬만한 곳에서는 전화선 없이 무선 인터넷으로 기사를 송고하는 시대가 됐다. 그러나 아무리 시대가 바뀌어도 이런 이야기들이 통신 기자에게 주는 의미는 크게 달라지지 않았을 듯싶다.

숱한 정보들이 넘쳐나는 정보화 시대를 맞아 언론의 속보 경쟁은 갈수록 가열되고 있다. 과거에는 정해진 시간에 지면이나 전파의 형태로 뉴스를 전하던 신문과 방송들이 이제는 인터넷을 통해 통신사처럼 리얼 타임으로 뉴스를 내보내고 있다. 새로이 등장한 수많은 인터넷

:: 2003년 이라크 전쟁 당시 이라크 공격의 선봉에 선 영국군 탱크 부대를 방문 취재하는 이기창 기자.

매체들 역시 시시각각으로 뉴스를 쏟아낸다. 이처럼 숱한 리얼 타임 매체들이 경쟁하는 시대에 뒤늦게 나가는 통신 기사를 누가 받아쓸 것인가? 신문이나 방송, 각종 인터넷 매체들보다 속보성에서 뒤지는 통신 기사는 갈수록 발붙이기 힘든 환경이 펼쳐지고 있다.

그래서 통신 기자는 남보다 더 부지런해야 하고 더 많이 뛰어야 한다는 말들을 한다. 국내 언론사들이 기자를 내보내는 어느 출입처이든 가장 빨리 출근해서 제일 늦게까지 자리를 지키는 것은 대부분 통신사인 연합뉴스 기자라는 데 별 이견이 없을 것이다.

신문이나 방송 기자라면 무시해도 좋을 1단 짜리 보도자료에서부터 스트레이트와 해설, 스케치, 단독 취재 기사까지 모두 처리하려면 통신 기자는 게으름을 피울 새가 거의 없다. 게다가 통신 기자는 같은 시간에 받은 보도자료라도 다른 기자들보다 빨리 써서 서비스해야 의미가 있다. 그래서 통신 기자는 상대적으로 많은 양의 기사를 써야 할 뿐 아니라 아주 빨리 기사를 쓸 수 있어야 한다. 특히 스트레이트 기사를 누구보다도 빨리 쓸 수 있어야 훌륭한 통신 기자라고 할 수 있다. 그러나 통신 기자에게 중요한 건 속보성만이 아니다. 정확성은 더 중요한 덕목이다. 아무리 기사를 빨리 내보낸다 해도 내용이 정확하지 않다면 아무 쓸모가 없을 뿐 아니라 큰 폐해를 끼친다. 특히 온갖 정보가 난무하는 정보화 시대에 통신 기사의 신뢰성은 더욱 중요해지고 있다. 통신 기사를 인용하는 매체들이 셀 수 없이 늘어났다. 또 통신 기사를 접하는 독자들의 수가 기하급수적으로 늘어나고 있으므로 통신 기사는 객관성과 정확성을 유지하지 않으면 안 된다. 그래서 통신 기자는 정확한 기사를 빨리 써야 하는 것이다.

여기에 한 가지 덕목을 덧붙이자면 그것은 독창성이다. 통신 기자는 다른 기자들이 쓰지 않은 기사를 발굴 취재할 때 빛이 난다. 보도자료나 다른 기자들이 다 알고 있는 내용을 담은 통신 기사도 의미가 없는 것은 아니다. 통신 기사는 신문 및 방송 기사를 작성하는 데 참고로 쓰이며, 민감한 기사일수록 기사의 방향을 결정하는 데 적지 않은 영향을 미치기 때문이다. 하지만 정말로 빛나는 통신 기사는 보도자료로 배포되지 않았고, 다른 신문 방송 기자들도 모르는 내용을 발굴 취재하는 경우다.

정보 전쟁의 선두에 서다

외국어 실력이나 국제 감각도 통신 기자에게 요구되는 또 다른 덕목이다. 통신사가 생긴 이유를 역사적으로 더듬어 보면 국제 뉴스를 취재하기 위한 목적이 크다. 그래서 어느 나라를 막론하고 통신사는 가장 많은 특파원을 두고 있다. 연합뉴스도 국내 언론사 중에서는 특파원 수가 가장 많고, 입사시험에서 외국어의 배점 비중도 다른 과목보다 높게 돼 있다. 세계화 시대를 맞아 국제 뉴스가 갈수록 중요해지는 데 따라 연합뉴스는 해외 취재망을 대폭 강화할 예정이어서 통신 기자가 된다면 앞으로 특파원으로 일할 기회는 더욱 많아질 것으로 보인다. 국제무대에서 좋은 기사를 취재하려면 유창한 외국어 실력과 국제적 감각을 갖추지 않으면 안 된다. 사실 국제 뉴스 분야는 국내 언론이 가장 뒤처진 부문 중의 하나이며 앞으로 반드시 개선돼야 할 과제로 남아 있다.

현대는 정보화 시대이다. 정보가 돈을 만들고 정보를 독점하는 자가 지배하는 시대이기 때문이다. 정보를 독점한 강대국이 세계를 지배하는 시대라는 의미에서 정보 제국주의란 말이 나왔고, 이런 시대에 정보 전쟁에서 뒤지는 나라는 정보 주권을 잃고 정보 식민지로 전락할 수밖에 없다고 학자들은 지적한다. 그리고 이런 정보 제국주의 시대에 펼쳐지는 정보 전쟁의 선두에는 언제나 세계 각국의 통신사 특파원들이 자리하고 있다. 그러나 정보 쟁탈전에서 한국 특파원들의 역할과 경쟁력은 취약하다고 말할 수밖에 없다. 미국의 백악관이나 국무부의 기자회견장 또는 중요 국제 뉴스의 현장에서 한국 특파원들이 활발히 질문을 던지며 취재에 나서는 모습은 아직까지도 찾아보기 어렵다. 이런 부끄러운 현실은 시급히 개선돼야 하고, 이런 변화를 선도해야 하는 것 역시 통신 기자의 몫이다.

좀 더 넓은 시각에서 본다면 오늘날 한국의 통신 기자들에게는 단순히 국내 언론 시장에서의 속보 경쟁에서 이기는 것뿐 아니라 세계를 무대로 한 정보 전쟁에서 지지 않아야 하는 또 다른 책무가 맡겨져 있는 셈이다.

마크 트웨인은 이렇게 말했다고 한다.

"온 세상을 비추는 건 두 가지뿐이다. 하나는 저 하늘의 태양이고 다른 하나는 AP통신이다."

신문 기자 경험이 있는 마크 트웨인의 이 말은 미국의 AP통신이 세상 곳곳의 소식들을 얼마나 자세히 전하고 있는지에 대한 찬사로 유명하다.

세계 통신사의 효시는 프랑스 AFP통신의 전신인 아바스통신(1835년 설립)으로 꼽히지만 신문사들을 회원사로 한 더 전형적인 통신사의 시초는 1848년 출범한 AP통신이다. 언론 자유가 유난히 발달한 미국에서는 수많은 신문과 방송들이 생겨났지만 그 많은 언론사들이 드넓은 미국 땅과 전 세계를 모두 취재하기는 어려웠다. 그래서 만든 것이 Associated Press, AP통신이다. 예컨대 뉴욕타임스는 뉴욕, 워싱턴 포스트는 워싱턴을 중심으로 신문을 만들고, 미국의 다른 지방이나 해외 뉴스는 공동으로 설립한 AP 기사를 활용하는 것이다.

언론사들이 공동으로 설립한 AP는 방대한 국내외 취재망을 갖추고 회원사들에게 실시간으로 뉴스를 공급하며 AP통신 운영에 들어가는 비용은 회원으로 가입한 신문 · 방송사들이 나눠서 낸다. 미국의 이런 언론 시스템은 오늘날에도 기본적으로 그대로 유지되고 있고 AP는 미국 언론의 변함없는 중심축으로 기능하고 있다.

다른 나라에서도 통신사는 뉴스 정보 유통의 중심 축 역할을 하고 있으며 세계 강대국 중 제대로 된 통신사를 가지지 않은 나라는 거의 없을 정도이다. 영국의 로이터, 프랑스의 AFP, 중국의 신화, 러시아의 이타르타스, 일본의 교토, 독일의 DPA 통신 등은 모두 그 나라를 대표하는 기간 통신사들이다.

우리나라의 경우 연합뉴스가 대표적인 통신사이지만 규모와 기능 면에서 대단히 영세하며 강대국 거대 통신사와의 경쟁이 거의 불가능한 상태로 방치돼 왔다. 일례로 연합뉴스의 특파원 수는 2003년 말 현재 18명으로 로이터(1000여 명), AP(650명), AFP(440명), 신화통신(450명)과는 비교도 할 수 없고, 대만(60명)이나 베트남(50명), 이란 통신사(100명)보다도 적다.

정보가 돈을 만들고 정보를 가진 자가 지배하는 정보화 시대에 한 나라의 통신사가 영세하다는 건 국내적으로 유통되는 뉴스 정보의 질과 양이 떨어질 뿐 아니라 국제적인 정보 전쟁에 뒤져 강대국의 정보 식민지로 전락할 우려가 있다고 언론학자들은 경고해 왔다.

이런 이유에서 지난 90년대 이후 우리나라에도 세계 10위권의 경제력에 걸맞는 통신사를 육성해야 한다는 여론이 증폭돼 왔으며, 그 결과가 2003년 5월 뉴스통신진흥법의 제정으로 이어져 연합뉴스가 국가 정보 주권을 수호하고 정보 유통의 중심 축 기능을 수행할 국가 기간 통신사로 지정됐다.

수십 년을 내다보는
긴 호흡이 필요하다

| 박인규 |

프레시안 대표. 1983년 경향신문사에 입사해 과학부, 국제부, 워싱턴 특파원을 거쳐 매거진X 부장, 미디어 팀장을 역임했다. 2001년 인터넷 신문 프레시안 창간을 주도했다.

존 메릴이란 미국인이 있다. 지난 7월 한국을 방문한 브루스 커밍스 교수가 "2억 8000만 미국인 가운데 북한을 제대로 아는 사람은 다섯 손가락으로 꼽을 정도"라고 말했는데 그 5명 중 1명에 꼽힐 만한 인물이다. 제주 4.3 사태로 박사 학위를 받은 그는 현재 20년 가까이 미 국무부 정보분석국에서 외교관이 아닌 문관으로 일하고 있다. 미국인들은 그의 역할을 '히스토리안(historian)' 즉 역사가라고 부르는데 관리로서의 파워는 없지만 북한 및 한반도 사정에 관해서는 미 행정부 내 최고의 전문가이다.

1996년 봄, 다른 매체의 워싱턴 특파원들과 함께 그와 점심을 할 기회가 있었다. 당시 조지아 대학의 박한식 교수가 주최한 북한 관련 세미나에 북한 측 외교 실세의 한 사람인 이종혁 아태평화위원회 부위원장이 참석했기에 존 메릴과 한국 특파원들이 대거 몰려갔던 것이다. 식사를 마친 후 담소를 하던 도중 메릴이 이런 내용의 얘기를 했다.

"기사란 게 뭔가? 독자들에게 팩트(fact)만 덜렁 던져주는 게 기사는 아니지 않은가? 그 팩트가 전체의 흐름 속에서 어떤 의미를 가지는가를 짚어 주는 것이 진짜 제대로 된 기사가 아닌가?"

메릴의 이 말은 당시 워싱턴 주재 한국 특파원들이 벌였던, 치열했지만 공허했던 특종 경쟁에 대한 일종의 야유 겸 비판이었다.

1994년 10월 제네바 합의 타결을 전후해서 워싱턴에서는, 다소 과장해서 말하면, 목숨을 건 취재 경쟁이 벌어졌다. 이틀이 멀다 하고 워싱턴발 북미 관련 기사가 1면 머리를 시커멓게 장식했다. 워싱턴 포스트 기사를 먼저 베끼는 것만으로도 특종이 되던 시절이라 특파원들은 매일 저녁이면 워싱턴 포스트 초판을 사기 위해 동네 슈퍼를 다녀오는 게 주요한 업무이기도 했다. 그래서 '졸면 죽는다'는 말이 유행할 정도였다고 한다. 하지만 '북한의 극비 훈령 348호' '미국형 경수로 공급 위해 3백 명 극비 훈련' 등의 제목으로 1면 머리를 장식한 워싱턴발 기사의 대부분은 추측성 작문 기사들이었다.

오죽했으면 당시 한겨레신문 특파원이었던 정연주 선배(현 KBS 사장)가 95년 신문의 날(4월 7일)을 맞아 '기자인 것이 부끄럽다'는 칼럼을 썼을 정도였다. 정 선배는 이 글에서 미 국무부 관리들이 "한국 언론에 보도되는 북미 관련 기사 가운데 90%가 엉터리 기사"라고 서슴없이 비판한다면서 기자인 것이 참으로 부끄럽다고 고백했다. 그는 또 극비 훈령 운운하는 기사에 대해 한 북한 외교관이 "훈령이라는 단어는 남조선에서나 쓰는 말이지 북조선에서는 나이 든 극히 일부 세대를 제외하고는 그런 말이 있는지조차 모른다. 남조선 언론은 그냥 한번

써 갈기고 나면 그것으로 그만"이라며 냉소했다고 전했다.

하지만 이런 식의 무책임한 특종 경쟁은 96년까지도 계속됐다. 대표적인 사례가 몇 달 간격을 두고 한국 신문에 여러 차례 보도된 '북미 연락사무소 개설' 기사였다. 잊을 만하면 '북미 연락사무소 X개월 내 개설' 등의 제목을 단 기사가 몇몇 신문의 1면 머리로 번갈아 등장했던 것이다.

북미 연락사무소 개설은 원래 제네바 합의 사항의 일부였다. 북한은 영변 핵시설을 동결하고, 미국은 북한에 대한 경제 제재를 해제하며, 궁극적으로 양측 관계를 정상화하되 그 과정의 일부로 양측 수도에 연락사무소를 개설하기로 합의했던 것이다.

따라서 연락사무소 개설이 현실화된다 해도 그다지 큰 뉴스로 보기 어려웠다. 하지만 북미 관계의 진전은 곧 한미 관계의 훼손이라는 냉전 의식에 젖어 있던 대다수 워싱턴 특파원들은 사무소 개설을 위한 낌새 비슷한 것만 포착되면 '북미 연락사무소 개설'을 대서특필했다. 좋게 보면 예상되는 뉴스의 길목에서 기다리고 있다가 한 건 터뜨리겠다는 것이었는데 이미 예정돼 있는 사안의 시기를 알아맞히는 기사를 좋은 기사라고 말하기는 어렵다. 그것은 마치 개각이 임박하면 인선 내용을 미리 알아맞히는 것이 대단한 뉴스인 것처럼 치열한 취재 경쟁을 벌이는 것과 똑같은 모양새였다. 대부분의 정치부 기자들은 "인선 내용을 남보다 먼저 알아맞히는 것보다 장관에 기용된 인물이 과연 그 직책에 적절한 인물인지를 검증하는 것이 더 중요하지 않느냐."고 말한다. 하지만 막상 개각이 닥쳐오면 이 같은 '공자님 말씀'은 까마득히 잊혀지고 '누가 어느 부 장관에 기용되느냐.'를 놓고 치열한 취재 경쟁을 벌인다. 우리의 취재 보도 시스템이 기자들에게 이처럼 소모적인 경쟁을 하도록 만들기 때문이다.

'북미 연락사무소'와 관련해 재미있는 사실은 그토록 많은 추측 보도에도 불구하고 7년여가 지난 지금까지도 연락사무소는 개설되지 않고 있다는 사실이다.

당초 북한은 제네바 합의 타결로 미국의 경제 제재가 상당 부분 해소되면 자신들의 경제난을 타개할 수 있을 것이라고 기대했었다. 그러나 제네바 합의 타결 직후 치른 미 중간 선거에서 대북 강경파인 공화당이 의회 다수당이 되면서 미국의 대북 경제 제재 해제는 그야말로 상징적인 조치로 끝나고 말았다. 공화당의 반발을 우려한 클린턴 행정부는 북한 방문객의 신용카드 사용 허용, 북한의 광물 자원 수출 허용 등의 하나마나 한 조치를 취했던 것이다. (그런데도 당시 국내 언론은 미국이 대단히 엄청난 양보를 한 것처럼 호들갑을 떨었다.) 그 후 북한 측의 집요한 요구에도 미국은 추가 경제 제재 해제 조치를 취하지 않았다.

결국 북한은 제네바 합의에서 기대했던 경제적 실익을 얻지 못했다. 게다가 외화가 부족한 북한으로서는 워싱턴에 연락사무소를 개설하는 것조차도 커다란 경제적 부담이었다. 반면 미국은 북한의 실정을 직접 자신들의 눈으로 확인할 수 있다는 점에서 평양 연락사무소의 개설을 내심 기대하는 입장이었다. 다시 말해 북한은 경제적 실익이 없는 상황에 연락사무소 개설에 소극적이었던 반면 오히려 미국이 적극적이었던 것이다.

그러나 이런 속사정을 깊이 있게 전한 국내 언론은 거의 없었다. 그저 북미 연락사무소가 개설되면 한미 관계에 큰일이라도 날 것처럼 호들갑을 떠는 게 고작이었다.

기자는 기사의 길이만큼 생각한다

데이비드 할버스탐(David Halberstam)이란 기자가 있다. 미국의 명문 하버드대 출신으로 재학 시절 하버드대 교지인 『크림슨(*Crimson*)』의 편집장을 맡았다. 졸업 후인 1955년부터 남부 미시시피주의 조그만 신문에서 기자로 일했던 그는 60년대 초 뉴욕타임스 기자로 발탁된다. 당시 남부 지역에서 벌어지고 있던 흑인들의 민권 운동에 관한 그의 기사를 유심히 살펴봤던 뉴욕타임스의 원로 언론인 해리슨 솔즈베리에 의해 전격 스카우트된 것이다.

할버스탐은 베트남전이 존슨 행정부에 의해 본격 확전되기 이전인 1962~1963년 사이공 특파원으로 활약하면서 당시 케네디 행정부를 불편하게 만들었다. 베트남 전쟁이 본격화되기 이전인 당시 할버스탐은 이미 현지 취재를 통해 이 전쟁은 미국이 이길 수 없는 전쟁이라는 점을 드러냈기 때문이다. 이 기사들로 그는 1964년 30세의 젊은 나이에 퓰리처 상을 수상한다.

할버스탐이 베트남을 다시 찾은 것은 1967년 가을이었다. 당시 그는 뉴욕타임스에서 『하퍼즈 매거진(*Harper's Magazine*)』이라는 잡지로 직장을 옮긴 상태였다. 일간지, 그것도 최고 권위지에서 잡지로 직장을 옮긴다는 것은 한국에서는 상상도 할 수 없지만 미국에선 종종 볼 수 있는 일이다. 고급 잡지의 사회적 권위가 일간지에 못지않기 때문이다. 사실 하퍼즈 매거진은 뉴요커, 네이션 등과 함께 미국에서는 대단한 지적 권위를 누리는 잡지이다.

할버스탐은 67년 가을 3개월간의 취재 끝에 '맥조지 번디의 매우 값비싼 교육(The Very Expensive Education of McGeorge Bundy)'

이라는 제목의 대단히 긴 기사를 '하퍼즈 매거진'에 발표한다. 맥조지 번디는 케네디 대통령의 국가안보 보좌관으로 케네디와는 비교가 되지 않을 정도의 보스턴 명문가 출신이다. 아일랜드 출신의 케네디가 20세기 들어와 아버지 대에 벼락출세한 경우라면 맥조지는 17세기부터 보스턴에 군림해 온 명문 중의 명문가 출신이다. 게다가 학사 학위만으로 30대 중반의 나이에 모교 하버드대 총장을 맡았을 정도로 그는 미국 지성계의 총아였다. 사실 케네디 행정부에는 포드 자동차 사장에서 국방장관으로 전격 발탁된 로버트 맥나마라를 비롯해 천재, 신동들이 즐비했다.

그런데 할버스탐의 이 기사의 주제는 미국에서 가장 똑똑하고 잘난(The Best and The Brightest) 사람들만 모인 케네디 행정부가 베트남전 개입이라는 어리석은 정책 결정을 내렸다는 것이었다. 이 기사는 발표 즉시 워싱턴 정계에 커다란 회오리바람을 일으킨다. '뉴 프론티어'를 내세우며 미국 사회에 새로운 바람을 일으키고 있던 케네디 행정부에 대해 당시까지도 비판적 논조를 보인 기사는 없었기 때문이다.

할버스탐 본인의 표현을 빌면 이 기사는 '케네디 행정부에 대한 최초의 비판적 기사'였으며 나아가 '그동안 케네디 행정부가 과대평가돼 왔고 케네디 행정부의 베트남전 관련 정책 결정에는 심각한 오류가 있었음'을 최초로 밝힌 기사였다. 그때까지 미국 사회에 만연해 있던 케네디에 대한 신화를 깨뜨린 것이었다. 당연히 정계는 물론 하퍼즈 매거진의 사주로부터 비판과 압력이 그에게 가해졌다.

하지만 할버스탐은 여기서 그치지 않았다. 그는 1969년부터 장장 4년간의 계획으로 베트남전의 기원에 관한 책을 쓰기로 결심한 것이다. 2년간의 취재와 2년간의 집필로 책을 완성하려던 계획은 3년 반 만에 끝나 1972년도에 책이 출간됐다. 그 책이 바로 뉴 저널리즘, 또는 탐사보도의 한 전범으로 꼽히는 『*The Best and The Brightest*』이다. 본문만 660쪽이 넘는 '거대한 기사' 하나가 탄생한 것이다. 이 책에서 할버스탐은 당선자 시절 케네디의 내각 인선 과정에서 베트남전에 점점 발을 들여놓는 과정을 추리소설 기법으로 치밀하게 그려냈다.

초판 출간 20주년을 기념해 지난 1992년 새로 발간된 이 책의 서문에서 할버스탐은 이 책에 대해 '케네디 행정부에 대한 최초의 수정주의적 시각의 저작'이라고 자평했다. 이 책은 베트남전의 기원을 밝혀냈다는 사회적 성과 외에 상업적으로도 대성공을 거두었다. 당초 할버스탐과 출판사 측은 5만 부만 팔려도 성공이라고 생각했다. '베트남전의 기원과 같은 딱딱한 주제의 책을 누가 보겠느냐.'라는 생각 때문이었다. 그러나 발간 2주 만에 6만 부가 팔린 것을 비롯해, 하드커버로만 18만 부가 팔려 나갔다. 나중에 페이퍼백이 출시됐을 때는 자그마치 150만 부가 팔렸다. 1000명이 넘는 인사들과의 광범위한 인터뷰를 바탕으로 추리소설을 연상케 하는 박진감 넘치는 필치로 독자들을 사로잡은 덕택이었다.

특정한 주제에 대한 광범위한 취재를 바탕으로 추리소설과 같은 재미와 함께 사태의 전모를 보여 주는 저널리즘 기법을 미국에서는 '뉴 저널리즘'이라고 부른다. 할버스탐 자신은 이를 '논픽션 저널리즘'이라고 말하고 있다. 이후 30여 년간 할버스탐은 신문이나 잡지와는 담을 쌓은 채, 수년 단위의 취재와 집필로 발간한 수십 권의 책을 통해 중요한 사회 현상을 해부하고 분석해 왔다. 그렇다고 해서 그가 언론인이 아닌 것은 아니다. 오히려 그는 현대 미국의 가장 위대한 언론인 중 하나로 존경 받고 있다.

이 책의 서문에서 할버스탐은 기자와 자신의 일에 대해 이렇게 말한다.

"다른 전문 직종과 마찬가지로 기자도 자신이 하는 일의 형식을 닮아 가기 마련이다. 언제나 800단어짜리 기사를 쓰는 기자라면 그 길이에 맞는 만큼만 생각을 할 것이다. 1분 15초짜리 저녁 방송 뉴스를 만드는 기자라면 1분 15초짜리에서 더 이상 생각하기를 멈출 것이다. 이 책을 쓰면서 내가 느꼈던 최대의 해방감은 이 같은 형식의 틀로부터 자유로울 수 있다는 것이었다. 내가 했던 인터뷰는 글의 단순한 소재로 끝나는 것이 아니었다. 나 스스로 뭔가를 배우는 교육의 일부였다. 사실 나는 대학 때 모범적인 학생이 아니었다. 배울 자세가 돼 있지 않았고 과거를 탐구해 볼 생각도 없었다. 기자가 되고 나서 베트남전이라든가 초기의 민권 운동 등 몇몇 극적인 사건들이 나의 관심을 잡아끌었다. 하지만 이제 더 복잡한 일이 내 안에서 벌어지고 있었다. 역사의 환희, 과거의 인력이 나를 완전히 매혹시킨 것이다."

언론, 즉 저널리즘(Journalism)이란 말은 일기(Journal)에서 유래된 말이다. 그러니까 그날그날 벌어진 일들을 기록하는 것이 저널리즘의 본령이라고 할 수 있겠다. 하지만 새털같이 많은 날에 벌어지는 일들이 모두 중요한 것은 아니다. 또 그날의 기준으로 볼 때는 중요한 일이지만 며칠, 또는 몇 달이 지나가면 잊혀질 일도 많다. 반면 몇 십 년을 두고 사람들의 삶에 영향을 미치는 일들도 있다.

베트남 전쟁 같은 사건이 그런 중대한 일에 속한다. 베트남 전쟁은 세계사적인 대사건이다. 가진 것은 독립 의지라는 정신력뿐인 약소국 베트남의 인민들이 세계 최강대국 미국을 상대로 싸워 승리를 거두었다는 의미에서만 그런 것은 아니다. 이 전쟁에 수백억 달러에 이르는 막대한 전비를 쏟아 부은 결과 당시 정치, 경제, 군사 등 모든 측면에서 압도적 우위를 누렸던 미국의 헤게모니가 결정적으로 무너졌기 때문이다.

1971년 8월 금태환 정지를 시작으로 브레튼우즈 체제에 의한 고정 환율제를 미국이 일방적으로 파기한 것은 베트남전에 의한 경제적 부담을 더 이상 견딜 수 없었기 때문이다. 자본주의가 시작된 이래 최대의 호황기였다는 1945~1970년의 전 세계적 경제 성장을 견인해 낸 것이 바로 고정 환율제였다. 고정 환율제가 폐기되고 또 자본 이동이 자유화되면서 80년대 이후 전 세계는 '돈 놓고 돈 먹는' 카지노 자본주의로 변질돼 버렸다. 키신저의 비밀 외교에 의한 미국과 중국 간의 역사적 화해를 이끌어 낸 배경에도 미국의 베트남전 패배가 있다. 베트남전 패배로 소련의 득세를 우려한 닉슨 행정부는 '차이나 카드'라는 비장의 무기를 꺼내 든 것이다. 1960년대까지 사실상 일방적으로 세계를 경영해 왔던 미국이 70년대 들어 삼각위원회(Trilateral Commi-ttee), G7 정상회담 등 유럽, 일본과의 협력 체제를 구축하게 된 것도 베트남전의 여파로 미국 경제의 위상이 현저하게 떨어졌기 때문이다.

10매짜리 기사로는 이처럼 미국의 진로, 나아가 전 세계의 진로에 중대한 영향을 미친 베트남전이라는 대사건에 미국이 말려 들어가게 된 원인과 과정을 밝혀 낼 수 없다. 할버스탐이 들인 정도의 공력과 시간을 투입해야 제대로 된 해답을 찾아낼 수 있을 것이다. 수십 년 앞뒤를 되돌아보고 내다보는 역사적 안목을 결여한 채 그날그날 벌어진 일에만 몰두한다면 결코 좋은 기사는 나올 수 없다.

리얼타임의 독재성을 경계하라

흔히 언론을 매체 종류에 따라 통신, 신문, 방송으로 분류한다. 통신은 분초 단위로 새로운 소식을 전달하는 것을 본령으로 한다. 이른바 속보성이 생명이다. 케네디 암살 당시 현장에 한 대밖에 없었던 기사 송고용 전화를 먼저 낚아채 희대의 특종을 했다는 유명한 일화가 통신의 속성을 잘 말해 준다. 신문에는 나름대로의 깊이가 있는 분석과 논평이 더해진다. 이를 통해 일어난 일(fact)의 사회적 의미와 맥락이 선명해지고 앞으로의 대응 방향에 대한 실마리도 제공된다. 방송은, 특히 TV의 경우 현장성이 생명이다. 지난 91년 걸프전 때 전투 현장을 생중계한 CNN이 누렸던 폭발적 인기가 이 같은 방송의 특성을 잘 말해 준다.

이들 언론 매체들은 대체로 하루 단위로 기사를 생산한다. 신문이 그렇고 TV의 저녁 종합뉴스가 그렇다. 시간 단위, 또는 분초 단위로 기사를 생산하는 경우도 있다. 라디오의 시간대별 뉴스나 통신 뉴스, 그리고 최근 국내에서 활성화된 인터넷 뉴스가 그렇다. 이처럼 뉴스의 생산 주기가 갈수록 짧아지는 이유는 새로운 사실이 갖는 대중적 흡인력 때문이다. 수준 높고 질 좋은 분석과 논평보다는 새로운 소식에 먼저 눈길이 가는 게 인지상정이다. 즉 남보다 먼저 새로운 소식을 전할 수 있어야 다른 매체와의 상업적 성공에서 이길 수 있다.

그 때문인지 우리나라의 언론은 속보성에 매우 큰 비중을 둔다. 시사 주간지나 시사 월간지의 언론 매체로서의 영향력이나 권위가 일간지나 방송에 비해 크게 떨어지는 것은 그 때문이다. 할버스탐과 같은 단행본에 의한 저널리즘은 아예 언론으로도 대접 받지 못한다. 간단히 말해 심층성보다는 속보성이 중시되는 것이다. 그러다 보니 신문보다는 방송이, 방송보다는 인터넷 매체의 영향력이 갈수록 증대되는 현상이 벌어지고 있다. 즉 속보성이 심층성을 압도하는 악순환이 계속되고 있는 것이다.

속보성 위주의 뉴스 보도는 상업적 경쟁력 제고에는 도움이 될지 몰라도 좋은 기사의 생산에는 독이 될 수 있다. 이와 관련해 세계적 정론지로 손꼽히는 프랑스 르 몽드의 장 마리 콜롱바니 사장의 얘기를 들어보자. 수년 전 콜롱바니 사장은 국내 한 언론과의 인터뷰에서 르 몽드가 왜 흥미나 스펙터클을 좇지 않는지를 이렇게 설명했다.

콜롱바니에 따르면 르 몽드에는 두 가지 적이 있는데 그것은 다름 아닌 '돈과 시간'이다. 그는 신문의 재정적 독립, 즉 돈이 없다면 기자들의 독립도 보장할 수 없기 때문에 재정의 독립이야말로 언론의 자유를 보장한다고 강조한다. 그는 또 시간, 즉 '속보 위주의 보도'를 언론의 두 번째 적으로 꼽는다. 그의 표현에 따르면 '리얼타임의 독재성'이다. 오늘날 언론은 권력이 생산, 제어, 통제하는 정보로 위협 받고 있고, 게다가 독점을 갈망하는 일부 대기업들이 언론 영역에 발을 들여놓음으로써 상업주의 정보마저 횡행하고 있다. 여기에 정보통신의 발달은 사건과 보도 사이의 즉각성을 강요함으로써 '한 발 물러서서 성찰하고 분석할 수 있는 거리를 지워 버리고 있다.'는 것이다. 르 몽드는 중후한 문체와 분석 기사를 무기로 엘리트 지식층을 주요 독자로 하는 신문이기에 한 발 물러서서 분석하는 이 '거리'를 소중히 하겠다는 것이다.

언론계의 한 대선배로부터 이런 얘기를 들은 적이 있다. 우리나라에는 잘 알려져 있지 않지만 유럽에서 매우 수준 높은 고급 정론지로 꼽히는 신문이 있다고 한다. 스위스의 노이에 취리히 자이퉁이라는 신문인데 기자가 겨우 30명쯤 된다고 한다. '애개' 하는 표정을 짓는 필자에게 선배는 30명의 기자란 기사를 직접 쓰는 사람, 즉 라이터(writer)를 말하는 것이고 이들 외에 취재를 담당하는 기자, 즉 리포터(reporter)가 200명쯤 있다고 설명해 주었다. 즉 200명의 리포터가 취재해 온 사실들을 바탕으로 30명의 라이터들이 수준 높고 깊이 있는 분석 기사를 써 낸다는 것이다.

한국 언론을 대표한다는 대신문들이 걸핏하면 앞뒤 문맥을 생략한 채 '대통령의 말 한마디'로 1면 머리기사를 만들어 내는 우리네 언론 풍토와는 너무도 다르다.

최근 인터넷 언론은 우리 언론계에서 상당한 입지를 굳히며 적지 않은 영향력을 행사하고 있다. 인터넷 언론에 한해서는 우리나라가 세계에서 가장 앞선 선진국이란 평가도 있다. 하지만 새로운 언론을 표방하는 이들 인터넷 언론도 대부분 속보 기능에 크게 치우치고 있다. 일정 규모 이상의 독자를 끌어들이기 위해 속보성에 의존할 수밖에 없는 사정도 있기는 하다. 그러나 속보에만 치우쳐서는 절대로 좋은 기사가 나올 수 없다. 더구나 인터넷의 장점은 속보성에만 있는 것은 아니다. 기사 분량에 제한이 없기 때문에 얼마든지 긴 글의 심층 분석 기사를 써 낼 여지가 있다. 이러한 인터넷 언론의 강점을 살릴 필요가 있다.

다시 한 번 말하지만 하루 단위로 사태를 바라보는 시각으로는 절대로 좋은 기사를 쓸 수 없다. 수십 년 앞뒤를 조망할 수 있는 역사적 식견이 끈질긴 진실 탐구의 노력과 결합될 때만 역사와 사회의 진보에 도움이 되는 좋은 기사가 나올 수 있다.

세상의 모든 것을 취재하라

3장

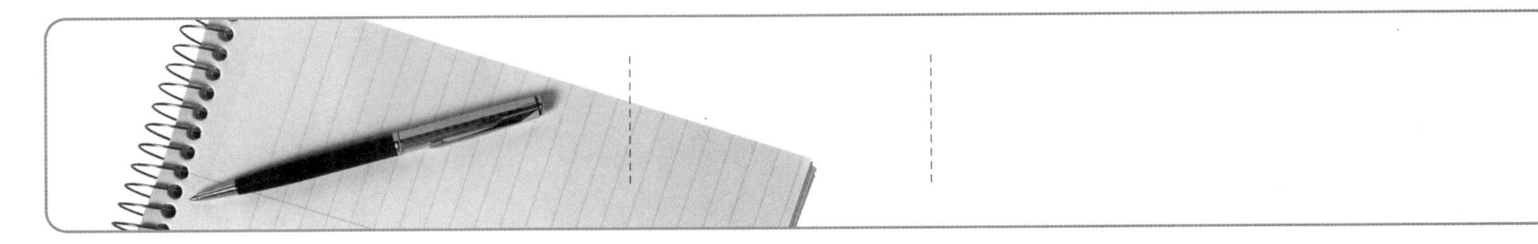

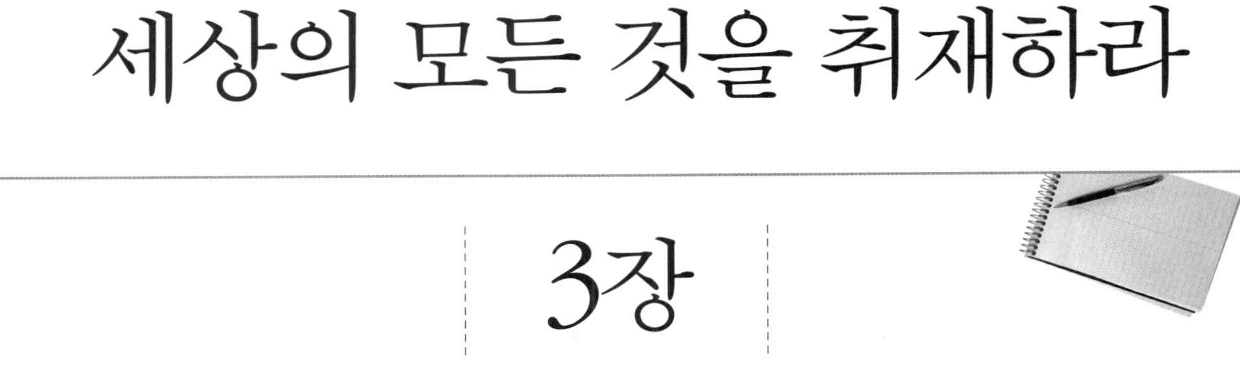

0.01초의 승부 –
순간 포착의 마술

| 김연수 |

문화일보 사진부장 겸 단국대 언론영상학부 강사. 대한매일, 한겨레, 중앙일보 사진부를 거쳤다. 올해의 저널리즘상, 이달의 기자상, 사진 기자상 등을 수상했으며, 저서로 『사라져 가는 한국의 야생동물을 찾아서』가 있다.

'찰칵! 찰칵! 찰칵!'

1988년 3월, 심야의 적막을 깨고 70여 대가 넘는 카메라의 요란한 셔터 소리가 서소문 대검청사(현 서울시청별관) 현관에 울려 퍼졌다. 전두환 정권의 대표적인 친인척 비리 대상인 전경환(전두환 씨 친동생, 전 새마을운동본부장) 씨가 검찰에 소환되는 장면을 내외신 사진 기자들이 카메라에 담고 있었다. 승용차에서 내린 전씨가 검찰 수사관과 경호원들에 둘러싸여 청사 안으로 들어가기까지 채 2분이 걸리지 않았다. 번개처럼 빠르게 번쩍이는 카메라 스트로보 광선이 일그러진 전씨의 표정에 수백 번 교차됐다. 전씨가 현관문을 향해 마지막 발을 들여놓는 순간, 성난 시민 한 사람이 수십 명의 기자와 경호원 틈바구니에서 빠져나와 전씨의 오른쪽 뺨을 내리쳤다. 아무도 예상치 못한 돌발 사태

:: 청와대, 정당, 법원 등을 출입하는 사진 기자들은 정장 양복을 입고 5킬로가 넘는 카메라 장비를 멘다.

가 순식간에 발생했다.

태풍이 지나간 뒤 현장에 있던 70여 명의 사진 기자들은 술렁거렸다. 다음날 신문의 1면 사진은 당연히 전씨가 뺨 맞은 사진이 될 것이라는 게 불을 보듯 뻔하지만 이 한순간을 카메라에 제대로 담았는지 모두들 자신이 없었기 때문이다. 각 사에서 3~5명의 사진 기자들이 10여 미터 남짓한 전씨의 이동 거리 곳곳에 배치되었지만 이 찰나의 순간을 포착하기란 결코 쉽지 않다. 70여 명의 사진 기자들이 어둠 속의 좁은 장소에서 치열한 취재 경쟁을 벌였지만 전씨의 뺨 맞는 순간은 단 두 명의 기자만이 각각 1컷씩 포착했고 그 기자가 속한 신문사만 1면에 대문짝만하게 게재했다. 순간의 결정적인 장면을 포착한 이 두 기자는 특종상은 물론 그해 각종 기자상을 독식했다.

보도 사진은 전체적인 전개 과정을 보여 주는 TV 동영상과는 달리

한 사건의 결정적인 하이라이트를 상징적으로 표현한다. 정지된 한순간의 프레임 속에 사진 기자는 시공의 변화, 인간의 표정, 문화, 스포츠의 명장면 등 전달하려는 메시지를 함축한다. 한 장의 사진, 한순간의 결정적인 장면을 포착하기 위해, 카메라 렌즈 앞에 펼쳐지는 지구상의 모든 현상을 사진 기자는 0.01초에 승부를 건다. 인간의 눈이 현상을 보고 다시 뇌에 전달하고, 다시 그 현상에 대한 반응을 하기까지 0.01초는 너무나 짧다. 그러나 사진 기자는 이 순간에 사진의 구도, 카메라 앵글은 물론 피사체의 변화, 표정 등을 고려하면서 셔터를 누르느냐, 좀 더 기다리느냐를 반복하다가 평균 250분의 1초의 카메라 셔터 스피드로 결정적인 순간을 기록한다. 그러나 이러한 '순간 포착의 마술'은 하루아침에 이루어지지 않는다. 다양한 체험과 오랜 숙달을 통해 반사적으로 행동할 수 있는 경험의 축적이 필요하다. 신문 사진을 이해하고 독자적인 취재 감각을 가지려면 3년 이상의 경력이 필요하다. 신문사는 숙련된 사진 기자들을 확보하기 위해 수습기자들을 공채하고 이들이 완성도를 높일 수 있도록 인내심을 갖고 지원한다. 한 명의 사진 기자에게 연간 들어가는 비용은 급료 이외에 평균 1억 원 이상이다. 고가의 카메라 장비는 물론 차량 지원, 출장비, 야근비, 식비, 통신비 등 고정 비용이 발생하기 때문이다. 신문사의 입장에서 보면 초기 3년은 기자에 대한 투자 기간이라고 할 수 있다.

사람마다 외모와 성격이 모두 다르듯이 승부사의 기질과 감각은 천차만별이다. A기자는 천부적으로 예술적 감각이 있어 그림 같은 구도로 분위기 있는 순간을 잘 포착한다. B기자는 낯선 사람과 쉽게 친해지는 사교성과 친화력으로 인간의 표정을 자연스럽게 포착한다. C기자는 사교성도 없고 예술적인 감각도 없다. 그러나 망원렌즈를 주로 사용하는 스포츠 현장에서 역동적인 모습을 순간 포착하는 능력이 뛰어나다. D기자는 사건이나 사고 현장에서 순발력 있게 상황을 판단하여 현장의 분위기를 생생하게 포착한다. 물론 A, B, C, D기자의 모든 능력을 겸비한 만능 사진 기자도 있다. 회사와 데스크는 만능 기자를 원한다. 신문사는 일반 취재 기자처럼 각 분야에 포진할 수 있는 많은 숫자의 사진 기자를 고용하지 않는다. 종합 일간지의 경우 사진부 기자는 15~20명 내외다. 따라서 소속된 구성원들은 각 분야의 사진을 능수능란하게 찍는 탤런트 기자가 되어야 한다. 이 역할을 충실히 수행하면서 점차 자신만의 전문 영역을 구축하기도 하지만, 일부는 기자의 세계를 이해하지 못하고 중도에 포기하기도 한다.

사진은 현장 그 자체다

사진 기자의 직업 세계에는 깊이는 없어도 사회의 여러 분야를 다양하게 체험할 수 있는 매력이 있다. 같은 일을 반복하기보다는 매일 다른 대상을 쫓아 새로움을 추구한다. 노숙자, 부랑인 등 사회 극빈층부터 유명 연예인이나 스포츠 스타는 물론 국회의원, 대통령까지 지도층과도 자연스레 접할 수 있다. 뿐만 아니라 하루의 역사 속에 가장 중심이 되는 사건의 현장에서 자신이 직접 역사를 기록하는 당대의 사관이 되기도 한다. 일반인이 접근하기 어려운 현장에 우뚝 서서 그 현장을 객관적으로 기록, 전달할 수 있는 기자의 특권이 주어지기 때문에 국민과 역사의 편에서 그들의 알 권리를 대행하는 책임감도 뒤따른다.

간혹 기자의 특권을 오용해 선량한 시민의 사생활이나 명예를 훼손

하는 오류가 발생할 수도 있다. 사회가 성숙해 감에 따라 과거에 통용되었던 관행은 더 이상 통하지 않는다. 성역이 무너지고 있는 것이다. 때문에 사진 기자는 자신의 취재 사진이 사회의 도덕률이나 미풍양속을 파괴하지는 않는지 개인의 인권이나 사생활을 침해하지는 않는지 고민하지 않으면 안 된다.

모 편집국장은 기자들 중 사진 기자가 가장 부럽다고 말한 적이 있다. 회사의 지원을 받아 국내는 물론이고 세계 곳곳을 여행하면서 자신이 좋아하는 작품 세계를 차곡차곡 축적하고, 또 신문 지면이라는 작품을 발표할 수 있는 공간이 항상 제공되니 얼마나 신날까 하는 뜻이었다. 과중한 잡무에 짓눌린 일부 사진 기자들은 이 말에 강한 거부감을 보일지도 모르겠다. 그러나 나는 '어느 정도는 맞다'고 생각한다. 사진 기자는 현장 속의 기자다. 글이나 말은 현장을 접하지 않아도 간접 체험으로 재구성이 가능하지만 사진은 현장 그 자체이다. 현장에 가지 않고 카메라에 현장을 담을 수 없기에 사진 기자는 항상 현장에 있다. 때문에 사진 기자는 자신이 원하든 원하지 않든 전국 방방곡곡은 물론 지구촌의 주요 현장을 여행하게 된다. 18년간의 사진 기자 생활을 한 나는 전국 읍 단위 이상의 소도시와 명산, 섬 등 우리 국토의 대부분을 순례했고 50여 개국이 넘는 나라들을 다녀왔다. 아무리 돈이 많아도 자신의 의지대로 갈 수가 없는 곳, 북한도 다녀왔다. 아마 사진 기자의 3분의 1 이상은 모두 북한을 한 번쯤은 다녀왔을 것이다.

미지의 세계에 대한 호기심은 인간의 기본적인 욕구이다. 사진 기자는 이러한 인간의 욕구를 직접 체험하면서 독자들에게는 대리 충족의 기쁨을 제공한다. 그러나 사진 기자의 취재 여행은 업무의 일환이다. 여행의 목적은 일상에서 탈피해 여가와 휴식을 통해 재충전의 시간을 가지는 것이다. 그러나 사진 기자의 여행은 취재 목적을 달성하려는 긴장의 연속이다. 태풍이 오면 태풍 속으로, 전쟁이 발발하면 전쟁터에, 사스나 콜레라 같은 전염병이 발생하면 그 현장으로 간다. 현장의 생생한 기록과 전달이라는 사진 기자의 직업적 특성 때문에 남들은 모두 탈출하는 위험한 지역에 뛰어드는 것이다.

사진 기자 사회에 한번 발을 들여놓으면 퇴직을 하지 않는 한 계속 사진 기자로만 활동한다. 취재 기자들은 정치, 경제, 사회, 문화, 국제, 체육 등 각 부서를 두루 이동한다. 때문에 인사 철이 되면 자신의 부서 이동 여부가 최대의 관심사가 된다. 그러나 사진 기자는 특별한 사유가 없는 한 사진부에 고정으로 배치된다. 그래서 사진 기자는 선후배, 동료 간의 유대 관계가 돈독하며, 동료 의식이 강하다. 늘 현장에서 만나는 타사 사진 기자와도 교류가 많다. 즉 사진 기자 사회라는 커뮤니티가 존재하며 강제성은 없지만 그 사회의 기본 규범을 따르게 된다.

"사진 기자가 되고 싶은데 어떻게 하면 되죠?"

가끔 내게도 이런 문의가 온다. 나는 사진 기자라는 직업을 특별히 미화할 생각도 없고 특별히 권유할 생각도 없다. 그러나 다른 많은 직업과 마찬가지로 사진 기자도 이 사회에서 꼭 필요하고, 또 중요한 직종 중의 하나이다. 누군가는 반드시 이 일을 해야 한다고 말하고 싶다.

사진 기자 세계는 직업의식이 투철하고 사명감이 있는 사람이 필요하다. 펜이 아니라 카메라라는 도구를 이용하고, 사진으로 메시지를 전달하는 기자이기 때문에 무엇보다 사진에 대한 애착과 좋은 사진을 찍으려는 근성이 있어야 한다. 그러나 무엇보다도 사진을 잘 찍는 것이 가장 중요하다.

사진에 대한 감각은 선천적으로 타고나기도 하고 후천적으로 계발될 수도 있다. 감각을 타고나면 좋겠지만 결코 노력을 이길 수는 없다. 카메라는 비교적 정직한 기계다. 누가 더 자주 사용했는지를 사진이라는 결과물로 보여 준다.

평균 5킬로그램이 넘는 취재 장비를 항상 휴대해야 하고, 경우에 따라선 24시간 이상을 근무해야 하는 사진 기자에게 건강한 체력은 필수적이다. 건강이 뒷받침되지 않아 자신이 맡은 일을 마무리하지 못하면 그 일은 결국 동료의 몫이 된다.

사진 기자는 마음도 건강해야 한다. 건전한 사고방식으로 세상을 바라보고 잘못된 사회 현상에 대해 비판적인 문제의식을 가져야 한다. 자신과 주변의 편안함만 추구해서는 사진 기자로서 책임을 다했다고 볼 수 없다.

사진 기자는 사진만 찍는다?

사진으로 말하는 사진 기자에게도 외국어 능력과 문장력이 필요하다. 해외 취재에서 의사소통이 되지 않으면 원활한 취재는 물 건너간다. 현지에서 통역을 고용하던 호시절도 있었지만, 지금은 해외 출장을 가면서 통역비를 청구하면 바보 취급을 받을 것이다. 매일 수백 장씩 쏟아지는 외신 사진도 사진 기자의 몫이다. 영문으로 된 사진 설명(캡션)을 이해하지 못하면 올바른 사진을 선택할 수 없다. 사진 설명은 사진을 잘 찍는 것 못지않게 중요하다. 짧은 문장 안에 핵심을 함축적으로 담아야 한다. 기사 본문보다 더 어려운 것이 사진 설명이므로 신문을 편집할 때마다 몇 번이고 검토한다. 그래도 인쇄된 신문에서 사진 설명이 틀린 경우가 종종 있고, 이 부분은 눈에 쉽게 띈다. 1차적인 사진 설명은 직접 취재한 사진 기자가 책임진다. 육하원칙에 근거해 객관적인 사실을 기록하면 2차적으로 사진 데스크와 편집자를 거쳐 최종 사진 설명이 확정된다.

사진 기자는 종종 기사를 쓰기도 한다. 현장을 지키는 사진 기자가 근접 거리에서 가장 정확하게 사실 보도를 할 수 있는 강점이 있기 때문이다. 오늘날 신문에서 기획 취재의 비중은 점점 높아지고 있다. 사회의 이슈를 현장 사진과 함께 생생하게 전달할 수 있는 길은 기자 모두에게 열려 있다. 사진 기자도 자신의 노력과 관심 여부에 따라 훌륭한 기획 기사를 쓸 수 있으며, 일부 신문은 지면에 잘 활용하고 있다.

디지털 시대, 어쩌면 사진 기자와 같은 전천후 기자만이 생존할지도 모르겠다. 출입처에서 나오는 관급 기사보다는 현장을 직접 발로 뛰면서 현장의 목소리를 취재하고 디지털 카메라, 디지털 캠코더로 기록해 휴대폰을 이용해 기사와 사진, 영상을 바로 송고하는 시스템. 매우 현실적이지 않은가. 신문과 방송 등 전통 미디어의 영향력이 점차 줄어들면서 1인 저널리즘 시대가 도래하고 있다. 기존 언론사에 입문하는 것만이 기자가 되는 길은 아니다. 인터넷을 이용해 독자적인 취재 활동을 할 수도 있고, 신문사나 방송사에 뉴스 콘텐츠를 제공할 수도 있다. 다양화되는 현대 사회에서 전문화된 콘텐츠를 개발하고 이를 올바르게 전달할 수 있는 저널리스트의 기본 소양과 테크닉을 갖추는 것, 그것이 바로 사진 기자가 되는 길이다.

승속의 한 가운데에서

| 서화동 |

한국경제 문화부 기자. 경향신문에 입사해 3년 동안 문화부 종교 담당 기자로 일했다. 2000년 초 한국경제 신문으로 옮겨 2001년부터 문화부에서 종교를 담당하고 있다. 저서로 불교 고승 33명과의 대화를 담은 『산 중에서 길을 물었더니』가 있다.

"어이, 화동 선사!"

"여어, 화동 거사!"

우리 회사 사람들은 흔히들 나를 이렇게 부른다. 종교 분야를 맡은 지 꽤 오래된 데다 2001년 여름부터 이듬해 2월까지 '산중한담(山中閑 談)'이라는 고승 인터뷰 시리즈를 성황리(?)에 연재하고 또 이를 보완 해 책까지 낸 덕분이다.

'선(禪)'에 대해 관심은 있지만 일상생활에서 잠깐의 참선도 제대로 하지 않는 주제에 이 같은 별칭을 갖는 것은 참으로 과분하고 진짜 '선 사' 들에게는 죄송한 일이다.

한데 언어란 묘한 것이어서 처음엔 어색하던 이 별칭이 이제는 낯설 지 않을 만큼 익숙해졌고 나 자신이 무슨 선사나 된 것처럼 의젓(?)해졌다. 남들이 '화동 선사'라고 부를 때면 화나는 일이 있어도 애써 참게 되고 다급한 일이 있어도 짐짓 여유로운 표정을 짓게 된 것이다.

사실 종교 분야를 계속 맡다 보면 담당 기자도 종교인에 비견할 만큼 경건하고 절제된 생활을 하는 것으로 오해하는 사람도 없지 않아서 어딜 가도 행동거지를 조심하게 된다. 그러니 우리 사회의 수많은 영역 가운데 종교를 담당하게 된 것이 개인적으로는 실로 홍복(洪福)이라 하지 않을 수 없다.

이쯤에서 불교가 아니라 다른 종교를 믿는 분이라면 "목사님이나 신부님이 아니라 왜 하필 선사냐."고 항의할지도 모르겠다. 하지만 오해 마시길! 종교 담당 기자가 가장 신경 쓰는 것이 종교 간의 형평이다.

한국은 세계에서 유례를 찾기 어려운 다(多)종교 국가다. 다행히 지금까지는 불교, 개신교, 천주교 등 주요 종교들이 서로 평화롭게 지내고 있지만 갈등의 요소는 언제나 남아 있다. 때문에 종교별 기사 빈도는 물론, 한 지면 내에서의 종교별 배치까지 세밀하게 신경을 쓰고 배려해야 한다.

예컨대 이번에 불교를 머리기사(톱 기사)로 다뤘다면 다음엔 개신교나 천주교를 톱으로 올리는 게 상례다. 그렇지 않으면 홀대 받았다고 생각하는 종교의 신자들로부터 거센 항의를 받을 것이기 때문이다.

이와 관련해 종교 담당 기자가 자주 듣는 질문이 있다. 혹시 불교 신자가 아니냐는 것이다. 아마도 다른 신문사의 종교 담당 기자들도 비슷한 질문을 많이 받을 것이다. 단언컨대 나는 불교 신자가 아니다. 다만 불교의 가르침을 좋아하고 그 가르침을 따르는 사람들을 좋아할 뿐이다. 가톨릭이나 개신교, 원불교나 천도교 등 동서양 어느 종교를 막론하고 기자의 입장에서는 다 같은 종교일 뿐 편견이나 선입견을 갖고 대할 이유는 없다.

그런데 왜 불교 기사를 많이, 더 우호적으로 쓰느냐고 궁금해 하는 독자들이 있다. 그것은 종교 간의 형평을 기하기 위해 애를 쓰긴 하지만, 결과적으로는 불교 기사가 더 많이 실릴 수밖에 없는 사정이 있기 때문이다. 한국에 전래된 지 1600년이 넘는 불교는 현재의 종교로서뿐만 아니라 역사와 문화로 자리 잡고 있기 때문에 다른 종교들에 비해 기사를 쓸 소재가 풍부한 게 사실이다.

반면 한국에서 기독교는 역사가 일천한 데다 특히 개신교는 교단 중심이 아니라 개별 교회를 중심으로 대부분의 일이 이뤄지기 때문에 기삿거리가 적은 게 현실이다. 때문에 담당 기자들은 기독교 관련 기사를 발굴하기 위해 무척 애를 쓰지만 흡족한 결과를 얻기란 쉽지 않다. 그런데도 적잖은 개신교계 인사들은 일반 언론들이 개신교를 차별한다고 오해하고 있는 것이 현실이다.

형제님, 자매님! 공양하시죠

내가 종교를 처음 맡은 것은 1993년부터다. 당시만 해도 종교 담당은 문화부 내에서 고참이 하는 게 일반적이어서 막 사회부 경찰 기자를 벗어난 3년차 기자가 종교를 맡은 건 매우 이례적인 일이었다. 다른 신문의 경우 대부분 차장급 선배들이 담당하고 있었고, 부장급이나 국장급이 담당하는 경우도 있었다.

그것은 종교 분야의 취재가 다른 분야에 비해 덜 험하거나 덜 고생스럽다는 기자들의 편의적 선택 외에도 사회에서 차지하는 종교의 비

:: 2003년 8월 티베트의 수도 라사에 있는 티베트 불교의 상징인 포탈라 궁 앞에서.

중 때문이다. 흔히 한국 사람들은 다른 나라 사람들에 비해 종교적 성향이 풍부하다고 한다. 각 종교가 주장하는 신도들의 숫자를 다 합치면 전체 인구보다 많다고 할 정도이다 .

문화관광부 홈페이지에 실린 1995년도 인구 센서스 통계를 보더라도 전체 인구 4455만 명의 절반을 넘는 2259만 명이 종교 인구다. 이 중 불교가 1032만 명이고 개신교는 876만 명, 천주교는 295만 명이다 .

따라서 국민들의 생활에서 종교가 차지하는 비중은 실로 막중하다. 종교란 사람의 삶에서 가장 근본적인 가치 지향을 담고 있기 때문에 어떤 종교를 믿느냐에 따라 생활이 달라지고 얼마나 많은 사람들이 그 종교를 믿느냐에 따라 한 사회의 문화가 달라진다. 때로는 특정 종교가 지향하는 가치나 그 종교 자체를 지키기 위해 목숨까지 버리며 순

교하고, 성전(聖戰)의 이름 아래 전쟁을 치르기도 한다 .

뿐만 아니라 종교는 경제적으로 적잖은 중요성을 띤 분야다. 우리나라의 각 종교 교단이 가진 재산은 실로 어마어마하다. 불교의 경우 전국의 명산대찰에 속한 부동산만 하더라도 그 가치를 헤아리기 어려울 정도이다. 또 절이나 교회의 보시금이나 헌금도 만만치 않은 규모다. 따라서 각 종교가 이런 돈과 재산을 어떻게 활용하느냐는 사회의 공동선을 위해 매우 중요하다.

때문에 종교 담당 기자들의 취재 영역은 생각보다 폭이 넓다. 각 종교의 역사와 교리 및 문화적 가치, 각 종단이나 교단의 주요 현안과 주요 인물들의 움직임, 종교계 내부의 역학 관계 및 종교 외적인 영역과의 관련성, 돈이나 재산을 둘러싼 분규나 부정, 종교 간의 대화와 공동선을 위한 연대 활동, 사회 문제가 될 수 있는 사이비 종교의 동향 등 촉각을 곤두세우고 들여다봐야 할 일이 한두 가지가 아니다.

이처럼 막중한 종교 담당 기자의 세계에 발을 들여놓았을 때 맨 처음 당면하는 문제는 각 종교의 특정한 용어들을 구별하는 일이다. 예컨대 개신교에서는 '하나님'이라고 하지만 천주교에선 '하느님'이라고 한다. 보통 사람들은 '그게 그거 아니냐.'고 할지 모르지만 해당 종교에서는 대단히 중요한 문제이다. 또 성직자가 사망했을 경우 스님은 '열반' '입적' 등으로 표현하지만 신부는 선종(善終), 목사는 소천(召天)했다고 한다. 불교는 '포교'하고 기독교는 '선교' 하며 증산도와 대순진리회는 '포덕' 한다.

불교의 경우 이런 특수 용어들이 특히 많은 데다 불교사에 관한 지식과 약간의 한자 능력까지 필요해서 스님들과 이야기하다 보면 밑천이 달린다는 느낌을 받을 때가 많았다. 절집에서 쓰는 용어는 '布施'를

'포시'라 읽지 않고 '보시'라 읽는 것 이상으로 독특하다. 공양간(부엌)에서도 각자 맡은 역할에 따라 국을 끓이는 갱두, 반찬을 만드는 채공, 차를 끓이는 다각 등으로 이름이 정해져 있을 정도이니 이런 용어에 익숙해지는 일이 한편 머리가 아프면서도 흥미롭기도 했다.

그래서 종교 기자로 한 1년쯤 지내고 나면 '밥 먹읍시다.'라는 말보다는 '공양하시죠.'라는 말이 먼저 나올 정도가 되고 기독교인을 만나면 '형제님, 자매님' 하는 호칭이 낯설지 않을 만큼 익숙해지기도 한다.

현실의 스펙트럼을 그대로 보여 주는 종교

한국은 여러 종교가 공존하는 사회이지만 종교 담당 기자에게는 불교와 개신교, 천주교 취재가 업무의 가장 많은 부분을 차지한다. 그러다 보니 종교 기자들은 조계사와 인사동, 종로 5가와 명동 일대에서 많은 시간을 보내게 된다.

불교의 경우 최대 종단인 조계종의 총무원이 있는 조계사와 그 인근의 인사동에서 각종 기자 간담회와 모임 등이 자주 마련된다. 조계종과 태고종, 천태종, 진각종 등 불교 종단들은 대외 홍보에도 열심인 편인데, 오찬을 겸한 간담회 형식으로 만나는 일이 많다. 개별적인 취재나 면담 약속도 인사동 인근에서 이루어지는 경우가 많아 이래저래 조계사 일대와 인사동은 종교 기자들의 무대가 된다.

개신교의 경우 종로 5가 일대에 취재원이 몰려 있다. 개신교계의 양대 연합 기관인 한국기독교교회협의회(KNCC)가 있는 옛 기독교 방송 건물을 비롯해 그 인근의 기독교연합회관, 기독교백주년기념관, 여전도회관 등에 각 교단 총회 사무실과 개신교계 주간 신문사, 교계 단체 등이 대거 입주해 있다. 그러나 개신교는 개교회주의가 지배하고 있어서 교단을 취재하는 일이 드문 대신 개별 교회를 취재하는 일이 많아 실제로는 일간지 종교 기자가 종로 5가를 가는 빈도는 예전보다 많이 줄었다.

천주교를 취재하려면 명동 성당 일대를 빼놓을 수 없다. 명동 성당 옆 가톨릭회관에는 천주교 서울대교구의 사무실과 교계 단체, 가톨릭신문사 등이 자리 잡고 있고 길 건너편에는 평화방송과 평화신문이 있어서 천주교계의 중요한 뉴스거리들을 챙길 수 있다.

불교 종단들은 대체로 대외 홍보에 신경을 쓰는 편이지만 개신교나 천주교는 아직 소극적이다. 특히 개신교는 각 교회별 취재가 많은데 기자의 접근 자체를 원하지 않거나 수상쩍은 눈으로 보는 경우가 적지 않다. 뭔가 트집 잡으러 오는 것 아닌가 하는 의구심 때문일 것이다. 때로는 아주 훌륭한 일을 해 놓고도 '오른손이 하는 일을 왼손이 모르게 하라.'는 가르침을 들며 숨어 버리는 사람도 있어 기자를 당혹스럽게 만들기도 한다.

종교 담당을 맡은 지 1년쯤 지났을 때인 1994년 봄 불교계에서 대형 사건이 터졌다. 4년 임기의 총무원장 직을 세 번 연임하려던 서의현 당시 조계종 총무원장 세력에 대해 개혁적인 스님들이 반기를 들고 일어나 총무원을 접수하는 과정에서 물리적 충돌까지 빚게 된 사건이다.

종교 기자들 사이에선 이런 사건이 한번 일어나면 '법랍'이 5~10년쯤 늘어난다고 농담조로 이야기한다. 법랍이란 스님들이 출가한 이후 햇수를 말하는 것인데 종교 기자가 이런 큰 사건을 한번 겪고 나면 5년 내지 10년에 배울 것을 단기간에 알게 된다는 뜻이다 .

실제로 '94년 종단 개혁'으로 불리는 이 사건의 과정에서 문중이나 계파 등에 따른 스님들의 복잡한 이해관계를 알 수 있었고, 종교의 세계가 순수하지만은 않다는 것을 새삼 절감하기도 했다. 한편 좀처럼 세속에 나오지 않는 선방 수좌(선승)들이 조계사에서 열린 전국승려대회에 나왔을 땐 그들의 형형한 눈빛에서 '아, 저것이 바로 선의 기운이구나.' 싶었다 .

이처럼 현실의 종교는 긍정적인 면뿐만 아니라 부정적인 모습도 적잖게 보여 준다. 각 종교마다, 종교인마다 다양한 스펙트럼을 가진다는 얘기이다. 속세를 떠나 머리를 깎고 출가했을 때의 초발심(初發心)을 잃지 않은 채 수행에 전념하는 스님이 있는가 하면 초발심을 잃고 속인 못지않게 세속화된 스님도 있다. 복음을 전하며 길 잃은 양떼를 돌보듯 세상 사람들에게 빛과 소금이 되는 목사가 있는가 하면 '예배 따로 생활 따로'의 이중성을 보여 주는 목사도 있다. 종교 기자는 이렇게 다양한 모습들 속에서 옥석(玉石)을 가려야 할 책임을 지고 있다 .

90년대 중반쯤으로 기억되는 일이다. 서울 강남의 유명한 대형 교회인 ㄱ교회 담임 목사가 브라질에서 열린 그 교단의 세계 대회에 다녀온 뒤 기자 회견을 갖고 자신이 전 세계를 대표하는 단일 대표회장에 선출됐다고 발표했다. 브라질에서 열린 대회 상황을 모르는 기자들은 개신교의 저명한 지도자가 발표한 내용인 만큼 별다른 의심 없이 발표 내용대로 기사를 썼다 .

그러자 교단 내에서 이 목사와 대립하고 있는 측에서 기자들에게 이의를 제기했다. 이 목사는 전 세계를 대표하는 단일 대표회장이 아니라 아시아를 대표하는 공동회장 가운데 한 명일 뿐이라는 것이었다. 여러 경로를 통해 확인한 결과 반대 측의 주장이 사실로 드러나 ㄱ교회에 해명을 요구하자 그 교회 사람이 두툼한 돈 봉투를 들고 찾아왔다. 기가 막히고 어이가 없어서 다시 기사를 썼더니 그 뒤로는 연락이 없었다. 물의를 빚었던 이 담임 목사는 최근 은퇴하면서 아들에게 담임 목사직을 물려줘 세습 논란을 일으키기도 했다 .

이처럼 현실 종교의 부정적인 모습을 보는 것은 유쾌하지 않은 일이다. 차라리 몰랐더라면 성스럽고 고상한 인상을 그대로 간직할 수 있을 텐데 막상 그 실상을 알고 나면 스스로 혼란스럽기 때문이다.

세상을 밝히는 아름다운 사람들

종교계에 부정적인 일만 있다면 종교 기자 노릇이 참 팍팍할 것이다. 종교는 언론사 문화부에서 담당하는 여러 장르 - 음악, 미술, 연극, 무용, 문학, 출판, 문화재, 방송, 가요, 영화 등 - 가운데 별로 환영 받지 못하는 분야이다. 그런데다 늘 유쾌하지 않은 내용만 다뤄야 한다면 어떻게 살 수 있을까. 늘 향기롭고, 목마른 사람에게는 샘물 같은 지혜를 들려주는 아름다운 사람들이 있기에 종교 기자는 그래도 할 만하다.

천주교의 김수환 추기경은 우리 사회의 큰 어른이다. 김 추기경은 암울했던 한국 현대사의 과정에서 늘 민주화와 인권을 옹호하며 가난하고 소외된 자들의 이웃으로 살아온 분이다. 그래서 천주교 신자들은 김 추기경을 직접 만나는 것을 일생의 영광으로 생각한다. 종교 기자가 좋은 것은 이런 분을 드물게나마 가까이서 볼 수 있고, 직접 대화할 수 있다는 점이다.

1993년 김 추기경이 모처럼 중앙 일간지 종교 담당 기자들을 서울 명동의 로얄호텔로 초청해 오찬 간담회를 가졌을 때다. 김 추기경을 직접 만나는 것은 처음이었는데 너무나 소탈해서 좋았다. 항상 웃음을 잃지 않는 얼굴에 유머 감각도 풍부해서 상대방을 편안하게 해 줄 뿐만 아니라 까다롭고 껄끄러운 질문도 피하는 법이 없었다. 마치 준비된 것처럼 즉답(卽答)을 내놓았다. 당시 이슈가 됐던 성직자의 납세 문제에 대해서도 김 추기경은 "내야지요. 신부들도 적지만 소득이 있으니까 세금을 내야지요."라고 하던 생각이 난다.

김 추기경은 2001년 사제수품 50주년(금경축이라고 한다)을 맞아 기자들과 만난 자리에서도 당시 논란의 초점이 됐던 언론사 세무조사에 대해 "현재와 같은 방법으로는 성공하기 어렵지 않을까 생각한다."고 밝혀 세무조사의 정치적 의도성을 지적하기도 했다. 어떤 문제에 대해서도 거리낌 없는 김 추기경의 이런 모습은 걸림 없이 사는 선사들과 닮았다.

김 추기경 외에도 종교계에는 아름다운 사람들이 많다. 30여 년의 선방 생활 끝에 환경 파수꾼을 자임한 수경 스님, 지리산 실상사를 환경과 생명을 지키는 터전으로 삼고 있는 도법 스님, 강원도 화천의 시골 마을에서 소외된 사람들과 공동체를 이루어 살고 있는 임의경 목사, 빈민들의 삶과 함께 해온 두레 마을의 김진홍 목사, 국내외의 어려운 사람들을 돕느라 늘 전전긍긍하는 원불교의 박청수 교무….

나는 2001년 여름부터 이듬해 초봄까지 불교계의 고승들을 찾아 인터뷰하는 시리즈를 한 적이 있다. 방방곡곡의 노승들을 찾아다니는 일이 만만치 않았지만 그래도 즐거웠다. 산사의 일주문에서 대웅전까지 걸어 오르며 마음의 때를 씻어내는 즐거움도 크려니와 평생을 수행자로 살아온 고승들의 지혜를 바구니 가득 담아올 수 있었기 때문이다 .

　말보다는 말없음 속에서 진리를 찾으라던 파계사 조실 고송 스님, 마음을 잘 써야 한다던 동화사 비로암의 범룡 스님, 참선을 통해 어디에도 걸림 없이 자유자재한 참사람이 돼야 한다던 백양사 방장 서옹 스님 등의 법문이 아직도 귀에 쟁쟁하다. 세상을 밝히는 등불이 되는 이런 분들이 있어 종교 기자는 행복하다.

역지사지(易地思之)로 '조선'을 보자

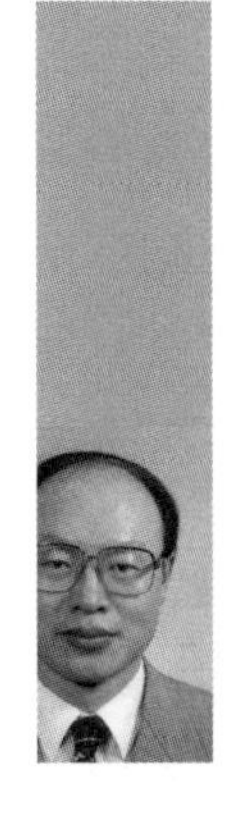

| 정일용 |

연합뉴스 논설위원. 1987년 연합뉴스에 입사해 10년 이상을 북한부 기자로 일해 왔으며 2001년 5월부터 남북관계를 담당하는 논설위원으로 활동하고 있다. 한국기자상, 통일언론상, 한국언론대상을 수상했고, 저서로는 『북한 50년』(공저) 등이 있다.

새벽 5시 30분이면 조선중앙방송이 방송을 시작한다. 30분 뒤에는 평양방송이 뒤를 잇는다. 이때부터 수신사(북쪽 방송을 모니터하는 사람들)들은 귀를 쫑긋 세우고 혹시 기삿거리가 없는지 촉각을 곤두세운다. 수신사들이 재빠른 속기 실력으로 녹취한 자료들은 컴퓨터에 저장되고 이 녹취록을 북한부 기자들과 데스크가 검토해 기사로 내보낼 것인지 여부를 결정한다.

맘대로 북쪽에 가 볼 수도 없고, 북녘 동포들을 만날 수도 없는 북한 방송을 시청하는 것이 지금 형편에서는 가장 빠르게 북쪽 소식을 알 수 있는 최적의 수단이다. 지난 1994년 7월 8일 김일성 주석이 사망했다는 소식이나 앞서 1993년 3월 북한이 핵무기비확산조약(NPT)을 탈퇴했다는 소식 등도 북쪽의 방송이 보도함으로써 알려지게 됐다.

사회주의권 언론의 역할이 자본주의 국가의 그것과는 차이가 있는 것이 사실이지만 그 나름대로 보도 기능을 하고 있다는 사실까지 부인할 수는 없다.

북한 방송 매체는 지금은 없어진 '내외통신'에서 20여 년 동안 담당해 왔다. 내외통신은 사실상 정보기관 산하 기구였고 이런 한계 때문에 정보기관의 입맛에 맞는 기사를 취사선택해 내보내 왔다. 정권 안보의 첨병이라는 불명예스러운 딱지를 떼어 내지 못했던 정보기관, 그 정보기관의 산하 기구로 활동해 왔던 내외통신이 어떤 기사를 내보내 왔는지는 굳이 설명할 필요가 없을 것이다.

다행스럽게도, 국민의 정부가 들어서면서 내외통신은 1998년 12월, 내가 속한 연합뉴스에 통합됐다. 정보기관의 그늘에서 벗어나 민간 통신사에서 북한의 방송 매체를 청취하고 객관적으로 공정하게 보도할 수 있게 된 것이다. 내외통신을 통합한 연합뉴스는 언론사 가운데 유일하게 '북한부'를 독립된 부서로 운영하고 있다. 통일부 또는 통일 외교 안보팀으로는 북한의 실상을 제대로 전달하기 어렵다는 판단에서다.

방송 매체는 신속성은 갖고 있으나 정확도에서는 인쇄 매체보다 떨어질 수밖에 없다. 예를 들어 몇 년 전까지 생존했던 '서관히 노동당 중앙위 농업담당 비서'는 방송으로 들을 때 '서관회'로 듣기 십상이다. 남쪽에서는 '회'자 돌림은 있어도 '히'자 돌림은 없기 때문에 바로 얼마 전까지만 해도 '서관회'로 통용됐다. 이 사례에서 방송 매체의 한계를 볼 수 있다.

로동신문, 민주조선, 통일신보 등 신문은 물론 천리마, 조선문학, 청년문학 등 월간지, 여기에다 재일본조선인총연합회(재일 총련)에서 발간하는 월간 조국 등 인쇄 매체를 샅샅이 훑어야 하는 것도 바로 그런 이유 때문이다. 아쉬운 것은 북한의 신문 잡지가 중국을 경유해 국내로 입수되기 때문에 신문(新聞) 아닌 구문(舊聞)이고 잡지 또한 과월호(過月號)가 되고 만다는 점이다. 그렇더라도 방송에서 얻을 수 없는 기삿거리를 발굴할 수 있어 그 재미가 쏠쏠하다.

신속성과 정확성을 겸비한 언론 매체로 통신 매체가 있다. 따라서 남쪽과 북쪽의 통신사끼리 기사 교류를 할 수 있다면 금상첨화라 할 것이다. 한국을 대표하는 통신사 연합뉴스와 조선(조선민주주의인민공화국의 약칭)을 대표하는 통신사 조선중앙통신사 사이의 기사 교류는 해당 언론사뿐 아니라 언론계의 오랜 숙원이었다. 분단 이후 수십 년 동안 품어 온 열망이 마침내 2002년 12월 현실로 나타났다.

조선중앙통신(이하 중앙통신)과 연합뉴스가 계약을 맺어 중앙통신 기사를 서울에 앉아서 수신할 수 있게 된 것이다. 중앙통신은 다른 나라의 통신사, 예를 들어 프랑스의 에이에프피(AFP), 미국의 에이피(AP), 영국의 로이터(REUTERS) 등 이른바 메이저 통신사와는 전부터 기사 교류를 해 왔지만 북한을 주적(主敵)으로 인식하는 남한과는 거리를 둬 왔던 것이 저간의 사정이다. 그러던 것이 2000년 6월 남북정상회담을 계기로 과거의 냉전적 분위기가 화해 협력으로 바뀌면서 북쪽에서도 긍정적으로 검토하게 됐던 것 같다. 남북정상회담은 이렇듯 언론계의 화해와 협력에도 지대한 영향을 미쳤다.

이제는 서울에서 평양발 기사를 읽을 수 있는 시대가 됐다. 뿐만 아니라 텔레비전으로 방영되는 동영상을 통해 북녘 동포들의 옷차림, 얼굴 표정, 일상생활을 생생하게 접할 수 있게 됐다. 약간의 비용만 감수한다면 조선중앙텔레비전 방송도 시청할 수 있기 때문이다. 다만 몇 가지 불편은 감수해야 한다. 위성방송 수신용 안테나를 설치해야 하고 (그것이 가능한지는 몰라도) 혼자서만 보고 다른 사람에게 보여 줘서는 안 된다는 현행 법 규정을 엄수해야 한다. 그렇지 않으면 국가보안법 위반으로 법적 제재를 받을 각오를 해야 한다.

빨간 안경을 쓰면 빨갛게 보인다

언론사에서는 지난 70년대 초반 남북적십자회담이 처음으로 열릴 무렵부터 통일문제연구소, 북한부 등을 두고 통일 문제, 북한 보도에 관심을 기울여 왔다. 지난 88년 노태우 정권 시절 7.7선언(약칭 남북교류협력 특별선언)을 계기로 북한부 설치 붐이 일기도 했다. 김일성 주석의 사망을 계기로 북한 조기 붕괴론이 널리 퍼지면서 북한부는 창설된 지 5~6년 만에 서리 맞은 풀잎처럼 시들고 말았지만 어느 언론사나 '통일' 두 글자를 사시(社是)에 빠뜨리지 않고 있는 만큼 언론이 북측에 관심을 갖는 것은 당연한 현상이라 하겠다.

남북 사이에 증오와 불신이 팽배했던 10여 년 전까지만 해도 언론에서는 북한 문제를 다루고 싶어도 다룰 수가 없는 형편이었다. 다른 것은 둘째 치고 도대체 기사를 쓸 만한 자료가 없었기 때문이다. 정부에서, 정보기관에서 정보를 독점한 채 풀어 놓지 않는 데다 북쪽과 접촉 또한 가뭄에 콩 나듯 하는 형편에서는 어떻게 해 볼 수가 없었다는 변명도 일리가 있다고 해야 할 것이다.

그러나 지금은 다르다. 지난 2000년 남북정상회담 개최를 기점으로 적어도 이제는 자료가 없다는 말은 더 이상 통하지 않게 됐다. 북쪽에서 출판하는 1차 자료 외에 인터넷을 통해 북한 관련 정보를 검색하기에도 벅찬 실정이다. 물론 허섭스레기 같은 애기들도 많지만 아무것도 없었던 몇 년 전에 비해 훨씬 개선된 상태인 것만은 분명하다.

그런데도 왜 북한 관련 기사는 여전히 불신을 받고 있을까.

여러 가지 원인 분석이 있을 수 있겠으나 언론계의 대북(對北) 적대감이 주원인이라고 본다. 빨간색 안경을 쓰고 있으면 세상이 모두 빨간색으로 보이듯 적대감이라는 콩깍지가 눈에 붙어 있는 한 북쪽을 정확하게 볼 수 없다. 우리 속담에 '미운 며느리, 발뒤꿈치가 달걀처럼 생긴 것도 밉다.'는 말이 있다. 북쪽이 하는 짓은 어느 것 하나 좋게 보지 않는 기자에게서 객관적이고 공정한 보도를 기대하는 것은 한 마디로 연목구어(緣木求魚)다.

사회 여러 분야 가운데 언론만큼 진보적인 데가 없다고 하지만 대북 문제에서만은 언론처럼 보수적이고 수구적인 분야가 없다는 것이 나의 경험이다. 감정, 그것도 적대감으로 어떤 현상을 대할 때 그 기자가 내놓는 생산물인 기사가 어떨까 하는 것은 새삼스러운 설명이 필요 없을 것이다. 물론 그렇지 않은 기자도 있지만 대부분의 언론계 인사는 합리적이고 이성적이라고 하기에는 어려울 정도로 대북 적대감에 함몰돼 있다. 수많은 북한 관련 기사 가운데 북쪽을 칭찬하거나 북측 당국이 잘하고 있다고 평가하는 기사가 거의 없다는 사실이 웅변으로 말해 준다.

국가보안법이라는 현실적 규범이 있지 않느냐고 반문할 수 있다. 북반부를 일시적으로 점령하고 있는 반국가단체로 규정한 법이 있는데 어떻게 법을 어길 수 있겠는가 하는 질문이다. 그러나 국가보안법의 현실을 인정한다면 남북 사이의 교류 협력이나 남북 언론 간 교류 같은 것은 꿈도 꿀 수 없다. 국가보안법이 남북 관계의 현실을 제대로 반영하지 못하고 있다는 것 또한 사실이라는 점을 현실로 인정해야 한다. 더욱이 이 법이 사상의 자유, 표현의 자유를 억압하는, 그렇기 때문에 국제 사회에서도 반인권법으로 낙인찍힌 악법이라고 할 때 언론계에서는 그 문제점을 지적하고 개선을 요구해야 할 당연한 책무를 지고 있다. 재야 민간단체에서 줄기차게 폐지를 요구하는 반면 정작 언론계에서는 꿀 먹은 벙어리처럼 입을 다물고 있거나 오히려 법을 옹호하고 있으니 답답하다 못해 어이가 없을 지경이다. 참고로 평기자들의 모임인 한국기자협회, 전국언론노동조합, 한국방송프로듀서연합회 등 세 단체가 광복 50주년을 맞아 제정한 남북 관계 보도 준칙에서는 국가보안법의 개정 또는 폐지를 요구하고 있다.

귀 막고 말하기, 이제 그만

다툼이 있을 때 흔히 "입장을 바꿔 놓고 보자."는 말을 한다. 상대방의 입장에서 한번 나를 보자는 것이다. 그래야 서로 이해를 할 수 있고 이해가 있어야 믿음이 생기고 문제가 해결된다는 뜻일 게다.

남과 북은 오랜 기간 동안 상대방의 말은 듣지 않고 오로지 하고 싶은 말만 일방적으로 쏟아내 왔다. 귀는 막고 입만 열어 놓은 꼴이다. 그 결과는 딱히 근거를 대기도 힘든 막연하면서도 뿌리 깊은 증오감, 불신, 적대감의 증폭뿐이었다. 1972년 7.4공동성명, 그로부터 20년 뒤인 1992년 2월 발효된 남북기본합의서, 2000년 6월 남북공동선언은 남북이 서로의 실체를 인정했기 때문에, 달리 말해 상대방에게 귀를 열었기 때문에 가능했다.

아직도 우리에게는 '북한'이라고 하면 유례없는 독재 체제, 반인권, 이해하기 힘든 집단이라는 선입관이 뿌리깊이 박혀 있다. 여전히 무력 적화 통일의 야욕을 버리지 않고 있는 호전적 깡패 집단이라는 인상을 떨쳐 내지 못하고 있는 것이다. 그러나 북쪽 체제에 꼬리표처럼 붙어 다니는 좋지 않은 호칭들이 얼마 전까지만 해도 남쪽 체제에 똑같이 붙어 다녔다는 사실은 까맣게 잊어버리거나 의도적으로 외면한다. 누가 돌을 던질 수 있느냐는 말을 하자는 게 아니다. 적어도 정확한 사실에 근거해야 객관적인 현상 파악이 가능하다는 것이다.

입만 열면 북측이 적화 통일 야욕을 버리지 않고 있다고 비난해 대지만 최소한 북측의 헌법에는 그런 조항이 없다. 북측에서는 오히려 남측 헌법의 제3조 영토 조항, 제4조 자유민주주의 체제로의 평화 통일 조항을 근거로 남측이 흡수 통일 야욕을 버리지 않고 있다고 주장할 수 있다. 전쟁을 도발해서라도 남측을 집어삼키려 한다지만 그것이 현실적으로 불가능하다는 것은 새삼스럽게 언급할 것도 없다. 세계 유일의 초강대국 미국 군과 세계에서 열 손가락 안에 꼽히는 무력을 지닌 한국 군 수십만 명은 해마다 상륙 훈련이다, 후방 기습 훈련이다 뭐다 하며 합동 군사 훈련을 벌이고 있다. 만약 북측이 러시아와 중국 군 수십 만 명을 끌어 모아 동해에서 서해에서, 비무장지대 인근에서, 연례적으로 합동 훈련을 벌인다면 우리 쪽에서는 어떻게 받아들일지 한 번쯤 생각해 볼 필요가 있다. 한·미 합동 훈련이 실시될 때마다 북쪽에서는 일상생활을 멈춘 채 초긴장 상태로 빠져든다. 최상의 공격이 최상의 방어라는 격언은 비단 축구 경기에만 해당되지 않는다. 방어 훈련이 어느 순간에 실제 공격으로 바뀔 수도 있다는 것은 역사에서 배울 수 있는 교훈이다.

무엇보다 혐오스러운 것은 식량난을 대하는 태도이다. 널리 알려져 있다시피 북쪽 땅은 대부분이 산지로 이루어져 있다. 일제 때 '남농북공'(南農北工)이라는 말이 괜히 생겨난 것이 아니다. 남쪽에서 쌀이 남아돌고 북쪽에서는 극심한 식량난에 허덕이는 작금의 상황은 크게 보면 분단으로 빚어진 또 하나의 비극이다. 우리는 분단의 비극이라는 관점에서 식량난 해결에 접근하기보다는 밥 세 끼도 책임지지 못하는 북측 정권의 무능함, 북한식 사회주의 체제의 비효율성, 북측 지도부의 비도덕성을 비난하는 데 열중한다. 먹다먹다 남긴 음식물 쓰레기가 연간 수조 원어치나 돼 골치를 썩이면서도 한 핏줄을 나눈 동포 혈육의 배고픈 고통은 나 몰라라 외면해 왔다. 북녘 동포들에게 식량이 지원되기 시작한 것은 불과 몇 년 전부터였다. 그 전에는 식량 지원의 말만 꺼내도 이상한 사람으로 취급 받았던 것이 부인할 수 없는 현실이었다. 덧붙이면, 북측을 깡패 국가니 악의 축이니 하며 극도로 적대시하는 미국이 북측에 식량을 가장 많이 지원하는 나라 중 하나이다.

북한의 정식 호칭은 조선민주주의인민공화국이다. 불가해한 이상한 집단이 아니라 유엔 회원국으로 가입해 있는 엄연한 국가이다. 민족 내부의 특수한 관계에서 '북한'을 인식하고 대할 경우도 있겠지만 어느 나라와 마찬가지로 하나의 주권 국가로서 '조선'을 봐야 할 때도 있다. 그러나 언론뿐만 아니라 우리 사회 전반적으로 '북한'에 익숙해 있지 '조선'에는 매우 낯설어 하는 경향이 있다. 핵무기, 미사일 같은 대량살상무기 문제 등은 '조선'의 시각으로 볼 때 기존 고정관념과는 달리 볼 수 있다. 인식의 지평을 넓히면 지금까지 보이지 않았던 해결책이 새롭게 나타날 수도 있는 법이다. 입장을 바꿔 조선의 입장에서도 한 번 생각해 보고 그렇게 함으로써 이해의 폭을 넓혀 나가도록 하자. 이해가 있어야 신뢰가 생겨나고 신뢰가 있어야 민족의 숙원인 평화 통일도 가능하다.

슈퍼 데스크, 슈퍼 기자

| 양훈도 |

경인일보 문화체육부장. 1984년 경인일보에 입사해 교정부를 거쳐 1986년부터 14년가량 지방부에서 일하며 지역사회부장까지 지냈다. 논설위원을 역임했으며 2002년 11월 문화체육부로 발령 받아 현재 문화체육부 데스크를 맡고 있다.

내가 경인일보와 인연을 맺은 것은 1984년이다. 대학 졸업식 이틀 뒤 수원 경인일보 본사에서 입사시험을 치렀고, 그해 3월 공채 4기로 교정부 기자 생활을 시작했다. 2년 후 지방부로 자리를 옮긴 이래 잠깐씩의 외도(?)를 제외하곤 줄곧 지방지 지방부 기자의 길을 걸어왔다. 차장, 부장 승진도 지방부에서 했다. 기자 경력 만 19년 가운데 14년가량을 지방부에서 생활한 셈이다. (지난해 11월부터는 문화체육부로 발령 받아 데스크를 맡고 있다.)

지방 일간지는 대개 도청 소재지에 본사를 두고, 도 산하 각 시군에는 1~3명가량 주재 기자를 파견한다. 주재 기자는 해당 지역 지사에서 근무하며 그곳의 모든 뉴스를 책임진다. 본사에는 지방부(혹은 지역사회부, 제2사회부)라는 부서를 두고, 부장 이하 몇 명의 기자를 배치한다. 지방부는 주재 기자를 관리하고, 취재를 지휘하며 이들이 보내온 각종 기사를 선별해 뉴스 가치를 판단하고 재가공(리라이팅)해 '규격 기사'로 만드는 일을 한다. 경인일보의 경우 수원을 제외한 30개 시군에 33명의 기자를 파견하고 있으며, 지방부로 송고되는 기사가 하루 80~90여 건에 이른다. 본사 지방부에는 부장을 포함해 4명의 기자가 근무하고 있다.

송고되는 기사의 종류는 다양하다. 인물 동정, 부음, 인사이동, 개업 소식 등 각종 생활 정보에서부터 교통사고, 화재, 살인, 강도 절도 등 사건 사고 기사, 자치단체의 행정 기사, 지방의회의 의정 소식, 지역 경제 동향, 지역의 축제와 각종 문화 행사를 전하는 문화 기사, 지역 체육 소식, 심지어 '카메라 고발'과 같은 사진 기사도 있다. 한마디로 해당 지역과 관련된 모든 분야의 뉴스를 다루는 것이다. 기사의 형식과 길이, 문체 또한 기사 성격에 따라 크게 달라진다. 단신이나 1단짜리 기사와 1면 헤드라인을 장식하는 기사의 작성 방식이 같을 수는 없다. 사실(fact) 전달이 1차적 목적인 스트레이트 기사와 그 사실들의 맥락과 배경을 설명해야 하는 해설성 상자 기사(박스)의 작성법은 다르다. 미담 기사라든가 특집 기사는 객관성을 잃지 않으면서 독자들을 끌어들이는 다양한 스타일을 구사할 필요가 있다.

한마디로 지역 주재 기자는 '슈퍼 기자'가 되어야 한다. '슈퍼마켓'의 상품만큼이나 여러 분야의 기사를 다루어야 한다는 의미에서도 그렇고 이 많은 분야의 기사를 마감시간 내에 능숙하게 처리할 줄 아는 초능력을 갖추어야 한다는 의미에서도 그렇다. 그러나 현실적으로 '슈퍼 기자'는 매우 드물다. 개인차가 있지만, 자질이 있는 수습기자라도 족히 10년은 자신의 능력을 갈고 닦아야 겨우 도달할 수 있는 경지이기 때문이다.

따라서 본사 지방부에는 '슈퍼 데스크'가 필요하다. 각 지역에서 보내오는 갖가지 기사를 판단하고 분류하고 고치고 다시 써서 신문에 실을 만한 기사로 탈바꿈시켜야 하기 때문이다. 이 작업은 자신이 직접 취재해서 기사를 작성하는 것보다 훨씬 까다롭다. 뭘 전달하고 싶은지 알아채기 힘든 기사를 읽고 기자 세계에서 흔히 '야마'라고 부르는 기사의 핵심을 짚어낸 뒤, 이 '야마'가 원 기사 중에 제시된 사실과 맞는지 세심하게 검토하고, 미심쩍은 부분이나 부족한 부분은 주재 기자에게 전화를 걸어 보완하는 과정을 거쳐 리라이팅해야 하는 탓이다. 정해진 마감시간 내에 해내야 하는 이 작업은 '피를 말리는' 긴장 속에 이루어진다.

지방 데스크에게는 이 외에도 갖가지 연락사항을 지역에 전달해야 하는 귀찮은 업무와 '종합 취재'라는 중요한 과제가 주어져 있다. 지역 연락이 성가신 이유는 같은 이야기를 수십 차례 반복해야 하기 때문이다. 요즘이야 간단한 사항은 이메일로 해결할 수 있지만, 예전에는 30개 지역에 일일이 전화를 걸어 말로 전달해야 했다. 30곳에 전화를 하자면, 지역당 3분씩만 잡아도 1시간 30분이 소요된다. 똑같은 얘기를 30번 반복하고 나면 말 그대로 진이 다 빠진다. (아직도 중요 사항은 구두로 전달한다.) '종합 취재'란 시의적절한 기삿거리를 찾아내, 각 지역에 같은 취재 지시를 내리고, 이를 취합해서 종합 기사로 만드는 것을 말한다. 신문에 '지역 종합'이라고 표시된 기사가 이렇게 작성된다. 이 작업 또한 빠른 시간 내에 이루어져야 하므로 기사 기획에서부터 취재 지시, 자료 취합, 확인 및 보완, 기사 작성까지의 과정에 상당한 노력이 필요하다. 그래도 '종합 취재' 주문은 끊임없이 이어진다.

어쨌든 이런 식으로 '슈퍼 기자'를 지향하는 지역 주재 기자들과 역시 '슈퍼 데스크'의 경지를 꿈꾸는 지방부 기자들이 매일 매일 힘을 합쳐 신문을 만든다. 이들의 합작품은 더러 의미심장한 특종을 엮어 내면서 지역 사회의 다양한 면모를 전하기도 하지만, 지역의 오늘을 제대로 전달하고 대변하지 못하고 있다는 따가운 질책을 받는 경우가 더 많은 게 사실이다. 내부에서도 더욱 충실한 지역의 신문을 만들어야 한다는 반성이 늘 제기되지만, 현실의 벽은 상당히 높다. 이 벽은 과연 언제, 어떻게 생겼을까.

건설부와파주시가포도송이식난개발을막는다며

내가 지방 언론사 지방부에 발을 들여놓은 80년대 중반은 권위주의 정권의 마지막 절정기였다. 당시엔 소위 '1도 1사 원칙' 아래 서울을 제외한 전국의 모든 지방 뉴스 공급권은 연합통신(지금의 연합뉴스)과 지방 언론사만이 갖고 있었다. 때문에 지방지 주재 기자는 지역의 막강한 작은 권력(지역유지)이었다. 정권의 아킬레스건을 건드리지 않는 한 주재 기자는 해당 지역에서 독점적 지위를 누렸다. 주재 기자 자리는 돈도 벌고 행세도 할 수 있는 알짜배기 요직이었다. 규모가 영세한 신문일수록 매출(광고, 판매, 출판, 사업)의 절대 부분을 주재 기자에게 의존하기도 했다. (이러한 경영 구조는 지금도 수도권 지방지들의 현실에 깊은 잔영을 남기고 있다.) 그러므로 주재 기자로 발탁될 수 있는 첫째 요건으로 기사 작성 능력이 아니라 지역 기관장들을 휘어잡는 능력, 사업가로서의 자질, 동네 정보 수집 능력 등이 우선되었다.

물론 기사의 출발은 취재다. 기사 작성 능력이 제아무리 뛰어나다고 해도, 제대로 된 정보를 캐낼 능력이 없다면 말짱 도루묵이다. 다시 말해 정보 수집 능력과 정보 가공 능력은 별개의 문제다. 기사 작성은 형편없어도, 특종감을 수시로 물고 오는 기자도 있는 법이다. 예를 하나 들어보자.

85년쯤일 게다. 당시 북한에 유학하고 있던 동구권 대학생이 판문점 관광길에 탈출을 해서 남쪽으로 달려 넘어와 망명을 요청한 일이 있었다. 이 사건을 가장 먼저 취재한 기자는 경인일보 파주 주재 기자였다. 각종 군부대 내에 광범위하게 형성해 놓은 자신의 취재망을 통해 사건 직후 이를 알아낸 것이다. 이는 판문점에서 육로로 넘어온 첫 케이스로 그는 이 사실을 즉각 본사에 보고했다. 마침 그 시각은 데드라인 직전이었고 충분히 기사화할 수 있었다. 한 줄만 보도해도 '세계적 특종'이 되었을 이 사건은 불행히도 당일자 경인일보에 활자화되지 못했다. '보도 지침'이 시퍼렇게 살아있던 시절이었기에 편집 간부들이 정보기관의 눈치 보기에 급급했기 때문이다. 다음날 중앙 일간지 조간이 보도를 하고 난 뒤에야 그 기사는 경인일보에 실릴 수 있었다. 그것도 연합통신 크레디트를 단 채…. 두고두고 아쉬운 기억이다.

'특종'을 놓친 그 기자는 특이한 능력을 갖고 있었다. 그는 60년대부터 파주에서 기자 생활을 해 왔다. 호탕한 성격인 그는 지역의 특성상 군부대가 많았던 파주에서 위관 장교들과 늘 어울렸다. 그런데, 시간이 지나면서 한때 술친구였던 장교들이 전출됐다가 영관이 되어 다시 파주로 돌아오는 경우가 많았다. 좀 더 지나선 별을 달고 사단장이 되어 오기도 했다. 자연스럽게, 여러 군부대 내부에 누구도 넘볼 수 없는 취재 네트워크가 형성되었다. 만약, 그가 오늘날과 같은 환경에서 기자 생활을 했더라면, 그는 군부대 관련 특종을 여러 건 터뜨릴 수 있었을 것이다.

재미있는 점은 그 기자의 놀라운 '기사 작성 능력'이다. 당시는 원고지에 기사를 써 신문 발송 차 편에 송고하는 시스템이었는데, 그는 항상 갱지로 된 이면지에 기사를 썼다. 그의 기사는 분량이 몇 장이 되더라도 단 한 문장으로 붙어 있었고, 토씨 '을'과 '를'을 구별하지 않았고, 띄어쓰기도 전혀 하지 않았다. 예를 들면 이런 식이다. '건설부와파주시가포도송이식난개발를막는다며교하면일대개발제한행위를….' 그 달필(?)로 이런 문장을 기사라고 송고를 했으니, 그의 원고를 읽다가 숨 막혀 죽은 기자가 없는 게 천만다행이라고나 할까. (대선배인 그분을 비난하려는 의도는 없다. 다만 당시엔 이런 기자들이 상당수 있었고, 그게 지방지의 엄연한 현실이었다는 점을 강조하고 싶었을 뿐이다.)

87년, 1도 1사 원칙이 깨지면서 상황은 바뀌었다. 6월 항쟁 이후 언론이 자유화되면서 수도권에는 일간지 창간이 잇따랐다. 먼저 인천일보가 경인일보로부터 떨어져 나갔고, 경기 지역에도 경기일보를 필두로 다양한 일간지가 창간됐다. 1년에 1개꼴로 탄생한 일간지가 지금은 경기 인천 합해 모두 18개사에 이른다. (이 글을 쓰고 있는 현재 1개 신문이 창간을 준비 중이라는 소식이 들린다. 20개사 돌파는 시간문제인 듯하다.) 게다가 90년 중반부터는 광역 단위 지방 일간지 외에도 기초 자치단체(시군) 범위만을 영역으로 하는 '지역 주간지'들이 우후죽순으로 창간됐다. 각 시군마다 수십 명씩 배치된 지방 일간지 주재 기자와 지역당 2~3개(많은 곳은 5개)에 이르는 지역 주간지 기자가 취재 및 업무 경쟁을 벌여야 하는 상황이 도래한 것이다.

이러한 어려움에도 불구하고 지방지 주재 기자들이 오늘도 취재 일선에서 최선을 다하고 있다는 사실만은 분명하다. 경인일보의 경우 지난 2002년 한국기자협회가 주는 '이달의 기자상'을 3회 연속 수상했는데, 이 가운데 2건이 지역 주재 기자가 만들어 낸 작품이다. (이달의 기자상은 한국기자협회가 각계 전문가로 구성된 심사위원단의 엄정한 심사를 거쳐 수상작을 결정하는, 기자 세계에서는 꽤 권위 있는 상이다.) 먼저 경인일보 의정부 양주 주재 기자는 전 국민의 분노를 일으킨 '미선이, 효순이 미군 장갑차 살해 사건'을 가장 먼저 보도함으로써 그해 6월의 기자상뿐 아니라, 연말 기자 대상까지 받았다. 국민들의 관심이 온통 월드컵에만 쏠려 있던 시기에, 여중생들의 안타까운 죽음을 누구보다 먼저 본사에 송고했고, 이것이 기사화된 것이다. 물론 이들의 보도가 여중생들의 죽음이 국민적 이슈로 떠오르도록 한 직접적인 계기는 아니었다. 그러나 월드컵의 와중에서도 사건을 놓치지 않고 포착한 것은 확실히 제 몫을 다하려는 주재 기자의 열정 때문이다.

8월의 기자상을 받은 '희귀식물이 사라져 간다' 역시 작은 것도 놓치지 않으려는 지역 주재 기자들의 노력이 맺은 결실이다. 이 기획물은 경인일보 포천 주재 기자가 술자리 방담 한마디를 놓치지 않음으로써 시작됐다. 그는 어느 날 우연히 술자리에서 숙취 해소엔 헛개나무가 좋다는 군청 공무원의 애기를 들었다. 거의 멸종 단계에 이른 희귀식물 헛개나무가 이런 속설로 인해 마구잡이로 채취될지도 모른다는데 생각이 미친 즉각 '정보 보고성' 기사를 올렸다. 본사 데스크 회의에서는 이런 식물이 헛개나무만이 아닐 것이라고 판단해 본사와 지역합동의 취재팀을 구성했다. 이들은 포천 양평뿐 아니라 강원도 일대의 희귀식물 자생지를 보름 동안 샅샅이 훑어 충격적인 시리즈를 연속 보도했다. 2000여 그루가 자라던 헛개나무 군락지가 무참하게 파헤쳐진 현장 등이 생생한 사진과 함께 게재되었고, 취재팀의 땀방울은 이달의 기자상으로 인정받았다.

주재 기자는 팔방미인

주재 기자들이 얼마나 기자 정신을 지켜 가려고 애쓰는지를 설명하다 보니 경인일보의 '무용담'이 너무 길어졌다. 물론 이렇게 열정적인 주재 기자가 경인일보에만 있는 것은 분명 아닐 터이다. 수도권의 다른 일간지들에도, 다른 시도의 지방지에도 열악한 여건 속에서도 '자기 직분'에 충실하려고 몸부림치는 주재 기자들이 많이 있다. 반대로 아직까지도 지나간 좋은 시절의 꿈을 떨치지 못하는 '구시대 기자'가 있는 것도 숨길 수 없다. 이들은 오히려 의욕적인 기자들의 발목을 잡는 역할을 한다. '잿밥'에만 관심이 있는 이런 기자들과 대다수 지방 일간지의 구시대적 경영 방식 때문에 지방지 주재 기자라고 하면 '사이비 기자' 쯤으로 치부되는 경향이 있는 것도 부인하기 어렵다.

이제 주재 기자로 발령 받기 위해 동료 간에 불꽃 튀는 경쟁을 벌였던 시절은 확실히 지나갔다. 지금은 인사철이 돌아올 때마다 주재 기자로 발령 받을까 불안해 하는 젊은 기자들이 많은 것도 사실이다. 하지만 주재 기자를 경험해 본 고참 기자들은 한결같이 이렇게 말한다. "본사에 있으면 한 분야는 잘할 수 있을지 몰라도, 막상 지역에 나가 일해 보면 기자로서 다양하고 종합적인 경험과 시각을 얻을 수 있다. 각종 업무에 시달려 보는 것도 지방지의 현실을 직시하는 데 도움이 된다. 이왕 지방지 기자로 있을 거라면 일찌감치 주재 기자로 활동해 보는 것이 좋다."

'주재 기자 = 슈퍼 기자'라는 인식이 살아 있다는 증거이다. 경인일보는 올해부터 지역 주재 기자를 거쳐야만 승진할 수 있도록 인사 규칙을 개정하기도 했다.

지난 20년 동안 나와 인연을 맺은 주재 기자를 꼽아 보니 100명이 훨씬 넘는다. 내가 처리한 지방 기사만도 수천 건에 이를 것이다. 그들과 때론 싸우고 때론 같이 뒹굴며 살아왔다. 주재 기자들에 대해 객관적인 글을 쓰기가 어려울 만큼 애증으로 얽혀 있다고 해도 과언이 아니다. 그런데도 이렇듯 주재 기자들의 애환을 길게 늘어놓은 것은 앞으로도 유능한 후배 주재 기자들이 더욱 많이 배출되고, 그들이 기자로서의 꿈을 모두 이룰 수 있기를 진심으로 기원하기 때문이다.

신속 · 공정 · 정확 – 기자의 본령에 충실한 사람들

| 지정남 |

East-Asia-Intel.com의 한국 특파원. 영국의 Lloyd's List, 홍콩의 Asian Business, 영국의 South지, Los Angeles Times 서울 특파원으로 활동했으며 2003년 9월 인터넷 신문 East-Asia-Intel.com의 한국 특파원으로 자리를 옮겼다. 서울외신기자클럽 회장을 역임한 바 있다.

외신 기자가 진짜 기자다.

결코 국내 기자를 비하하는 것이 아니다. 다만 국내 언론과 해외 언론에서 내리는 기자의 정의에 대한 차이를 말하려는 것뿐이다. 한국 기자들은 대체로 '뉴스를 전달하는 직업인'으로 기자를 규정하면서도, 한편 자신들이 독자를 계도 · 계몽해야 할 책임도 아울러 가졌다고 믿고 있는 듯하다. 반면 외신 기자들은 '뉴스를 공정하게 전달하는 것'만이 자신들의 임무라고 믿는 사람들이다. 이 차이는 대단히 중요하다. 외신 기자가 철저하게 직업인이라면 한국 기자들은 일종의 특권 의식을 갖고 있는 셈이다. 특권 의식을 갖고 있으면 기사에 의견이 들어가기 쉽다. 국내 언론의 보도와 외신 보도 사이의 차이는 대부분 이러한 직업관의 차이에서 기인한다.

외신 기자들이 '확인, 확인, 또 확인'이라는 신조 하에 사건에 접근하는 반면 한국 기자들은 예단과 추측을 하는 경우가 있으며, 대중의 염원에 부합하는 기사를 쓰기도 한다.

1993년 일본 황태자의 결혼식이 있던 그 주, 한국에서도 특이한 결혼식이 예정되어 있었다. '사노맹' 사건으로 박노해 시인과 함께 무기징역 형을 선고 받고 복역 중이던 전 서울대 학생회장 백태웅 씨의 옥중 결혼이 그것이었다. 백씨 여자친구의 청원을 교도소 측이 받아들여 옥중 결혼식을 하기로 되어 있었다.

일본 황태자의 결혼식이 열리는 날 아침, 나는 동경 주재 로스엔젤레스 타임스 특파원이 송고한 기사를 열어 보았다. 그 기사는 일본 황실에서 미리 배포한 자료에 근거해, 식전 행사와 결혼식 절차 그리고 시가 행렬 등이 어떻게 이루어질 것인지를 미래형 시제로 작성해 놓고, 말미에 에디터에게 "결혼식 행사는 10시 정각에 시작될 예정이니, 그때까지 나에게서 다른 연락이 없으면 모든 미래 시제 동사를 과거 시제로 바꾸라."고 덧붙여 놓았다. 보통 사람의 결혼식도 아닌, 황태자의 혼인 예식이니 한 치의 오차도 없이 진행될 것이 분명하지만, 그 특파원은 미국과 일본 간의 시차 때문에 기사를 미리 보내면서 확인을 당부한 것이었다. 후에 들으니 동경 주재 미국 신문 특파원 대부분이 그렇게 했다고 한다. 결혼식은 예정대로 진행되었고, 미리 송고된 내용은 그 미래 시제를 과거 시제로 바뀌어 보도되었다.

백태웅 씨의 옥중 결혼식에 관한 국내 신문 보도는 어떠했던가? 오후 2시에 결혼식이 열릴 것이라는 소식에 기사 송고 예고를 해 놓고, 점심을 먹으러 나가면서 석간 신문을 하나 집었다. 그 신문에는 결혼식이 치러졌다는 기사와 함께 백씨 누나의 인터뷰 기사도 실려 있었다. 백씨 누나가 옥중 결혼식을 지켜보면서 하염없이 눈물을 흘렸다는 내용이었다. 그런데 이상했다. 내가 석간 신문을 사 본 것이 정오였는데, 결혼식은 2시로 예정되어 있지 않았던가? 급히 사무실로 돌아가 교도소에 확인 전화를 했더니 상부의 불허로 옥중 결혼식은 열리지 못하게 되었단다. 열리지도 않은 결혼식 기사가 버젓이 실린 것이다.

확인, 확인 또 확인

서울에서 활동하고 있는 외신 기자들은 대부분의 뉴스를 국내 신문에서 얻지만 반드시 확인 작업을 거친다. 실제로 확인을 해 보면 사실이 아니거나 과장되어 있는 경우도 종종 있다. 때문에 외신 기자들의 좌우명이기도 한 '확인, 또 확인 재삼 확인'의 원칙을 한국 주재 외신 기자들은 더욱 철저히 지킬 수밖에 없다.

외신 기자가 기사의 정확성을 위해 확인하고 또 확인하는 것은 자질이 국내 기자들보다 뛰어나기 때문도 아니고, 더 부지런해서도 아니다. 그것은 라이벌(출판물에 의한 명예 훼손 소송) 때문이다. 심각한 라이벌 소송에 걸리게 되면 기자는 물론 신문사 자체의 존폐에도 영향을 줄 만큼 큰 타격을 받는다. 서구 언론이 기사의 정확성에 심혈을 기울이게 된 것은 백여 년이 넘는 세월 동안 라이벌의 위력을 체험했기 때문이다. 그야말로 비싼 대가를 지불하고 얻은 교훈이다.

그 때문에 언론사에서는 기자들에게 무엇보다도 먼저 확인을 강조한다. 확인을 소홀히 해서 회사에 손해를 끼치는 기자는 그 회사에서 발을 붙일 수 없고, 또 그런 전력을 가진 기자를 다른 언론사에서 환영

:: 필자 지정남 기자가 87년 6월 항쟁 당시 현장을 취재하고 있다.

할 리 없다. 외신 기자들의 확인 습관은 바로 이런 직업 환경 하에서 굳어진 것이다.

반면, 국내 신문사나 기자가 라이벌 소송으로 인해 파탄 지경에 처하게 되었다는 소식을 나는 아직 들어 보지 못했다. 언론사 세무조사에 대해 '언론 길들이기'니 '언론 통제'니 하면서 오히려 정부가 비판받는 것을 보면서 왜 한국은 외국처럼 라이벌 제도를 효과적으로 활용하지 못할까 한없이 답답했다. 아마 부패한 정부, 부정이 많은 사회 기관들은 숨길 것이 많아서 언론의 무책임 보도에 라이벌로 맞대응을 할 자신이 없었기 때문이리라. 먼저 정부와 사회가 떳떳해져야 언론도 '길들여'질 수 있는 것이다.

전두환 정권 시절, 정부의 한 부처에서 서울외신기자클럽 회원들을 설악산으로 초대한 적이 있었다. 다음날 아침 기자들은 각자의 방문 밑으로 흰 봉투가 하나씩 있는 것을 발견했다. 소위 촌지였다. 기자들은 그 봉투들을 모아 정부 당국자에게 되돌려 주었는데, 봉투 하나가

행방불명이었다. '봉투를 되돌려 주지 않은 기자가 누구였을까.' 하는 것이 외신 기자들 사이에 두고두고 화제가 되었다. 서양에는 촌지가 없다. 더구나 기자가 취재원으로부터 금품을 수수하는 것은 아주 비윤리적인 행위로 간주되어 철저히 금지하고 있다. 뿐만 아니라 정통 서구 언론에서는 취재 기자가 특정 회사의 주식을 소유하는 것도 금지하고 있다. 주식을 소유하고 있는 회사에 관한 기사를 공정하게 쓰지 못하는 일을 막기 위함이다.

외신사가 기자에게 촌지를 받지 못하게 하고, 기자단 출장 취재 비용도 기자 부담으로 하는 등 철저한 윤리성을 요구하는 것이 혹독한 것처럼 보일 수도 있다. 그러나 바로 이런 직업윤리 때문에 외신 기자는 역대 독재 정권의 압력과 회유를 이겨냈고, 한국민의 신뢰와 사랑을 받을 수 있었다고 자부한다.

많은 외신 기자들이 지금도 자랑스럽게 기억하는 것은 80년대, 광주의 5.18 행사나 노동자 투쟁 현장에서 한국 기자들에게는 "왜곡 보도 일삼는 독재자의 앞잡이 물러가라."고 돌팔매를 날리던 사람들이 취재를 나온 외신 기자들에겐 박수와 환호로 맞아 주던 일이다. "진리가 너희를 자유케 하리라."는 구절처럼 그야말로 떳떳함으로 인해 누리는 자유였다. 개인의 정치적 신념과는 상관없이 독재 정권과 야합한 사주의 지시를 거스르지 못해서 쓸 것을 쓰지 못하거나, 사실을 왜곡하는 기사를 강요당했던 국내 신문 기자들에 비하면 외신 기자들은 행복한 자유를 누리고 있었다. (그 시절 외신에 종사하는 한국인 기자들은 암울한 현실과 폭압에 굴하지 않고 투쟁하고, 그 때문에 고통 받고 있는 국내 기자들과 함께하지 못하는 부채 의식을 갖고 있었다. 그래서 군사 독재 정권의 '보도 지침'을 폭로하여 재판 받고 있던 김태홍, 신홍범, 김주언 기자의 재판

과정을 더욱 열심히 취재 보도하는 것으로 그런 죄책감을 달래기도 했다.)

틀에 박힌 생활을 하지 않는다는 점에서 기자라는 직업이 상대적으로 자유롭기는 하지만, 외신 기자는 더욱 그러하다. 국내 기자들은 대부분 출입처가 정해져 있어 경찰청 출입은 경찰처럼, 노동부 출입 기자는 노동부 공무원처럼 하루를 보낸다.

그러나 외신 기자들에겐 출입처가 따로 없다. 대통령 인터뷰에서부터 사건 현장 취재, 축구 시합, 세미나 참석까지 모두 소화해야 하므로 매일 매일이 새롭다. 항상 새로운 사람들과 만나고, 다양한 경험들을 접하며 새로운 지식을 습득할 수 있는 것이야말로 외신 기자가 맛보는 가장 큰 매력이라고 할 수 있다.

국력에 따라 시각도 변한다?

너무 외신 기자의 좋은 점만 얘기했는가. 이제 부정적인 면도 한번 살펴보자.

1987년까지, 외신 기자들의 한국을 보는 시각은 부정적이었다. 분단되어 남북이 싸운 나라, 군사 독재 정권이 꼬리를 물고 등장한 나라, 부패가 만연한 나라, 거칠고 질서를 모르는 국민, 노동자를 착취하는 인권 부재의 나라, 화염병과 최루탄이 난무하고 경찰 폭력이 일상화된 나라, 뇌물 천국, 대통령이 엄청난 비자금을 감추어 두는 나라. 외신 기자들은 한국에 대해 이런 편견을 갖고 있었다.

한국인 외신 기자들은 이런 편견과 부단히 싸웠다. 그러나 그들의 부정적 견해는 쉽사리 고쳐지지 않았다. 한 · 일 간의 분쟁 문제에서도 그들은 주로 일본의 시각에 동조했다. 다케시마는 알아도 독도는 들어본 적이 없고, 동해는 원래 일본해인데 한국이 억지를 부리고 있으며, 한국이 문화적으로 일본보다 우월했다는 건 말도 안 되고, 한국인은 매사에 폭력적이고 질서가 없다는 식이었다.

"80년 광주를 보았는가. 시민군이 며칠 동안이나 시를 장악하는 와중에서도 단 한 건의 약탈 사건도 일어나지 않았고 치안이 유지됐다. 이렇게 숭고한 시민 의식과 질서를 미국 어느 도시에서 유사한 상황이 발생했을 때 과연 볼 수 있겠나?"

이렇게 한국인 외신 기자들이 핏대를 세우며 반박해도 마지못해 고개를 끄덕일 뿐, 그들의 시각은 변하지 않았다. 이런 냉소적인 견해는 88년 서울올림픽을 기점으로 조금씩 바뀌어 갔다.

88년 9월, 나는 로스엔젤레스 타임스 동경 지국장 샘 제임슨 기자와 함께 개막식을 지켜보고 있었다. 그런데 샘이 갑자기 눈물을 펑펑 쏟으며 흐느끼는 것이 아닌가. 당황한 내가 왜 그러느냐고 물었더니 그는 '너무나 감격스러워서'라고 하면서 다음과 같은 이야기를 들려주었다.

그가 처음 한국 취재를 시작한 것은 1953년, 남북 휴전 협정이 체결된 직후였다. 당시 서울은 지저분하고 가난에 찌든 도시였다. 주요 취재원이던 미8군 사령관을 만나면, 군수품들을 훔쳐 가는 한국인 좀도둑들 때문에 골치가 아프다고 불평이었다. 온갖 방법을 동원해도 좀도둑이 그치지 않자, 사령관은 마침내 부대 주변 철조망에 전류를 흐르게 하는 비상조치를 취했다. 이제 좀도둑은 없어졌으려니 했는데 이게 웬일인가. 철조망을 따라 부대 주변에 환한 텐트 촌이 생겨나 있는 것이 아닌가. 사람들이 철조망에 흐르는 전류까지 훔쳐 텐트 안을 밝히고 있었다. 사령관은 "한국민은 놀라운 창의력을 가졌고 언젠가는 반드시 위대한 나라를 건설할 것"이라고 감탄했다고 한다. 바로 그 국민이 이 장엄하고 화려한 올림픽 개막식을 치르고 있고 온 세계에 그 모습이 중계되고 있으니 어찌 감격스럽지 않을 수가 있냐는 것이었다.

이제 한국이 일본을 앞지르는 선진국이 될 것이라는 전망을 크게 부정하는 사람은 없다. 20년 이내에 통일 한국의 인구는 일본을 앞지르고 국민총생산량도 일본을 추월할 것이라는 계산도 나온다. 지금 한반도 남쪽만으로도 이미 세계 12대 무역대국이고, 세계 정상의 IT 강국이 되었다. 불과 20년 전만 해도 상상할 수 없었던 변화가 우리 눈앞에서 일어나고 있다.

80년대 민주화 투쟁 때 유난히도 폭력 시위와 진압의 폭력성만 강조하던 외신들이 작년 6월 월드컵 경기 때 거리 응원을 보고는 한국민의 놀라운 열정과 질서 의식을 칭찬하기에 바빴다. 이제 외신 기자들 대부분은 한국이 뛰어난 문화를 가진 나라이며, 선진국이라는 것을 인정한다. 외신 기자들은 한국의 위상이 달라진 지금에야 한국의 실체를 인정하고 있다. 한 나라의 위상에 따라 그들의 시각이 달라지고 있는 것이다.

아무리 선진화된 서구 언론이라고 해도 언론이 갖고 있는 선정성에서 자유로울 수 없다. 언론도 비즈니스이고, 비즈니스는 치열한 경쟁이기 때문이다. 외신의 선정성 및 위험성은 1994년 북한 핵 위기 때 더욱 두드러졌다.

미국이 북한의 핵 개발을 문제 삼기 시작하자, 언론은 북한의 사소한 움직임도 침소봉대해서 보도하여 긴장을 고조시키기 시작했다. 남쪽에서 한미 합동 군사 훈련이 있을 때마다 북한군이 으레 내리는 경계 조치가 A통신에 의해 '북한, 전군에 경계령'이라는 제목으로 타전 되면, 뒤이어 B통신은 '북한군 전투 준비 완료'로 한 단계 높여 '긴급' 으로 송고하고, 이어 C신문은 또 다른 전쟁 징후를 찾았다고 보도하는 식이었다.

일단 이런 흐름에 들어가면 본사 에디터들은 서울 주재 특파원, 기 자들에게 계속해서 새로운 그리고 다른 매체보다 좀 더 자극적인 보도 를 요구한다. 이런 분위기는 모든 매체에 의해 확대 재생산된다. 실제 상황은 그렇지 않은 데도 언론 보도만 보면 전쟁이 임박한 것처럼 느 껴졌다. 이를 두고 기자들 사이에서는 "선전포고는 기자들이 한다."는 자조적인 푸념을 하기도 했다.

1994년과 비슷한 상황이 2003년 오늘도 벌어지고 있는 것 같아 안 타깝다. 지금 미국 언론은 북한 트집 잡기에 열심이다. 한국인 외신 기 자들은 이럴 때 정말로 스트레스 쌓인다. 별일도 아닌데 북한이기 때 문에 호들갑을 떨고 덤빌 때면 민족적 자존심이 꿈틀대기 마련이다. 그래서 충돌도 종종 일어난다. 외신 기자를 지망하는 젊은이들은 이런 경우 단호하게 맞설 각오도 해야 된다. 논리적으로 옳으면 또 수긍도 잘하는 것이 미국 언론이다.

기자에 대해 일반인들이 갖는 환상과 오해가 있듯, 외신 기자에 대 해서도 분명 그럴 것이다.

흔히 외신 기자들은 높은 급여를 받을 것이라고 생각하는데 실상은 그렇지 않다. 비교적 대우가 좋다는 구미 언론조차도 국내 대기업이나 메이저 언론사 기자 급여에 미치지 못한다. 규정 휴가를 쓰는 것 외에 는 각종 혜택도 국내 언론 종사자들이 받는 것에 비해 미미하다.

외신 기자니까 해외여행을 많이 할 것이라고 생각하는데 그것도 틀렸다. 외신 기자는 외국 매체에 한국 소식을 전하기 위해 있는 것이지 외국 소식을 한국에 전하는 일을 하는 것이 아니다. 그러니 자연히 국내 기자들보다 해외 출장 취재 기회가 더 없다.

국내 언론 외신부 기자와 외신 기자가 같은 역할을 하는 것으로 오해하는 이들도 있다. 그러나 국내 언론 외신부 기자는 외신들이 보내오는 기사를 취사선택하고 번역해서 자기 매체를 통해 소개하는 일을 하는 사람들이고, 외신 기자는 자기가 속한 매체에 한국 기사를 쓰는 사람들이다.

외국어 실력을 쌓아라

외신의 경우, 직원을 공채 하는 일은 없다. 철저하게 준비되고 능력이 검증된 사람을 스카우트해 쓴다. 이는 사진의 경우도 마찬가지다. 따라서 외신사에 들어갈 기회는 별로 많지 않은 편이다. 구미계와 일본계 매체를 제외하면 한국인 직원을 쓰는 곳이 거의 없고, 게다가 구미, 일본계 매체도 상당수가 One-man Bureau(특파원 혼자만 와 있는 지국)이기 때문이다.

비교적 많은 수의 기자를 두고 있는 곳이 로이터통신, AP통신, 교토통신, 블룸버그통신 등 통신사이다. 알아 둬야 할 점은 통신 기자 업무는 그야말로 중노동이라는 사실이다. 우리는 흔히 바쁘다는 의미로 '시간을 다툰다'는 표현을 쓰는데 통신 기자들에게 그 말은 한가하다는 소리로 들릴 정도로 '초'를 다투는 생활을 한다. A통신이 10분 전에 띄운 기사가 B통신에서 아직 나가지 않고 있으면, B통신 지국은 본사 에디터로부터 독촉 전화를 받기 십상이다. 몇 차례 이런 전화를 받고 나면, 그야말로 식사 할 시간도 화장실 갈 시간도 없을 지경이고 스트레스가 쌓여 간다. 외국어로 기사를 쓰면서 스피드에다 정확성 확인까지 요구받는 데서 오는 스트레스는 당해 본 사람들만 안다.

외신 기자 직업에 도전을 해 볼 용기를 가진 젊은이들은 우선 해당 외국어 실력, 특히 문장력(Writing 실력)을 쌓아야 한다. 그런 다음, 일하고 싶은 외신에 이력서를 제출해 놓고 인터뷰 기회를 잡아야 한다. 처음부터 외신에 입문하기가 어려우면 우선 다른 매체에서 일정 기간 경험과 훈련을 쌓는 것이 도움이 된다. 일단 수습 직원으로라도 일하는 기회를 잡았다면 최대한 자기 능력을 보여 주어야 한다. 외국어 능력뿐 아니라, 뉴스 포착에 대한 감각, 균형 감각, 무엇보다도 국제적 시각에서 사물과 사건을 바라보는 판단력이 필요하다. 이런 능력은 외신 기자 생활에만 필요한 것은 아니다. 빠르게 국제화되는 이 세상을 살아가는 데 귀중한 자산으로 남게 될 것이다. 유능하고 용기 있는 젊은이들이 외신 기자로 맹활약하기를 기대해 본다.

한국 주재 외신 기자 현황 및 직책

현재 서울에는 88개 매체에 223명의 외신 기자들이 등록되어 있다.

지역별로 분류해서 보면 구미(미국 및 유럽) 매체가 42개사에 109명, 일본 매체 25개사에 87명, 중국 매체 13개사에 17명, 러시아 매체 4개사 4명, 베트남 매체 1개사에 2명, 기타 3개사 4명이다.

매체 종류별로 분류하면 통신 14개사 66명, 신문 34개사 64명, TV 18개사 66명, 라디오 5개사 6명, 뉴스 잡지 9개사 11명, 뉴스 사진 8개사 10명이다.

외신 기자의 직책 및 직책에 따른 업무를 살펴보면 다음과 같다.

지국장(Bureau Chief) : 서울에 정식 지국이 설치되어 있는 매체의 경우 본사에서 파견하거나 현지(서울)에서 임명되는 기자로 지국의 책임자이다. 보통 외신 본사에서 선발해 보내기 때문에 한국 국적을 가진 사람이 임명되는 일은 극히 드물다.

코레스폰던트(Correspondent) : 지국 설치 여부에 관계없이 본사에서 파견하거나 현지(서울)에서 임명되는 기자. 코레스폰던트는 '바이 라인'이라고 불리는 기사 작성자의 이름이 자기 기사에 명시된다.

리포터(Reporter) : 대개 현지에서 채용, 임명되며 취재 활동과 통역, 번역 업무도 아울러 수행한다. 매체에 따라 바이 라인을 주는 곳도 있고 그렇지 않은 곳도 있다. 일본 및 중국계 매체는 자국인 특파원 외에는 바이 라인을 주지 않는다.

리서처(Researcher) : 주로 현지에서 채용되며 지국장과 코레스폰던트의 취재를 지원하는 일을 맡는다. 자료조사에서부터 인터뷰 주선, 취재원 발굴은 물론이고 능력에 따라 취재, 통역, 번역까지도 할 수 있다.

스트링어(Stringer) : 업무는 코레스폰던트와 같다. 코레스폰던트가 급여를 받고 일한다면 스트링어는 고정 보수와 기사에 대한 고료를 받고 일한다는 차이가 있다. 스트링어는 하나의 매체가 아닌 복수의 매체에 기고하는 경우가 많다.

프리랜서(Freelancer) : 특정 매체에 소속되지 않고 자유롭게 취재 활동을 하며 복수 매체에 기고하는 언론인으로 기사에 대한 고료만 받는다. 경력이 많은 기자들이 프리랜서 기자로 활동하는 경우가 많아 고료는 높은 편이다.

실패한 독립 기자의
패자부활전을 위한 출사표

| 정지환 |

시민의신문 취재부장. 월간 말 기자로 활동하다 2001년 10월 '독립 기자'를 선언하고 프리랜서로 신문, 잡지, 방송, 인터넷 등에서 활동했다. 한국잡지기자상을 수상했으며, 저서로는 『정지환의 인물파일』(1, 2권) 『남해 군수 번지점프를 하다』(공저) 『왜 조선일보인가』(공저) 등이 있다.

실패는 성공의 어머니라는 말을 나는 믿고 싶다. 겸연쩍음을 무릅쓰고 지금부터 실패한 프리랜서의 체험담을 털어놓으려는 이유도, 이 글의 제목을 '실패한 독립 기자의 패자부활전을 위한 출사표'라고 단 이유도 바로 여기에 있다.

내가 서른 살이 되던 해부터 7년 3개월 동안 몸담았던 월간 말을 떠나 독립 기자를 선언한 것은 지난 2001년 10월 1일의 일이다. 그리고 도전과 실험의 세월은 흘렀고, 나는 2003년 4월 1일부터 시민의신문으로 출근했다. 그러니까 나의 독립 기자 실험은 정확히 1년 6개월 만에 조종을 울린 것이다. 그것은 총 한 자루 들고 극렬하게 저항하던 '게릴라'가 어느 날 갑자기 투항해 '정규군'으로 편입된 셈이기도 했다.

사실 월간 말을 떠나기 직전까지만 해도 나는 '말지와 운명을 함께 하는 최후의 기자'가 되겠다고 공공연히 말했다. 함께 생활하며 많은 가르침을 줬던 최진섭, 신준영, 오연호, 조유식 등 선배 기자들이 잇따라 좋은엄마, 민족21, 오마이뉴스, 알라딘 등의 매체를 창업하며 독립하는 것을 지켜보면서 도리어 나의 결의는 더욱 굳어졌다. "말에서 머리가 희끗해지는 기자를 보고 싶다."는, 창간 15주년을 맞아 내가 직접 청탁했던 기고문에서 강준만 교수가 던졌던 고언도 적지 않은 영향을 주었음은 물론이다.

그러나 10년도 되기 전에 최고참 기자가 돼 있었던 나는 결국 말을 떠나야 하는 불가피한 상황을 맞았다. 월간 말을 떠난다는 것을 전혀 생각해 보지 않았기에 당연히 사후 대책도 전무했던 터였다. 무작정 가을 거리로 나서자 실존적 고민이 파도처럼 밀려왔다. '나는 무엇을 하며 살 것인가. 어떤 일을 하면서 삶의 의미를 찾을 것인가. 경제적 문제는 어떻게 해결할 것인가.' 바로 그때 벼랑 끝에서 생각해 낸 것이 프리랜서였다. 지금에 와서야 솔직히 밝히지만, 사실 다른 선택의 여지가 있었던 것도 아니다.

그러나 '프리랜서'라는 말 대신에 굳이 '독립 기자'라는 별난 명칭을 고집했던 것에서 알 수 있듯이, 여전히 월간 말 기자로서 자존심이 남아 있던 나는 기존의 자유기고가와는 사뭇 다른 독특한 구상을 했었던 모양이다. 그것은 그때 '내가 생각하는 독립 기자의 상(像)'이라는 제목으로 작성해 놓았던 메모에서도 확인할 수 있다. 지금 읽어 보면 다소 황당하게 느껴지는 대목도 있지만 당시 나의 문제의식과 희망 사항이 무엇에 터 잡고 있었는지 가늠해 볼 수 있는 잣대가 될 것 같아 여기 소개한다.

○ 특정 언론사에 소속돼야만 기자라고 할 수 있는 것은 아니다. 독립 기자라는 전형을 만들자.

○ 한 언론사에 소속될 경우 고정적 보수, 정보의 공유, 조직의 보호 등 장점이 있다. 그러나 일상적 업무와 마감 시스템에 매여 있다 보면 '특정한 주제에 대한 지속적이고 심층적인 취재'를 하기 어려운 측면이 있다. 언론사에 소속돼 있을 경우 얻을 수 있는 장점을 포기하는 것을 감수하되, 독립할 경우 얻을 수 있는 장점을 극대화한다.

○ 독립 기자는 주문 생산 방식에 응해야 하는 기존의 자유기고가와 차별성을 가져야 한다.

○ 필요할 경우 인터넷, 방송, 신문, 잡지, 출판 등의 다양한 매체를 통해 활동한다.

○ 오연호가 오마이뉴스라는 조직을 통해 '빠르고 넓게'를 추구한다면 정지환은 독립 기자라는 개인을 통해 '천천히 깊게'를 추구한다.

○ '행동하는 기자'의 새로운 영역을 확보한다. 예컨대 안티조선, 지방선거, 대통령선거 등 비상한 시국에는 현장에 직접 뛰어들어 존 리드의 『세계를 뒤흔든 10일』 같은 생생한 기록물을 남긴다.

○ 정책 대안의 대중화라는 새로운 영역을 확보한다. 참여연대, 환경연합, 경실련 등 시민 사회단체는 물론이고 개혁적 정치인 등과의 공동기획을 통해 정책 대안을 수립하거나 대국민 홍보전을 수행한다. 사회개혁을 위해 입법가, 행정가, 운동가, 국민 사이의 연결고리 역할을 한다.

○ 궁극적으로 '독립 기자 컨소시엄' 구성을 지향하고 한국 언론의 문화와 풍토를 바꾸고 그 질적 수준을 높이는 데 기여한다.

소속 없는 기자, 심층 취재를 시도하다

나의 '독립 기자론'의 첫 번째 특징은 '특정 언론사에 소속되지 않고도 기자 활동이 가능하다.'는 담론에서 찾을 수 있을 것이다.

우리는 지금까지 특정 언론사에 시험을 보고 입사한 제도권 기자만이 기사를 쓸 수 있다는 것을 영원불변의 정설과 상식으로 여겨 왔다. 그러나 최근 인터넷을 비롯한 다양한 언론 매체가 등장하면서 그것이 '허구적 신화'에 불과했다는 것이 증명되기 시작했다. 그런 사회적 분위기 때문이었을까. 나는 '필요할 경우 인터넷, 방송, 신문, 잡지, 출판 등의 다양한 매체를 통해 활동한다.'는 구상도 현실 속에서 실천으로 옮길 수 있었다.

물론 내가 독립 기자로 나설 수 있었던 데에는 오마이뉴스의 역할이 제일 컸다. 실제로 나는 독립 기자 초기 1년 동안 오마이뉴스와 고정급으로 원고료를 받는 형식으로 비정규직 계약을 맺은 뒤 수시로 기사를 올렸다. 내가 다루고 싶은 주제나 내용이라면 무엇이라도, 그것도 원한다면 언제 어디서나 분량에 상관없이 기사로 써서 올릴 수 있었던 것은 기자로서 행복한 일이었다. 그 무렵 나는 국내 언론 사상 최초의 동양 최대 포천 다락터 사격장 현지 취재, 서정주의 '국화 옆에서'의 친일시 논란을 불러일으킨 얼굴 없는 사이버 논객 김환희 씨 독점 인터뷰, 여순사건의 숨은 진실을 찾아 나선 '다시 쓰는 남행록' 시리즈, 2002년 초반기 언론 시장의 동향을 분석한 '조중동 삼국지 열전 감상법' 시리즈 등 다른 언론에선 찾아보기 어려운 뉴스를 독자에게 제공했다.

그뿐만이 아니다. 오마이뉴스를 주춧돌 삼아 신문과 잡지는 물론이

정지환의 취재파일

안경근·안민생의 한 서린 인생유전기

박정희 만들고 이회창 참여한
5·16 재판부, 안중근

구속 이유는 "남 면포-북 전기 교역" 주장
본지, 당시 공소장과 판결문 전문 찾아내

제보를 받은 며칠 후 기자는 그를 만났다. 제보자는 말없이 신문 기사를 복사한 종이 한 장을 건넸는데, 그것은 대한매일 1999년 9월 10일자 '광복 54주년 특별기획-외면 독립투쟁 안중근 의사' 편에 실린 여러 개의 관련기사 중 하나였다. "안 의사 5촌 조카 민생 씨 편지 발굴-'일제하 핍박 해방 후도 여전' 폭탄"이라는 제목의 이 기사를 작성한 주인공은 정문헌 당시 대한매일 기자(현 오마이뉴스 편집국장). 그는 기사에서 취재 경위를 다음과 같이 밝혀놓고 있었다.

"안중근 의사의 집안은 우리나라에서 대표적인 독립운동가 가문으로 꼽힌다. 그러면 안 의사 집안의 후손들은 해방후 어떻게 살았을까. 지난 8월 말 학술행사 참석차 중국을 방문한 본사 김삼웅 주필(현 성균관대 신방과 겸임교수)이 연변대 민족문제연구소에서 입수한 두 통의 편지에 따르면, 안 의사 집안의 후손들 가운데 더러는 해방된 조국에서 대접은커녕 분단과 독재권력에 맞서 싸우다 '한 많은 일생'을 마친 것으로 드러났다."

편지 두 통에 담긴 진실

"1961년 5월 조국의 평화통일 이념을 주장했다는 이유로 나는 반국가 범죄 혐의로 10년형을 선고받았으며 경근 당숙도 7년형을 선고받아 일제 때 명근 당숙이 옥고를 치르시던 서대문형무소 특감 8사에서 감옥살이를 했다. 해방, 독립된 내 조국에 돌아와서 또 감옥살이를 치러야 함으로써 우리 안씨 가문은 이역과 조국에서 선후대에 걸쳐 50여 년이라는 세월을 감옥에서 지내야 했다."(1월 27일자)

"과거 우리들은 안중근 집안이라는 이유 때문에 왜놈들에게 죽어야 했고, 징역을 살아야 했는데 해방 후에는 왜놈의 앞잡이 노릇을 하던 주구들이 권력을 잡게 됨으로써 애국자들의 피해는 여전했다."(5월 28일자)

제보자는 "편지의 서두에서 언급된 '1961년 5월'은 5·16쿠데타를 가리키는 것이 분명하다"면서 "안경근과 안민생은 결국 박정희 등 쿠데타 주도세력이 급조하고 이회창 등 일부 민간인 판사가 참여한 이른바 혁명재판소에서 반국가 사범으로 몰린 것으로 보인다"고 말했다. 그러면서 그는 기자에게 당시 재판 자료를 찾아볼 것을 주문했다.

그래서 기자는 (1)안경근과 안

독립투사였다.

두 사람 중에서도 특히 안경근은 1977년 뒤늦게나마 정부로부터 건국훈장 독립장을 수여 받았기 때문에 기록이 분명히 남아 있다.

안경근은 1918년 망명의 길을 떠나 안중근 의사가 활약하던 블라디보스톡에서 박은식, 안정근, 신채호, 이범윤 등과 독립운동을 전개했다. 1922년 2월 상하이로 이동한 그는 임시정부에 가담하여 경무국장 김구를 보좌했다. 그후 쓰촨군관학교와 위난군관학교에 입교해 군사교육을 받은 후 192?년 만주로 건너가 정의부의 군사부 위원이 되어 독립투쟁에 종사하며 정의부, 참의부, 신민부 3부 통합운동에 심혈을 기울였다. 1930년 다시 상하이로 돌아온 그는 황푸군관학교 구대장으로 활동했으며 1934년에는 김구 주석과 장개석 총통 사이에서 연락 책임자로도 활약했다.

일제에 작두로 절단 당한 ...

안중근 의사 순국 87주년을 맞아 1997년 3월 25일 프레스센터 20층 국제회의장에서 열린 국제 학술행사에서도 흥미로운 보고가 있었다. 이날 발제자 중 한 명인 러시아의 박 보리스 이르쿠츠크

:: 시민의신문 한 면에 걸쳐 연재하는 '정지환의 취재파일'. 시민의신문은 독립 기자 당시의 글쓰기 방식을 보장해 주고 있다.

고 TV와 라디오 등 방송도 활동무대로 삼을 수 있었다. 특히 독립 기자로 활약한 1년 6개월 동안 매주 1회씩 CBS 라디오의 시사프로에 나가서 '정지환의 인물파일'이라는 고정 코너를 맡게 된 것은 좋은 경험이 됐다. (2002년 대선 무렵에는 3개월 동안 아예 계약 PD 겸 구성작가로 활동하며 대선 후보 정책 대안 비교분석 작업을 수행하기도 했다.) 그리고 나는 방송에서 '말'로 소개했던 내용을 '글'로 써서 오마이뉴스에 연재했으며, 네티즌들의 반응이 뜨거워지자 한 출판사의 제안으로 그것을 다시 『정지환의 인물파일』이라는 제목으로 두 권의 책을 묶어 내기도 했다. 그 이전의 10년 가까운 '정규직' 기자 생활 동안 한 권의 책도 내

지 못한 것과 대비되는 일이었다.

이른바 언론고시를 통해 입사한 소속 기자만이 기사를 쓸 수 있고, 독자는 기껏해야 짧은 투고문으로 만족할 수밖에 없었던 기성 언론의 문화와 풍토가 그대로 유지되고 있었다면 나의 독립 기자 실험은 애초에 불가능했을 것이다. 내가 메모 말미에서 '한국 언론의 문화와 풍토를 바꾸는 데 기여하겠다.'고 밝혔던 것도 이와 무관하지 않다.

나의 '독립 기자론'의 두 번째 특징은 '특정한 주제에 대한 지속적이고 심층적인 취재'라는 대목에서 찾을 수 있다.

나의 독립 기자론은 기존 국내 자유기고가들의 그것과는 다를 수밖에 없었다. 실제로 대다수 자유 기고가들은 경제적 문제 해결을 위해 자신의 분야나 일정과 상관없이 여성지나 주간지의 주문생산 방식에 응해야 하는 경우가 많았다. 그래서 나는 경제적으로 다소 어려움이 있거나 속도가 느리더라도 독자적으로 주제를 잡아 나 자신의 호흡을 가지고 '심층적 취재'와 '개성적 글쓰기'를 실천한다는 원칙을 처음부터 분명하게 세웠다. 나는 거기서 내가 독립 기자가 된 이유를 찾고자 했다.

사실 '개성적 글쓰기'는 나의 기자 철학이다. 그리고 나는 이 모든 것을 내 삼십대를 온전히 바쳤던 월간 말에서 배웠다. 내가 기자로 일했던 월간 말은 약점이 많았다. 우선 시간적 한계를 지적하지 않을 수 없다. 월간지는 일간지나 주간지에 비해 기본적으로 '느린' 매체이므로 속보성에서 경쟁력을 갖기에는 근본적 약점을 안고 있다. 그러나 느리다는 것이 약점일 수만은 없다. 거꾸로 보면 '깊고 넓게' 취재할 수 있는 시간적 여유를 가질 수 있고, 자신의 스타일을 마음껏 발휘하는 '개성적 글쓰기'도 가능하다. 따라서 현상과 사안의 본질에 더 가까이 접근할 수 있다는 것이 나의 자부심 섞인 발상이었다. 특히 논리력과 현실성을 겸비한 자신만의 독특한 기자론을 가지고 있었던 선배인 오연호 기자의 영향을 크게 받았다. 내가 메모에서 오연호의 '빠르고 넓게'를 주체적으로 계승해 '천천히 깊게'를 지향하겠다고 밝힌 것도 그러한 고백의 일환이다.

'딴소리'를 하는 저널리스트

일본의 만화가 히로게네 켄지의 『라스트 뉴스』는 나에게 하나의 시사점을 던져 주었다. 이 만화는 도쿄에 소재를 두고 있는 민영방송 수도TV의 마감뉴스 프로그램인 <라스트 뉴스> 제작팀이 이미 다른 언론에서 보도된 사건의 실체를 파헤친다는 스토리 구조를 갖고 있다. 특히 주인공인 히노 PD가 지휘하는 제작팀은 '발상의 전환'과 '철저한 검증'을 통해 잘못된 보도를 통쾌하게 뒤엎는다. 그것이 비록 만화이긴 했지만, 나는 상식과 정설의 가면을 뒤집어쓴 몰상식과 왜곡에 과감히 맞서는 히노 제작팀의 도전과 실험 정신에 주목했다.

'말'지는 자칭 타칭 진보지로 분류되었다. 그래서 다룰 수 있는 주제나 접근할 수 있는 소재가 협소하다는 지적도 받았다. 그러나 나는 그 약점은 '진보적 시사지'라는 차별성을 살릴 수 있는 근거가 될 수 있다는 점에서 도리어 강점이 될 수 있다고 생각을 바꿨다. 수많은 매체가 엄청난 뉴스를 쏟아내는 상황에서 중요한 것은 '양'이 아니라 '질'이 아닌가. 세상이 복잡해질수록 독자들은 같은 사안을 다루더라도 '새로운 시각'과 '대안의 제시'까지 원한다. 따라서 기자는 사건이나 현상을 단순하게 묘사하는 것에 그치지 않고 사안의 본질과 의미를 독자에게 전달할 책임이 있다는 것이 나의 생각이었다.

나는 그런 점에서 미국의 언론인 존 리드의 르포 집『세계를 뒤흔든 10일』이 좋은 사례가 될 수 있다고 보았다. 1917년 러시아 혁명이 일어나던 시기에 모스크바에 머물고 있었던 리드는 혁명의 순간과 그 틈바구니에서 움직이는 인간의 군상을 생생히 취재해 이 르포 집을 썼다. 이후 수없이 쏟아져 나온 '정사(正史)' 보다 러시아 혁명의 현상과 본질을 더 잘 보여 준 이 '잡기(雜記)' 는 저널리즘이 '시간의 쓰레기' 가 아니라 '역사의 고전' 이 될 수도 있다는 역설적 교훈을 던져 준다.

어쩌면 나는 월간 말 기자 시절부터 존 리드나 히노 PD처럼 '딴소리를 하는 저널리스트' 로 활약하고 싶다는 강렬한 소망이 있었기에 독립 기자의 길을 걷기로 했는지도 모르겠다.

나의 '독립 기자론' 의 세 번째 특징은 '행동하는 기자와 정책 대안의 대중화라는 새로운 영역의 확보' 라는 표현에서 찾을 수 있을 것이다.

대다수 언론인은 취재와 보도를 하면서 항상 중립과 객관을 내세운다. 아예 어느 신문사는 불편부당(不偏不黨)을 사시로 삼고 있기도 하다. 중립과 객관, 불편부당. 물론 좋은 말이다. 그러나 그러한 개념이 막상 이해관계가 격렬하게 부닥치는 현실에 적용될 때는 전혀 다른 결과를 초래하는 경우가 많다. 겉으로는 중립과 객관을 표방하지만 실제로는 편향과 주관으로 흐른다는 것인데, 문제는 그것이 강자나 수구 · 기득권 세력의 입장과 맞아떨어질 때가 지나치게(!) 많다는 데 있다. 사실 조선일보가 불편부당이란 사시를 만든 것도 일제의 대륙 침략이 노골화되던 무렵이 아닌가. 총칼로 무장한 일본 제국주의와 맨손의 조선 독립주의가 정면으로 승부할 때 그들은 이렇게 외친 것이다.

"불편부당!"

결과적으로 일본 제국주의 편을 들었던 셈이 됐음은 물론이다. 자유주의 저널리즘의 위선을 적나라하게 보여 주는 방증이자 내가 자유주의 저널리즘을 배격하는 이유이기도 하다.

내가 '행동하는 기자'의 철학을 실천하기 위한 현장으로 특별히 주목했던 곳이 있다. 지방 정치와 지방 행정의 혁명적 가능성을 생생하게 보여 준 남해, 언론 개혁과 안티조선을 주민 운동 차원에서 실천한 옥천, 평화·환경·통일의 지구적 화두를 지역에서 발굴해 낸 한탄강 유역 등이 바로 그곳이다. 2002년 지방선거 당시 경남 남해의 '젊은 시골 군수' 김두관 씨와 함께 단행본 『남해 군수 번지점프를 하다』를 쓴 것도, 옥천과 한탄강 유역의 실험과 도전을 인터넷, 신문, 잡지에 지속적으로 소개하는 한편 타 지역과의 상호 교류를 주선한 것도 '행동하는 기자'의 실천적 연장선 위에 있었음은 물론이다.

니가 독립 기자면 나는 종속 기자냐?

그러나 나의 독립 기자 생활이 마냥 행복했던 것만은 아니다.

무엇보다 먼저 먹고사는 문제가 만만치 않았다. 애초의 내 계획은 월간 말과 오마이뉴스 두 매체와 계약을 맺고 고정급으로 원고료를 받는다는 것이었다. 그것으로 최소한의 경제적 문제를 해결한 뒤 '가난해도 행복한' 독립 기자 실험을 본격적으로 시작할 수 있을 것이라 생각했다. 그러나 당시 월간 말은 재정난에 시달리고 있었기 때문에 나의 제안을 수용해 주지 못하면서 처음부터 계획에 차질이 생겼다. 그래서 어쩔 수 없이 틈틈이 '아르바이트'를 할 수밖에 없었는데, 한겨레 문화센터 기자학교 담임 강사로 일하면서 각종 강연회를 열심히 쫓아다니며 생활비를 벌어야 했다.

그뿐만이 아니었다. 며칠이라도 쉬는 날이 있으면 당장 그달 치 급여가 줄어드는 것이 눈에 보이니 잠시도 아플 틈이 없었다. 국민연금과 의료보험 등 복지 문제를 아내의 부담으로 떠넘겨야 했던 것도, 부담 없이 쓰던 컴퓨터나 복사지 한 장조차 아쉬워지게 된 것도 정규직으로 있던 당시에는 상상할 수 없었던 프리랜서의 아픈 현실이었다. 그나마 취재 중 우연히 알게 된, 현대사학도들의 공부방인 광화문 현대사자료실(일명 보림재)을 저렴한 회비만 내고 사무실로 쓸 수 있었던 것은 나에게 커다란 행운이었다. 더욱이 이 자료실에는 현대사와 관련된 수많은 1차 자료와 논문, 회고록 등이 구비돼 있었는데, 그것이 내가 최근 현대사 발굴 분야에 주력하게 된 인연이 됐다.

먹고사는 문제보다 더 힘들었던 것은 프리랜서의 세계를 제대로 이해하고 배려하지 못하는 우리 언론계의 분위기였다. 그것은 진보적인 매체라고 해서 크게 다를 것이 없었는데, 당분간 이 문제가 해결되기란 쉽지 않을 것이라는 생각이 강하게 들기도 했다.

한번은 이런 일이 있었다. 2002년 4월경 민주당 국민 경선 당시 노무현 후보가 두각을 나타내자 경쟁자인 이인제 후보가 색깔 논쟁을 제기했다. 비겁하고 불순한 정치적 의도가 담겨진 것이 분명한 이 논쟁에 한나라당의 이회창 후보까지 가세했다. 이 '더티 플레이'를 지켜보면서 나는 대선 때마다 불청객처럼 찾아오는 색깔 논쟁을 뿌리부터 근본적으로 분석할 필요성을 절실히 느꼈다. 독립 기자의 장점을 살려

이 주제를 가지고 몇 달이고 매달릴 요량으로 각종 서적과 자료를 모은 뒤 기사 목록을 만들었고, 한 주간지에 연재를 시작했다. 그러나 4개월 정도가 흐르자 정치 이슈가 바뀌었고, 그 매체에서 연재를 중단하자는 요청이 들어왔다.

이슈를 따라 빠르게 움직여야 하는 시사지의 특성을 전혀 이해 못하는 바는 아니었지만 한편으로 매우 섭섭했던 것도 사실이다. 우리 사회의 지적 풍토나 언론 환경의 발전을 위해서라도 '특정한 한 가지 주제에 대한 지속적이고 심층적인 취재'와 그런 작업에 천착하는 프리랜서가 필요하다고 누구나 말하면서도 정작 현실에선 지켜지지 않는 대한민국의 자화상을 보는 듯했다. '프리랜서'를 우스개 소리로 '프리댄서'로 부른다고 하는데, 대한민국 프리랜서는 지금 어느 장단에 맞춰 춤을 춰야할지 몰라서 엉거주춤 서 있는 형국 같기도 했다.

2001년 가을 대한매일 미디어 담당 기자였던 정운현 씨(현 오마이뉴스 편집국장)는 나의 프리랜서 실험을 신문에 소개하면서 '독립 기자 1호'라는 애칭을 붙여 준 적이 있다. 그 기사를 본 많은 프리랜서 지망생들이 나를 만나면 "내가 독립 기자 2호 해도 되겠죠?"라고 농담을 던지곤 했다. 나의 실험에 대해 그들이 작으나마 의미 부여를 해 주고 있다는 것으로 비쳐져 과히 기분이 나쁘지 않았다. 그러나 다음과 같은 발언에서 알 수 있듯이 현직 기자들의 냉소적인 반응도 적지 않았다.

"당신이 '독립 기자'라고? 그러면 나는 '종속 기자'란 말이야?"

그런데 나중에 곰곰이 생각해 보니 그 기자의 말은 정곡을 찌른 것이었다. 더욱이 그의 경고대로 나마저도 1년 6개월 만에 종속 기자(?)의 신세로 전락하지 않았는가. 그러나 언론사에 소속된 기자로 돌아오긴 했지만 나는 이전의 내가 아님도 잘 안다. 이미 프리랜서의 쓴맛과

단맛을 모두 맛봤기 때문이다. 그렇다. 언론사 소속 여부로 독립 기자
와 종속 기자를 구분했던 나의 생각은 짧았음을 인정한다. 정작 중요
한 것은 내가 어느 곳에 있든지 애초에 꿈꿨던 독립 기자의 초심을 잃
지 않는 일이 아니겠는가. 그래서 나는 오늘도 패자부활전을 위한 출
사표를 쓰고 있다. 패배주의로 땅바닥에 주저앉지 않는 한 나는 영원
한 독립 기자이기 때문이다.

이웃과 함께 숨쉬는
작지만 큰 언론

| 이종만 |

인천 연수타임즈 사회부 기자. 1998년 인천 연수신문에 입사해 정치, 행정, 사회 분야를 취재해 왔다. 연수신문은 2003년 8월 경제적인 어려움 때문에 발행이 중단됐으며 이에 연수신문 전 직원들과 새 이사진이 새 법인 연수타임즈(www.yeonsutimes.com)를 창간해 연수신문의 정신을 이어가고 있다.

내가 말하는 작은 언론이란 보통 하나 혹은 두세 곳의 기초 자치 단체를 취재 권역으로 삼아 발행되는 주간 신문, 즉 지역 신문을 뜻한다. 안티조선으로 유명한 충북 옥천의 옥천신문이나, 김두관 행정자치부 장관이 대표이사로 재직했던 경남의 남해신문 등이 유명하다. MBC 매체비평 프로그램인 <미디어 비평>에서 민주주의와 지역 공동체, 지방자치를 위해 분투하는 지역 신문 연합체인 바른지역언론연대나 회원사인 해남신문 등을 다루면서 최근에는 지역 신문에 대한 이해와 관심이 높아지고 있다.

하지만, 여전히 대한민국은 '서울공화국'이다. 대다수 사람들은 모든 영역에서 서울 지향적이며, 중앙 지향적이다. 노무현 정부 들어 지방 분권이라는 화두가 중요하게 대두되고 있지만 지방은 여전히 소외되고 있다. 기자 지망생들 대부분은 주로 중앙 일간지나 방송사 쪽에 호감을 가지고 있는 것이 현실이다. 사회적 지위나 보수, 명예 등 모든 것을 따져 봐도 작은 지역 신문과 중앙 언론사의 처지는 비교가 되지 않는다.

어느 곳 못지않게 인적 자원이 중요한 데가 언론사이지만, 이곳 역시 부익부 빈익빈의 법칙이 철저하게 적용된다. 지역 신문은 근무조건이 매우 열악하다. 쉽게 말해 월급은 적고, 일은 많고 힘들다. 회사의 경제적 토대가 취약하고 전망도 불투명해서 도무지 고급 인력이 오질 않는다. 학생운동이 퇴조하면서, 사명감 하나로 지역 사회를 위해 투신하려는 사람들도 거의 없어진 상태이다. 한마디로 우수한 인재를 확보하기가 쉽지 않다.

신문의 품위는 기사의 질이 결정하고, 기사의 질은 기자의 능력에 달려 있다. 그러나 많은 지역 신문 기자들은 경제적 어려움을 이유로, 약간의 경력이 쌓이면 지방 일간지 등 더 영향력(?) 있는 매체를 찾아 떠나고, 그 자리를 다시 초보 기자가 채우면서 성장과 발전이 정체되는 악순환이 반복되는 것이 현실이다.

이런 어려움에도 불구하고 많은 지역 신문이 꿋꿋하게 건강함을 잃지 않으면서 조금씩 언론계에서 뿌리내리고 있는 이유는 뭘까. 그것은 철저한 편집권 독립을 통해 기자 본연의 역할을 보장해 주고 있기 때문이다. 각자의 사정으로 떠나는 사람도 있지만 이 가치를 소중히 여기며 지금도 지역 신문을 지키는 사람도 있다.

최근 중앙 언론 중심의 언론계 현실에 대해 많은 비판이 존재하지만, 대안이 뚜렷하게 제시되고 있지는 못하다. 순천향대 장호순 교수는 2002년 바른지역언론연대 하반기 연수에서 "안티조선으로 대변되는 기존 언론 개혁 운동의 본질은 이른바 보수적인 매체가 가진 영향력을 진보적인 매체가 더 가져와야 한다는, 중앙 매체 간의 힘의 이동을 말하고 있을 뿐 지역 신문의 역할과 대안성에 주목하고 있지 못하고 있다.”고 지적한 바 있다. 나는 이 지적에 동의하며, 지역 신문의 활성화가 언론 개혁의 또 다른 길이라고 생각한다. 기존 언론의 구태를 답습하는 지역 신문이 전혀 없는 것은 아니지만 극히 일부일 뿐, 많은 지역 신문이 철저한 참여 민주주의와 지역 공동체를 추구하고 있다. 지역 신문은 중앙 중심의 관점이 아닌, 지역의 관점에서 주민의 목소리를 대변하고 가치를 찾아 나간다.

2001년, 나는 ‘오마이뉴스 기자 만들기’ 를 수강한 적이 있다. 기자를 열망하는 많은 젊은이들이 모여 있었지만, 대부분은 중앙 언론 매체에 입사하고자 하는 사람들이었고, 현직 기자는 나 혼자였다. 강의 후 뒤풀이 자리에서 많은 이야기를 나누면서 왜 기자가 되려고 하는지에 대해 수강생들은 나름의 답을 찾고 있었다. 권력을 감시하고 견제하며 약자를 대변하는 기자가 되겠다는 사명감도 있겠지만, 기자가 갖는 사회적 특권에 대한 동경이 기자가 되고 싶은 이유에 한몫을 차지하고 있음을 수강생 모두 부인하지 못했던 기억이 난다. “크고 영향력 있는 매체일수록 기자가 독립성을 유지하면서 자신만의 기사를 쓰기 어려운 것이 현실이며, 경력이 쌓일수록 신문이라는 상품을 만드는 거대한 공장의 나사쯤으로 전락하기 쉽다.”는 강사의 말에 좌절하면서 ‘결코 그런 일은 없을 것’ 이라 다짐하던 생각도 난다. 내가 이런 과정을 거치며 나름대로 내린 결론은, 편집권이 독립된 언론사에서 일을 하는 것은 대단한 행운이자 기자가 기자다울 수 있는 첫 번째 조건이라는 점이다. 80년대 언론 통폐합 이후, 정권의 당근과 채찍에 길들여진 언론계에 소위 '선비 정신'이 사라졌다고들 한다. 배가 좀 고파도 정의를 위해서라면 소신을 굽히지 않는 당당한 기자 정신에 대한 그리움일 것이다. 그래서 나는 기자가 되고 싶은 사람들에게 '매체의 규모'보다는 '어떤 성격의 매체'인지 먼저 고려하라고, 건강한 지역 신문은 이를 충분히 보장하고 있다고 말해 주고 싶다.

통찰력, 취재 능력 등 일반적인 기자의 자질 외에 지역 신문 기자가 가져야 할 덕목이 또 있다. 그것은 바로 지역에 대한 무한한 애정이다. 달리 표현하면 참여 민주주의를 바탕으로 한 지방자치에 대한 확고한 소신이다. 지방자치제 실시 이후 많은 운동가들이 지역에 들어가 지역 주민의 이해를 대변하는 활동을 전개하면서, 지역의 기득권 세력과 맞서 싸우며 주민을 위한 정책을 제안하고 실현하려 애쓰는 지역 운동의 속성과 비슷하다고 할 수 있겠다. 이것이 지역 신문 기자만이 가지는 독특한 정체성이며, 지역 신문 기자로서 활동하게 하는 중요한 동기가 된다.

유홍준의 『나의 문화유산 답사기』라는 책에 "사랑하면 알게 되고, 알면 보이나니, 그 보이는 것은 예전과 다르다."는 구절이 있다. 언뜻 하찮아 보이는 많은 문화재들을 애정 어린 시선으로 찬찬히 뜯어보고 생각해 볼 때 그 소중함을 느낄 수 있고, 비로소 대상이 가지고 있는 역사적 가치의 본질을 제대로 이해할 수 있다는 말일 것이다.

지역 신문 기자도 마찬가지다. 단순히 사건 위주 취재를 반복하는 것이 아니라 내가 사랑하는 우리 지역의 미래를 책임지겠다는 사명감으로 앞을 내다보며 전망을 가지고 일해야 한다. 그래야 꽁무니를 쫓는 기사가 아니라 미래 지향적이며 대안을 제시하는 비판 기사를 생산할 수 있고, 지역 사회에서 '의제'를 설정하는 언론으로서의 능력을 가질 수 있다. 훌륭한 기사는 지역의 여론을 선도할 수 있으며, 자치단체의 정책 과정에도 영향을 미칠 수 있다.

작은 언론 큰 희망

솔직히 지역 신문사를 단순히 돈 버는 직장으로 여긴다면 아주 고약한 곳임에 틀림없다. 하지만 내게 지역 신문은 직장 이상의 의미다. 나는 지역 신문 기자 생활을 통해 내가 학창 시절 배웠던 '나눔과 연대'라는 가치관을 실현하려고 노력한다. 나만의 삶을 위해 일을 하는 것이 아니라 지역 사회를 위해 의미 있는 역할을 하고 있다고 생각한다. 작은 언론, 바로 지역 신문을 통해 이웃과 숨쉬며 살아가는 것이다.

국민들이 기성 언론을 불신하고 있다면, 그것은 국민이 아니라 소위 주류라 일컬어지는 소수 기득권 세력을 주로 대변했기 때문이다. 비록 작지만 지역에서 주민을 대변하는 언론, 권력과 자본에 굴하지 않으면서 정론직필을 실현하기 위해 노력하는 언론이 지역 신문이다. 그래서 지역 신문은 작지만 희망이고, 젊은이들이 도전해야 할 언론계 내부의 척박한 영역이다.

사실 지역 언론이 진정한 희망이 되기 위해서는 기자를 포함한 지역 신문 종사자들의 건강한 문제의식은 물론이고 기자 재교육 프로그램 운영이나 자질 향상을 위한 교육 기회 제공 등 회사 차원의 노력도 꼭 필요하다. 많은 지역 신문사가 경제적인 이유 때문에 인재를 키우고 관리하는 데 소홀한 측면이 있다. 단순한 돈벌이 직장은 아니지만, 그렇다고 운동 단체도 아니기 때문에 구성원은 헌신하는 마음으로, 회사는 인재를 키우고 지키겠다는 생각으로 서로 협력할 때 전국에 있는 '작은 언론'은 우리 언론계에 큰 기둥이 될 수 있을 것이다.

모든 시민은 기자다!

김철관   오마이뉴스 시민 기자. 배재대학교 공연영상학부 겸임교수

인터넷 매체의 영향력은 날이 갈수록 커지고 있다. 성급한 판단일지 모르나 머지않아 국민 여론의 중심은 오프라인 매체에서 온라인 매체로 옮아 갈 것이다. 지난 12월 대선에서 노무현 대통령이 당선될 수 있었던 배경에는 인터넷 매체의 영향력도 무시할 수 없는 부분으로 작용했다. 지난해 12월 '미디어오늘'이 전국 현직 기자 300여 명을 대상으로 한 설문조사에서, 앞으로 영향력이 커질 것으로 예상되는 언론사로 오마이뉴스를 가장 많이 꼽은 것도 의미심장하다.

인터넷 매체는 수동적으로 정보를 수용하던 독자를 정보의 생산자로 바꾸어 놓았다. 그리고 독자들의 피드백을 바로 반영한다. 기사에 대해 기자와 네티즌(독자) 간, 독자와 독자 간의 커뮤니케이션 통로가 활성화되어 있다. 쌍방향 언론인 셈이다.

오마이뉴스가 힘을 발휘하는 가장 큰 요인도 바로 쌍방향성이다. 거대 방송사와 신문사의 정보의 생산 및 유통 과정에서 정보 소비자가 제작자로 참여한다는 것은 거의 불가능했다. 또 독자(시청자)가 소외되어 있었다. 이제 더 이상 그들은 소외되지 않아도 된다. 그 중심에 오마이뉴스가 있다. 독자들은 오마이뉴스를 통해 글, 그림, 사진, 동영상으로 자신의 이야기를 소개했다. 이제 시민은 수동적인 정보 소비자가 아니라 정보 생산자로 우뚝 서게 된 것이다.

오마이뉴스가 창간 3년 만에 유력 언론으로 부상할 수 있었던 힘은 바로 3만에 이르는 '뉴스 게릴라'들이다.

오마이뉴스는 기자 문턱을 낮추고, 기사의 형식을 파괴하며 독자들에게 공간을 만들어 주었다. 바로 자신이 쓴 기사가 메인 화면에 배치되고, 수많은 사람이 자신의 이야기에 귀 기울여 응답한다는 현실은 독자로 하여금 자신의 실존을 확인하는 쾌감을 안겨주기에 충분했다. 점점 더 많은 사람들이 정보의 생산자가 되기 위해 오마이뉴스로 모여들었고, 그 과정에서 어마어마한 정보의 교환이 이루어졌다.

인터넷 신문의 쌍방향성이 함축하는 '가치'는 우리 사회의 실질적 민주주의 실현과 관계가 있다. 쌍방향 시스템은 상향식 의제 설정을 가능하게 한다. 더 이상 우리 사회에서 전문가와 관료, 그리고 기자만이 사회 문제를 진단하고 사회적 의제를 제시하는 것이 아니라 현장에서 체험한 현실을 토대로 시민 스스로 문제를 제기하고 해결을 촉구하도록 유도할 수 있기 때문이다.

2000년 초, 오마이뉴스 태동기부터 나는 시민 기자로 참여했다. 오마이뉴스 시민 기자는 기사 취재에서 보도까지 전 과정을 기자 스스로 책임진다. 기사는 물론이고 사진도 자신이 위치를 정해 편집할 수 있다. 어떤 아이템을 선택하든, 몇 매의 기사를 쓰든 오로지 시민 기자 스스로의 판단만 있다.

기사 아이템을 선정했다면 정보 수집에 나서야 한다. 인터뷰 대상자를 파악하고, 나름대로 정한 규칙에 따라 취재에 들어간다. 취재는 폭넓게 하되 추상적인 것에서 구체적인 사실로 접근하는 것이 좋다. 취재 시 육하원칙을 지켜야 한다. 설령 기사에는 육하원칙을 그대로 게재하지 않더라도 반드시 취재수첩에는 육하원칙에 따라 기록을 남겨야 한다. 기사에 대한 반론 보도와 정정 보도 신청, 혹은 민·형사 사건에 대비하기 위해서다.

나는 주로 미디어(언론) 비평 기사를 쓴다. 특히 미디어 비평과 관련된 토론회가 있을 땐 빠지지 않는다. 토론회에서는 토론자의 내용을 꼼꼼히 챙겨야 한다. 발제자의 경우 발제문을 사전에 배포하므로 내용을 미리 파악할 수 있지만 토론자로 참석한 패널의 발언은 그렇지 않다. 발제자의 발제보다 토론자의 토론 내용이 더 중요할 때도 종종 있으므로 주의 깊게 취재해야 한다.

나는 특히 2000년부터 현재까지 논란이 되고 있는 지상파 디지털 TV 전송방식과 관련된 의제를 3년째 추적하고 있다. 어디에 매여 있으면서 매일 매일 기사를 써야 하는 몸이 아니기에 가능한 일이다. 한 가지 의제를 끝까지 추적하는 것도 매우 보람이 있다. 무릇 기자란 끈기가 있어야 하지 않겠는가.

특종의 순간

4장

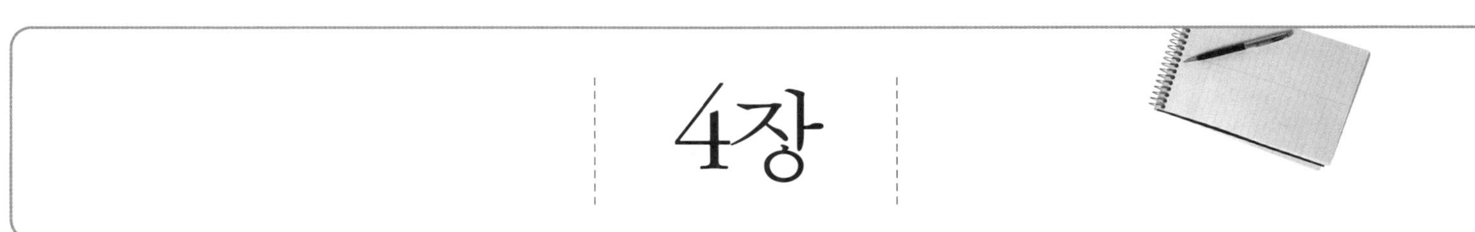

악몽과도 같았던
나흘간의 기록

| 김녕만 |

월간 사진예술 발행인, 상명대 사진학과 겸임교수. 1978년부터 2001년 2월까지 동아일보 사진부 기자로 일했다. 사진집으로 『노래가 하나 가득』, 『판문점』, 『광주 그날』(공저), 『대통령이 뭐길래』 등 다수가 있으며, 올해의 사진 기자상, 대한사진문화상, 서울시 문화상 (언론 부문) 등을 수상했다.

그해 봄, 넋을 잃을 만큼 참혹하고 엄청난 사건을 취재한 이후 나는 마음속으로 굳게 믿어 왔었다. 언젠가는 반드시 광주항쟁에 관한 사진집을 내고 그 취재기를 쓰게 되리라는 것을.

그리고 솔직한 고백을 하자면 오히려 그 시기는 나의 예상보다 빨리 온 것 같다. 물론 지나간 세월이 짧아서 하는 말은 아니다.

그날의 아픔을 거짓 없는 사진으로 들추어 내보이기에는 그날의 상처가 너무나 깊고 참담하여, 그간 긴 세월이 흘렀음에도 불구하고 아직도 망설여진다는 뜻에서다. 그만큼 80년 5월, 광주의 비극은 충격적이었다.

그러나 93년, 문민정부가 들어서면서 광주사태를 광주민주화운동으로 규정짓고 내 사진에 비친 사람들이 더 이상 폭도로 몰려 불이익을 당하지 않으리라는 확신이 생기면서 그동안 미뤄온 숙제를 해결 때가 왔음을 느끼게 되었다.

그런데 이번에는 또렷하게 얼굴이 찍힌 계엄군에게 신경이 쓰였다. 그들은 우리가 생전 만날 일이 없는 적군이 아니라 바로 우리의 군인이었기 때문이다. 총을 들고 명령을 수행한 나의 사진 속 군인도 지금쯤 광주항쟁의 상처를 달래며 우리의 이웃으로 살아가고 있을지 모른다. 가능하면 군인들의 얼굴을 드러내지 않으려 애썼지만 우리가 우리에게 총부리를 겨누었던 그날의 비극이 가슴 아팠다. 그리고 정작 '진실을 만천하에 알려야 했던 절박한 그 순간'에 기자로서의 책무를 다하지 못했다는 죄책감과 아울러 이 사진 속의 주인공들이 애써 잊고자 하는 슬픔을 행여 새롭게 일깨우는 계기가 되지 않을까 하는 염려 때문에 14년이 지난 지금 이 순간에도 사진집을 내는 마음속에 머뭇거림이 남아 있다.

1980년 봄, 당시를 기억하는 사람들은 아마 재채기부터 할지 모르겠다. 최루가스가 안개처럼 뿌옇게 시야를 가리던 서울, 내일을 예측키 어려운 정치 상황 속에서 마치 누군가의 희생을 기다리듯 분노와 체념, 무기력과 좌절감, 절망과 암담함이 뒤범벅된 그런 분위기였다. 그해 5월, 방독면을 쓰고 살다시피 하며 데모 취재를 하던 나는 신문사 입사 2년이 채 못 된 초년병에 불과했다.

광주사태가 발발한 며칠 뒤, 광화문을 지나다가 대학 은사인 임응식 교수님을 뵙게 되었다. 교수님은 대뜸 "자네, 광주에 안 가고 왜 여기에서 돌아다니는가? 사진 기자가 사건 현장에 있지 않고 뭘 하는 겐가?"라고 물으셨다. 그러나 본인이 가고 싶다고 하여 마음대로 갈 수 있는 것이 아닌 신문사 생리를 설명드릴 수 없어 우물쭈물하고 말았다. 광주에는 이미 황종건 선배가 내려가 있었다. 그러나 광주와는 통신두절이었고 신문사 내에서도 광주에서 엄청난 사건이 벌어지고 있음을 느끼고는 있으되 정확한 전모는 파악하지 못한 채 모두들 초조해하고 있던 참이었다. 광주 사건에 대하여 제대로 신문에 보도되지도 못하는 상황에서 23일, 용케도 사회부 기자가 광주를 빠져나와 신문사로 돌아왔다. 경상도 출신인 그는 혼자만 올라온 것이 미안했는지 "거기에서 경상도 사투리를 쓰다가는 큰일 난다."는 말을 했다.

"그래? 그럼 전라도 사투리를 쓰는 김녕만 씨가 내려가야겠구만."

이것이 5월 24일, 내가 광주로 출장을 떠나게 된 동기였다. 전라도 사투리 덕분에 적임자로 뽑히게 된 것이다.

가고 싶어도 내 마음대로 갈 수 없는 것처럼, 가기 싫다고 해서 또한 안 갈 수도 없는 것이 기자의 숙명이다. 솔직히 엄두가 나지 않았다. 뒤숭숭하고 심란한 소문만 무성한 채, 연락이 두절된 황 선배와는 광주 시내 어디에 가서 합류해야 될지…. 게다가 광주는 완전히 고립되어 교통편도 없으니 어떻게 광주 시내로 들어가야 할지 도무지 막막하고 불안했다. 광주에 가기 전, 고향인 전북 고창으로 먼저 가서 어머님을 뵌 것도 혹시 마지막이 될지 모른다는 비장함 때문이었다. 고기를 사 들고 어머니를 찾아가 그날 밤 어머니 손을 잡고 선잠을 잤다. 그리곤 다음날 아침 "차라리 신문사를 그만두더라도 광주에는 가지 마라."는 어머니의 걱정을 뒤로 하고 집을 나섰다. 형님이 택시를 대절해서 송정리까지 바래다주었다. 거기에서 광주까지는 걸어가야 했다.

광주를 경계로 계엄군과 시민군이 대치하고 있는 이른바 비무장지대를 카메라 가방 메고 혼자 들어간다는 것은 모험이었다. 슬프게도 기자를 보호해 줄 사람은 아무도 없었다. 군인은 군인대로, 학생은 학생대로 기자에 대한 적대감을 갖고 있었다. 기사를 쓰는 취재 기자야 얼마든지 신분을 위장할 수 있지만 사진 기자는 카메라가 있기 때문에 금방 기자임이 드러나게 마련이다.

다행히 송정리에서는 광주와 전화 통화가 가능해 당시 광주 주재 기자이던 신광연 선배의 마중을 받게 되었다. 신 선배 집은 송정리에서 가까웠다. 일단 신 선배 집에 들렀다. 신 선배는 카메라를 집에 두고 도청 쪽으로 들어가자고 했다. 그러나 카메라 없는 사진 기자가 무슨 의미가 있겠는가? 가방은 임시로 맡기되 카메라 한 대를 분해하여 서류봉투에 넣었다. 무사히 시내 중심가에 잠입(?)할 수 있었다.

내일을 위해 '기록' 하리라

광주에서 만난 황 선배의 첫마디는 "여기서 섣불리 사진기 들이대다간 큰일 나니까 절대로 사진 찍지 마라."는 것이었다. 결정적인 순간은 이미 숨어서 기록해 놓았으니 일단 분위기 파악부터 하고 무엇보다 몸조심하라는 충고를 거듭했다. 황 선배는 일주일 만에 딴 얼굴이 되어 있었다. 넋 나간 표정에 덥수룩한 수염과 초췌한 모습이 한바탕 전쟁을 치르고 사선을 넘나든 사람 같았다. 황 선배의 충고를 받아들여 일단 시내 정찰부터 나섰다.

5월 25일, 한바탕 공방전을 치른 뒤 계엄군이 일단 광주 외곽으로 물러나 있고 시민군이 도청을 접수했다. 한편으로 협상을 시도하면서 만약의 경우 목숨을 바쳐서라도 자신들의 뜻을 관철하겠다는 각오를 다지는 민주수호 시민궐기대회를 열고 있는 중이었다. 언제 무슨 일이 벌어질지 모르는 공포감이 깔려 있었지만 용기 있는 젊음은 그 공포감을 넘어 희망을 가진 듯했다.

도청 근처 전일빌딩 앞을 지나는데 대학생들이 외국 신문에 보도된 광주항쟁 기사를 벽에 붙여 놓고 시민들에게 번역을 해 주고 있었다. 그리고 덧붙이는 말이 "외국 신문은 이렇게 보도하는데 한국 기자들은 다 뭐하는 겁니까? 한국 기자들을 타도합시다!" 하니까 모여 섰던 사람들이 "옳소." 하며 동조했다. 슬며시 그 자리를 피해 나오며 황 선배의 충고를 떠올리는 한편 무력한 내 자신에 비애를 느꼈다.

당시 우리 기자들에겐 자조적으로 하는 말이 있었다. '기록용'이라는 말이 그것이다. 신문에 싣지도 못할 취재를 하라고 지시하는 게 미안한지 데스크는 "기록용으로라도 보관하게 취재해 오라."고 지시했고, 기자 역시 신문에 실리지 못할 것을 뻔히 알지만 '기록용'이라는 작은 명분을 갖고 취재에 임했다. 물리적인 강압에 의해 언론의 구실을, 기자로서의 사명을 실천하고 있진 못하지만 기록용으로라도 꼭 사진을 찍어 두어야 한다고 나 혼자 중얼거렸다. 비록 광주 시민에게 배척당하고 있는 무기력한 한국 기자지만 기록하리라, 내일을 위하여. 오늘이 언제까지나 지속되는 것은 아니므로 오늘은 금방 어제가 되고 내일은 또한 오늘이 된다. 그때, 그날을 위해 오늘은 기록되어야 한다. 오늘 우리는 벙어리 노릇을 하고 있지만 아마 언젠가는 말문이 트일 날이 올 것이다. 그날을 위해 준비해야만 한다.

우리의 현대사가 격동의 세월이었음에도 한국전쟁, 5.16 군사혁명, 부마항쟁, 12.12 사태 등 우리 손으로 기록해 제대로 알려진 사진이 드물다는 뼈아픈 전례를 되풀이하지 않기 위해서라도 오늘의 기록을 충실히 해야 한다는 각오를 했다. 광주가 시민군에게 장악된 이후부터

:: 상무관에 안치되어 있는 수많은 광주항쟁 희생자들(27일). 관이 모자라 입관되지 못한 시신이 보인다.

외신 기자들은 학생들로부터 대우를 받으면서 마음껏 취재의 자유를 누리고 있었다. 그러나 외국인 기자가 과연 얼마나 애정을 갖고 광주 민주화운동을 바라보고 있을까? 그리고 이들이 취재한 필름이 모두 외국에 있는 본사로 들어간 뒤 누가 관심을 갖고 이 필름들을 정리해서 훗날 광주의 진실을 전해 줄 것인가. 비록 국내 기자가 냉대 받고 있지만 우리의 기록을 우리의 손으로 해야 하는 것은 그런 이유에서다.

5월 26일, 계엄군과의 협상이 결렬되면서 내일 새벽 계엄군이 쳐들어온다는 소문이 돌자 일순 광주의 분위기는 얼어붙었다. '도청을 사수하기 위해 기자들을 인질로 삼으려 한다.'는 소문까지 나돌아 기자들 역시 몸조심하기에 바빴다. 밤이 깊어 가면서 적막감과 함께 본능적으로 감지되는 어떤 예감, 공포감이 엄습해 왔다. 아마 모두들 같은 심정인지 늦도록 잠을 이루지 못하고 몸을 뒤척였다. 새벽 4시경이나 되었을까. 총소리를 왜 콩 볶는 소리라고 표현했는지 알 것 같았다. 바람을 가르는 총알 소리는 왜 그리도 불길한지. 더구나 군대 경험이 없는 나로서는 처음 듣는 집중 사격 소리가 여름날 천지를 뒤흔드는 천둥소리보다 더 무섭고 섬뜩했다. 금방 총알이 창을 뚫고 날아와 내 심장에 박힐 것만 같았다.

광주의 5월 27일은 그렇게 총소리와 함께 시작되었다. 뜬눈으로 새벽을 기다린 후 날이 밝자 숙소를 나섰다. 광주는 피투성이가 되어 있었다. 여기저기 주검이 나뒹굴고 많은 젊은이들이 굴비처럼 줄줄이 포박되어 끌려가고 있었다. 살벌하기 이를 데 없는 상황이었지만 무언가 해야 한다는 절박감에 도청 앞으로 나갔다. 시민군의 본거지였던 도청을 장악한 계엄군이 출입을 금하고 있어 취재가 불가능했다.

그러나 나는 포기하지 않고 정문을 지키고 있었다. 대령 한 사람이 나오는 것을 발견하고 그에게 갔다. 아무리 살벌한 분위기라 하더라도 대령 수준이라면 말이 통할 것 같았기 때문이다. 어떤 상황이든 기록을 남겨야 한다는 나의 절절한 요구가 통했는지 그 대령은 도청 취재를 허락했다. 한국 기자 중 유일하게 도청에 들어왔다는 생각에 무서움도 잊은 채 도청 안에 나뒹구는 시체와 줄줄이 묶인 채 땅바닥에 엎드려 있는 젊은이들을 촬영했다. 그때 대위 한 사람이 다가오더니 "이거 뭐야? 어떻게 들어와서 사진을 찍는 거야."라고 고함을 질렀다. 내가 대령이 들여보내 주었다고 말하자 "거짓말하지 마라."며 도청 밖으로 밀어냈다.

도청 밖으로 나오자 여기저기에서 붙잡혀 오는 젊은이들의 모습이 눈에 띄었다. 줄줄이 포박된 채 걸어오는가 하면, 트럭에 실려 오기도 했다. 마치 적국의 패잔병처럼 끌려오는 젊은이들을 바라보면서 마음

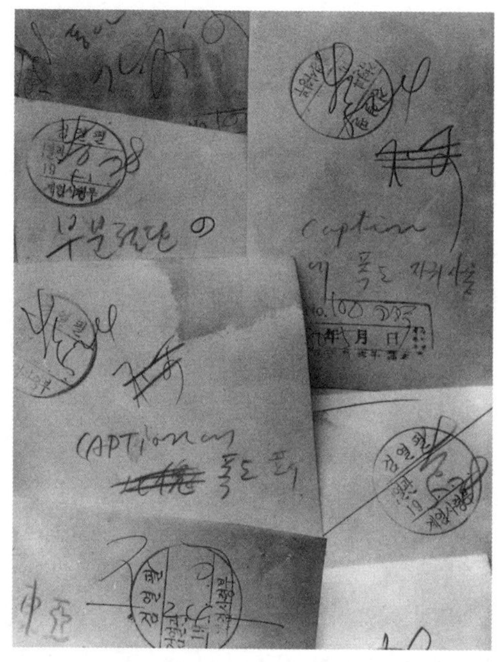

:: 계엄사령부의 검열을 받은 광주 항쟁 취재 사진의 뒷면. '불가(不可)' '부분 절단' '사진 설명에 폭도 표시' 등의 검열 내용으로 미루어 당시 얼마나 검열이 심했는지를 짐작할 수 있다.

이 착잡하고 안타까웠다. 이것으로써 광주항쟁은 일단락되었지만 그 후유증이 얼마나 클 것인가. 저절로 한숨이 나왔다.

5월 27일과 28일 이틀 동안, 나는 살아남은 사람들의 고통과 허망하게 쓰러진 젊은이들의 죽음을 취재하는 데에 전력을 다했다. 광주의 한을 기록하기 위해 애를 쓰는 나를 보고 타사 선배 기자들이 한마디씩 해 댔다.

"작품 찍냐? 사건은 다 끝났는데 웬 사진을 그렇게 많이 찍어대? 아예 영화를 찍어라."

물론 그 순간에 사진집을 낸다거나 할 요량이 있었던 것은 아니었다. 다만 한밤중에 벌어진 총격전을 촬영할 순 없었지만 그 뒤를 기록하는 것도 못지않게 중요하다고 판단했기 때문이었다. 아들을 잃은 백발의 처연한 할머니, 딸을 잃은 어머니의 통곡, 아버지를 잃은 어린아이의 눈물, 남편을 잃고 눈물조차 메마른 젊은 아낙의 표정…. 더 이상 무슨 말이 필요하겠는가. 그 사진들만으로도 광주의 비극이 어떠했는지, 왜 이런 비극이 다시는 이 땅에서 일어나서는 안 되는지를 가슴으로 느낄 수 있지 않겠는가.

5월 29일에는 망월동에서 거행된 합동 장례식을 취재했다. 그리고 그 후 며칠간, 겉으로는 평온을 되찾아 가는 광주의 모습을 취재한 뒤 광주로 내려온 지 열흘 만에 서울로 향했다.

폭도라고 부르느니… 차라리

서울로 돌아와 회사에 출근해 보니 내가 취재한 사진 뒷면에 '不可'라는 계엄사령부 검열관의 판정이 내려져 있기도 하고 '시민군'을 '폭도'라고 사진 설명에 명시해야 게재할 수 있다고 되어 있는가 하면 어떤 사진은 군인이 나오지 않게 일부분만 트리밍해 사용하라는 등 지독한 검열이 있었다. 기사건 사진이건 계엄사령부의 검열 후에야 보도할 수 있는 상황이었다. 동아일보에서는 사진을 안 쓸망정 폭도라는 사진 설명을 붙일 수 없다 하여, 결국 사진을 싣지 않는 쪽을 택했다.

그 후 오랫동안 광주민중항쟁이라는 말 자체가 금기사항이 돼 버린 세월이었다. 그러나 나는 80년 5월 광주항쟁 취재 이후 광주 담당 기자처럼 인식되어 해마다 5월이면 망월동을 취재하러 가곤 했다.

우리는 너무나 쉽게 잊어버린다. 불에 덴 사람이 불의 무서움을 잊어버리면 또다시 화상을 입기 쉽듯이 기억상실증은 결국 역사의 비극을 되풀이시킨다. 그리고 이 기억상실증에 분명 한몫을 한 것은 역사를 기록하는 사명을 다하지 못한 저널리스트들임을 부인할 수 없다.

상기해야 할 것이 비단 한국전쟁만은 아닐 것이다. 우리의 역사 속 그 많은 상처와 흠집들을 낱낱이 기억해야만 더 이상 어리석음이 되풀이되지 않을 것이고 마침내 비극의 역사는 끝날 것이다. 잊지 않고 기억할 때 광주의 비극 역시 끝날 것이라고 나는 믿는다. 이제 제대로 기억함으로써 광주 시민의 숱한 죽음에 생명을 주고, 남아 있는 사람들의 가슴 속 한을 풀어 주어야 한다. 광주민중항쟁이 한 지역의 아픔이 아닌, 진실로 우리 모두의 아픔으로 받아들여질 때 우리는 또다시 이런 어둠의 시대를 맞지 않게 될 것이라고 믿는다.

(이 글은 광주민중항쟁을 취재한 보도사진집 『광주 그날』(황종건 · 김녕만, 94년)에 수록된 김녕만 기자의 취재기를 재수록한 것입니다.)

태평양을 사이에 두고 밝혀진
'끔찍한' 진실

| 최상훈 |

AP통신 서울지국 특파원. 코리아헤럴드를 거쳐 1994년부터 AP통신 한국 특파원으로 일하고 있다. 퓰리처상(탐사보도 부문)을 비롯해 10여 개의 저명한 외국 언론상, 한국기자상 특별상, 삼성언론재단 특별상, 한국신문방송인클럽 언론대상 외신 부문 등을 수상했다. 저서로는 『How Koreans Talk』(공저) 『The Bridge at No Gun Ri』(공저), 『노근리 다리』(공저)가 있다.

한국전쟁 초기인 1950년 7월 말, 미 육군과 공군은 대한민국 충청북도 영동군 황간면 노근리에 있는 철도 굴다리와 그 주변에서 일단의 피난민들에게 집중 사격을 가했고, 그 결과 수백 명의 희생자가 발생했다. 그러나 미군 측의 그 누구도 이 사건을 보고하지 않았고, 조사도 없었다. 세월은 흘러갔고 노근리 사건은 역사학자조차 인지하지 못한 채 그냥 묻혀 가고 있었다. 1960년, 생존자들이 그 부당함을 호소한 적은 있지만, 결국은 침묵할 수밖에 없었다. 사건은 그것으로 종결될 수도 있었다.

한국의 민주화가 진전된 90년대, '노근리 양민학살 대책위원회' 위원장 정은용과 몇몇 피해자들이 자신들의 억울한 사정을 다시 한 번 호소해 보기로 결심했다. 한미 양국에 청원서를 보낸 것이다. 이에 성실한 답변을 받지 못하자 피해자들은 한미주둔군지위협정(SOFA)에 따라 1997년 여름 한국 정부에 배상 신청을 접수시켰다.

나는 이런 일련의 상황을 1998년 4월에 알게 되었다. 일단 1998년 4월 30일 한국정부배상위원회(the South Korean government's compensation committee)가 시효만료를 내세워 피해자들의 배상 신청을 기각한 사실을 기사화했다. 이에 앞서 피해자들의 주장과, 거듭된 진정서가 미국에 의해 거절당한 과정, 미군 측 주장을 담은 기사를 본사에 송고해 놓은 상태였다. 이것이 나와 AP통신 동료 기자들에겐 노근리 사건 취재의 시작이었다.

노근리 사건 생존자들의 주장에 대한 주한미군배상사무소(the U.S. Armed Forces Claims Service)의 공식 답변은, 피해자들이 가해자로 지칭한 미 제1기갑사단은 당시 노근리 인근에 주둔한 증거가 없다는 것이었다. 이 같은 주장에는 미심쩍은 데가 있었다. 한국전쟁에 관한 자료를 읽으면 읽을수록 의혹이 늘어만 갔다.

한편 AP 뉴욕 본사 국제 담당 부편집자 케빈 노블릿(Kevin Noblet)과 탐사보도 팀장 봅 포트(Bob Port)가 본사로 송고한 내 기사를 읽고 우선 미군의 주장을 검토했다. 미군 측 주장은 사실과 일치하지 않았다.

AP의 조사 전문 기자 랜디 허새프트(Randy Herschaft)는 노근리 사건이 발생한 1950년 7월 말, 제1기갑사단과 제25보병사단이 주둔했던 지역 한가운데 노근리가 있음을 확인했다. 허새프트는 메릴랜드 주 칼리지 파크에 위치한 미 국립문서보관소로 갔다. 해당 부대의 당시 활동 내역을 자세하게 파악하기 위해 비밀해제된 문건을 본격적으로 조사했다.

놀랍게도 허섀프트는 며칠 뒤 중요한 문서들을 지니고 뉴욕으로 돌아왔다. 그 중 가장 놀라운 자료는 민간인을 적으로 간주하라는 제25 보병사단장 윌리엄 킨(William B. Kean) 소장의 1950년 7월 27일자 서면 명령서와, 방어선을 넘어오려는 피난민들에게 발포하라는 명령이 담긴 제1기병 사단본부에서 내려온 7월 24일자 통신문이었다. 노근리 사건은 1950년 7월 26일에서 28일에 걸쳐 일어났다. 사건의 경위가 서서히 그 형체를 드러내기 시작한 것이다.

한편 나 역시 서울에서 조사를 계속하고 있었다. 우선 목표는 노근리 사건 생존자들의 다양한 증언을 취합해 피해자들의 시각에서 사건을 가능한 자세히 정리하는 것이었다. 이렇게 재구성된 사건 일지를 뉴욕 취재팀에게 보내 그쪽 조사 결과와 비교 검토하며 작업을 진행했다.

반세기 전 노근리에서 벌어진 사건에 대한 생생한 자료와 다양한 증언자를 확보하기 위해 전국에 흩어져 있는 희생자의 유족 및 생존자들에 대한 수소문도 계속했다. 일과 후 사무실에 남아 전화기에 매달렸다. 처음에는 노근리 대책위원들의 도움이 컸다. 증언자가 계속 확보되자 지난 반세기 동안 노근리를 이야기하지 않은 피해자까지 알음알음으로 연결되었다. 이미 노년에 접어든 그들은 노근리 학살의 '악몽'에 시달리며 살아온 저간의 상황을 들려주었다. 이들은 노근리 사건에 대해 마음 놓고 이야기하지 못한, 이야기하더라도 무시당해 온 정치·사회적 상황에 좌절했다며 이따금 한국 정부에 대한 실망감과 미국 정부에 대한 울분을 토로하곤 했다. 많은 이들이 체념과 회의로 여전히 증언을 꺼려 했지만 상당수 피해자는 젊은 기자가 반세기 전 일에 관심을 갖고 찾아온 것에 신기해 했고, 이 일에 대해 말할 수 있다는 자체를 반기기도 했다.

2000여 명의 군인에게 일일이 전화 걸다

미국에서는 허섀프트와 여기자 마사 멘도자(Martha Mendoza)는 더 심층적인 조사를 위해 다시 미 국립문서보관소로 향했다. 수백 상자 분량의 부대 역사, 작전 일지, 통신 일지, 작전 지도, 육필 통신문 등을 조사하고 그 중 수천 장을 복사하고 정리했다. 중요한 단서들이 계속 나왔다. 당시 긴박하고 혼란스러웠던 전선 상황이 때로는 모호하고 때로는 직설적인 표현으로 문서 여기저기에서 발견되었다. 민간인을 '적으로 간주해 사살하라.'거나 '과감한 조치를 취하라.'는 명령이 있었으며 노근리에서 피난민에 대한 총격이 시작된 1950년 7월 26일 당일에는 미8군 사령부의 '언제 어떠한 피난민도 전선을 넘어오게 해서는 안 된다.'는 명령이 담긴 무선 통신문도 있었다.

우선 1차적인 관심은 당시 노근리에는 어느 부대가 있었을까였다. AP 기자들은 제8군 사령부에서 각 연대에 이르기까지 각급 부대의 문서를 훑으며 하루에 보통 두 번씩 보고되는 부대 배치 좌표를 수백 개 모았다. 이것이 후일 조사에 중요한 단서를 제공했다.

1950년판 5만분의 1 군사 지도를 확보해 부대 배치 좌표와 대조하며 부대들의 이동 경로를 추적했다. 피난민들과 조우했을 가능성이 있는 단위 부대를 확인하기 위해서였다. 뉴욕 록펠러센터 AP 본사 특별 취재팀의 좁은 사무실 벽은 온통 지도로 뒤덮였다. 지도 위에는 1950년 7월 하순 날짜별로 미군 연대나 대대 단위별 이동 경로, 피난민 움직임, 적 발견 상황 등을 나타내는 여러 가지 색깔의 스티커가 다닥다닥 붙었다. 여전히 노근리 사건 생존자들의 말이 사실임을 입증하기는 역부족이었지만 "제1기갑사단이 노근리 주변에 있지 않았다."는 미군 측의 주장은 잘못된 것이라는 확신은 더욱 커졌다.

98년 5월경, AP의 국제 문제 대기자 찰스 핸리(Charles J. Hanley)가 노근리 사건 조사에 합류했다. 핸리는 베트남전 참전 군인 출신으로 30년간 AP에 근무하면서 세계 전역의 분쟁 지역을 취재해 온, AP 내에서도 몇 안 되는 대기자(Special Correspondent)였다.

조사는 계속되었다. 미 공군의 기록도 빼놓지 않고 챙겼다. 노근리 사건의 생존자들로부터 피난민 학살은 미군기의 기총소사로 시작됐다는 증언이 있었기 때문이었다. 이메일과 팩스, 그리고 항공 운송물이 끊임없이 오갔고, 태평양을 가로지르는 심야 전화 회의가 거듭되었다. 하지만 태평양을 사이에 두고 50년 전 사건을 재구성하는 것은 쉬운 일이 아니었다.

돌파구를 열어 준 것은 끈질긴 지도 표기 작업이었다. 지도 표기를 통해 우리는 50여 년 전 노근리에서 피난민과 마주쳤을 가능성이 큰 부대로 제1기병사단 소속 1~4개 대대 정도로 압축할 수 있었다. 정보 공개법에 입각해 해당 부대의 명부와 각 예하 중대의 위치를 보여 주는 일조점호보고서를 요구했다. 세인트루이스의 국립인사기록센터에 마이크로필름으로 보관되어 있는 인사 기록 수십 부를 복사해 왔다. 일부 명부는 너무 낡아 읽기조차 어려울 정도였다.

해당 명단에 기록된 200여 명의 사람들을 찾아내는, 몇 달이 걸릴지도 모르는 작업이 시작됐다. 오토 트랙(Auto Track), CDB Infotek, Merlin 같은 인명 색인 데이터베이스를 이용해 명부에 있는 퇴역 군인들의 소재를 파악했다. 한국전쟁 관련 웹 사이트, 한국전 사상자 데이터베이스, 사회보장청(Social Security Administration) 기록을 참조해 이미 사망한 사람은 명단에서 지워 나갔다.

비록 이름과 전화번호뿐이지만 리스트가 작성되자 AP 기자들은 일제히 전화기를 들었다. 노년에 접어든 해당 부대의 전역 군인들과 대화가 시작되었다. 우리는 먼저 신분을 밝히고 왜 전화를 하게 됐는지 설명한 다음, 이야기를 나누자고 설득했다. 긴 인터뷰가 계속됐다.

드디어 34번째 전화에서 마사 멘도자 기자와 통화한 병장 출신 노병이 철교 밑에 있던 피난민에게 발포한 사건을 이야기했다. 그 다음부터는 다시 헛수고의 연속이었다. 그렇게 14명이 지나고 15번째 인터뷰에서 다시 노근리를 기억하는 사람을 찾아냈다.

전화 통화는 다시 거듭됐다. 켄터키로, 캔자스로, 미시건으로. 통화가 거듭될수록 노근리 사건 발생 즈음에 교각 아래서 미군의 집중 사격 속에 갇혀 있던 피난민에 관해 증언해 주는 사람의 수는 늘어만 갔다.

"민간인들에게 발포한 것을 기억합니다."
"발포하라는 명령이 있었습니다."
증언은 제1기병사단 제7기갑연대 제2대대를 가리키고 있었다.

이 같은 미군의 증언을 한국 측 증언과 꼼꼼히 대비하고 확인해 갔다. 그러나 인터뷰는 결코 쉽지 않았다. 인생의 황혼기에 있는 노병들 중 일부는 노근리의 부담에서 해방되고 싶어 했지만, 그들이 사실을 털어놓기까지는 끊임없는 확인 전화와 대화가 필요했다. "내가 거기 있었다."는 말만 하고는 전화를 끊어 버리는 군인도 많았다. 퉁명스럽게 또는 모호하게 응대하거나 기억이 나지 않는다고 하는 이들도 있었다. 물론 적대적인 제대 군인도 많았다.

"자자손손 AP가 한 일을 기억하게 하겠다"

우리는 노근리 사건에 관계했던 퇴역 군인들 중 다수는 사건에 관계된 것 때문에 혹은 사건을 목격한 것 때문에 심리적으로 분열되어 있음을 알게 되었다. 한국의 피해자도 마찬가지였다. 대화가 지속되자 피해자들은 노근리 사건뿐 아니라 해방 전후의 사회 정치 상황, 전쟁이 개인과 가정, 이웃에 남긴 상처에 대해 마음을 열고 이야기했다. (이 같은 취재 내용은 애초 노근리 보도뿐 아니라 후일 기자들이 노근리 사건을 더 심층적으로 다룬 책 『노근리 다리』를 펴내는 데 큰 도움이 되었다.)

전국에 흩어져 사는 24명의 생존자를 비롯해 유족 및 역사학자들과의 인터뷰를 통해 세세한 사항을 챙겼다. 현장도 수차례 방문했다. 그 과정에서 소름끼치는 사실들이 태평양의 양쪽에서 확인되고 있었다. 이미 많은 세월이 흘렀고, 태평양을 사이에 두고 살고 있었음에도 불구하고 생존자나 퇴역 군인들의 증언은 신기할 정도로 일치했다. 교각 아래의 빗발치는 포화, 터널 안에 메아리치던 여자 및 아이들의 비명, 굴 입구에 쌓인 시신의 모습 등.

드디어 기사가 손에 잡혔다. 총 20명 이상의 퇴역 군인들이 노근리 사건이 실제 있었던 일임을 시인했다. 이 중 12명은 실명을 전제로 자세한 증언을 했다. 자료 조사도 계속되었다. 허새프트는 미주리 주 인디펜던트 시에 있는 트루먼 도서관으로 가서 미8군 관련 기록 및 기타 고급 문서를 샅샅이 뒤졌다. 또 펜실베니아 주 칼라일의 미 육군 전사 연구소에서 50년 당시의 육군 교범과 관련 규정을 찾아냈고, 서른일곱 상자에 달하는 한국전 미 군사관(軍史官)의 자료를 확보했다. 국립문서보관소만 열 번 이상 방문해 법무감, 감찰감, 헌병감, 군종감실 자료와

:: 노근리 양민 학살 사건을 심층 취재한 AP통신 기자들. 왼쪽부터 필자 최상훈 기자, 찰스 핸리, 마사 멘도자. 이들은 노근리 양민 학살 사건 취재로 통신사로서는 처음으로 탐사보도 부문 퓰리처 상을 수상했다(2000년).

사진·영상 자료를 검토했다. 한편 세인트루이스 국립인사기록센터에서 입수한 각 중대 일지 등은 제7기병연대가 노근리 사건 당시 노근리와 그 주변에 주둔했음을 극명하게 보여 주었다.

한국전 당시 발효 중이던 전쟁에 관한 법률 정보와 당시 계엄 하의 범죄 재판과 관련된 기록은 법대 도서관에서, 전쟁 범죄 관련 기사 및 논문은 넥시스 렉시스(The Nexis-Lexis)와 웨스트로(The Westlaw) 데이터베이스 등을 통해서 얻었다. 또한 콜롬비아 대학 도서관에서 한국전 당시의 잔학 행위에 관한 미 상원 청문회 사본을, 뉴욕 공공도서관에서는 한국전에 관한 희귀본들을 빌려 볼 수 있었다.

한국전 당시 발간된 미국과 유럽의 신문들도 조사했다. 혹시 노근리나 유사한 사건에 관한 보도가 있었는지를 확인하기 위해서였다. 이제 고인이 된 한국전쟁 종군 기자들이 개인적으로 남긴 기록도 검토했다. 한편 서울에서는 북한의 조선인민보가 50년 8월에 노근리 사건을 보도한 사실을 확인했다. 이 보도 내용은 노근리 대책위 대변인 정구도 씨가 한국정보자료실에서 발견한 것으로 국내 주간지 '뉴스메이커'에 이미 보도된 바 있었다.

미국에서 인터뷰는 그 횟수만 해도 220회를 넘어갔다. 이런 수많은 인터뷰를 통해 피난민들이 살해된 다른 경우도 알게 됐다. 당연히 취재 범위도 제7기갑연대를 넘었고, 접촉자의 범위도 다양해졌다. 퇴역 군인 외에도 역사학자, 스위스 제네바와 웨스트포인트 육군사관학교의 전쟁 관련 법률 전문가 등이 포함되었다.

중요한 인터뷰에는 'AP 텔레비전 뉴스'가 동행했다. PD인 스티브 플루티와 카메라맨 빌 고먼이 퇴역 군인들의 모습과 이야기를 화면에 담기 위해 전국을 함께 누볐다. 한국에서는 김정은 PD와 문성재 카메라 기자가 나와 함께 인터뷰 내용을 TV에 담았다. 또 AP 라디오 네트워크를 위해 녹음도 병행했다.

수개월에 걸친 작업이 이루어지자 뉴욕의 사진 담당 편집자 마지 스태거는 퇴역 군인과 생존자, 그리고 기사에 첨부할 자료 사진의 촬영을 위해 사진 기자를 파견했다. 한국에서는 사진 기자 안영준이 동참했다. 이 당시 AP는 국립문서보관소에서 중요한 사진 자료를 확보했다. 바로 낙동강 다리를 폭파하기 위해 폭약을 설치하는 미 공병의 모습을 담은 사진이었다. 그 후 이 폭파로 많은 민간인들이 죽었다는 증언을 확보했다. 이 사실은 AP의 노근리 후속 보도에 상세히 언급되어 큰 반향을 불러일으켰다. AP 웹 페이지인 '더 와이어(The WIRE)'에서는 기사와 자료, 지도, 동영상 등 다양한 방법으로 노근리 사건의 전모

:: AP통신 최상훈 기자와 그 동료들이 특종 보도한 노근리 양민 학살 사건은 세계 주요 신문과 방송에 톱뉴스로 보도됐다.

를 실었다.

99년 9월 29일, 첫 번째 기사가 타전됐다. 제목은 '노근리의 다리(The Bridge At No Gun Ri)'였다. 그러자 전 세계 신문 1면에, 주요 TV에 톱뉴스로 노근리 사건이 보도되기 시작했다.

보도가 나간 지 하루도 채 지나지 않아 클린턴 당시 미국 대통령이 국방성에 노근리 사건에 대해 "철저히 그리고 최대한 신속히(as thoroughly and as quickly as possible)" 조사하라는 지시를 내렸다. 한국 정부도 조사에 착수했다.

피해 보상 요구가 기각된 뒤 실의에 빠져 있던 노근리 사건의 생존자들에게 그것은 정말로 놀라운 일이었다. 보도가 나간 날 생존자 중의 한 분은 내게 전화를 걸어와 이렇게 말했다.

"내가 얼마나 더 살지는 몰라도 내 유언장에 자자손손 AP가 한 일을 기억하게 하겠다."

노근리 다리는 아직도 울고 있다

낙동강 교량 폭파(99. 10. 13), 미 전투기가 피난민 행렬에 가한
기총공격(99. 12. 28) 등 AP 취재팀의 노근리 사건 후속 보도는 계속
됐다. 앨라배마 주 맥스웰 공군 기지에서 전쟁 당시 조종사들의 출격
임무 결과 보고서를 검토해 당시 조종사들이 적의 침투를 막기 위해
도로 상에 있는 피난민들로 보이는 무리에게 기총공격을 한 사실을 확
인한 것이다. AP와의 인터뷰에서 퇴역 조종사들은 그런 임무를 수행할
때 너무 괴로워했다고 증언했다. 한국에서 만난 기총공격 피해자들은
아군인 미군기의 공격으로 졸지에 부모형제를 잃은 슬픔을 표하며 미
군기가 왜 피난민들을 공격했는지 기자에게 되묻곤 했다.

2000년 4월, AP통신은 기밀해제된 주한 미 대사관 서류철에서 미
외교관들과 맥아더 등 고위 장교들이 미 육군 목격자를 통해 남한 정
권의 정치사상범 학살에 관해 보고 받았음을 확인하는 기사를 송고했
다. 미국에 거주하는 이도영 박사가 발견한 1950년 7월 대전형무소 학
살 관련 자료와 사진들도 기사에 함께 실었다.

이런 보도들은 오랜 세월 침묵하던 피해자들이 전쟁 중 미군과 남
한 군경(軍警)이 저지른 대규모 민간인 살상을 증언하게 하는 계기가
되었다. 그동안 가려졌던 한국전쟁의 한 측면이 뒤늦게 제한적이나마
공론의 장으로 모습을 드러내는 계기가 되었다.

새로운 문서는 계속 발견되었다. 피난민에게 발포하라는 제8군 사

령부의 지시에 반대한 한 미군 장교에 관한 문건, 낙동강을 건너려는 피난민은 모두 사살하라, 또는 이제부터 피난민은 사냥감이라는 내용이 담긴 문건 등이 그것이다.

재미 사학자 방선주 교수는 노획한 북한군 문서를 미군이 1950년 8월 영어로 번역한 것을 발견했다. 이 문서에는 충북 영동 부근에서 미군이 자행한 '야만적인' 민간인 학살이 기록돼 있었으며, 당시 미군 지휘부가 이 번역 문건을 회람한 사실이 나와 있었다. 그러나 이런 정보에 따라 노근리 사건을 미군이 조사했다는 기록은 없었다.

AP 기자들은 이런 문건들을 후속 보도에서 다루거나 저서 『노근리의 다리』에서 상세히 기록으로 남겼다.

미 국방성과 한국 정부 조사반은 15개월에 걸친 조사 끝에 발표한 2001년 1월 보고서에서 "제7기병연대가 노근리에서 소총과 중화기를 동원해 피난민을 살상했다."는 AP 보도 내용의 핵심을 인정했다. 이것은 미국 정부가 수년간 한국 피해자들의 주장을 부인하던 자신의 입장을 스스로 뒤집는 것이었다.

그러나 수개월 질질 끌며 한미 조사반 간의 갈등을 노출시킨 채 내놓은 미 국방성 최종보고서에서는 노근리 사건의 책임 소재는 밝히지 않았다. '숫자 미상'의 사상자를 인정하면서도 "전쟁에 수반되기 마련인 비극의 일례로 극히 유감스러운 일"이라고 규정했다. 빌 클린턴 당시 미 대통령은 성명서를 통해 '깊은 유감'을 표명하면서 한국전쟁 당시 희생당한 모든 민간인을 추모하는 기념비를 건립하고 장학기금을 조성하겠다고 밝혔다.

한국 측 조사보고서는 노근리 사건 무렵 미군 조종사들이 북한군의 침투를 막기 위해 피난민을 공격하라고 지시를 받은 것으로 판단했다.

한편 지상군이 노근리 피난민을 공격하라는 명령을 받았는지는 판단하기 어렵다고 했다. 또 피해자 신고 중심으로 최소한 170~190명이 노근리에서 사망한 것으로 추산했다. 피해자들은 400여 명 정도가 죽었다고 주장한다.

미 국방성은 보고서에서 미 육군 장교들이 노근리 피난민에게 공격하라는 명령을 내리지 않았다고 단정했다. 사병들이 자체 판단으로 3일에 걸친 살상 행위를 저질렀다는 식이었다. 즉 누구에게 책임을 물을 일이 아니라 "전쟁 고유의 불행한 비극이며 고의적인 살상은 아니"라고 단정한 것이다. 미 국방성은 이 같은 결론을 내리며 중요한 자료와 증언을 무시하거나 핵심적인 문건을 왜곡 해석했다.

영국 BBC 방송은 AP통신 노근리 취재팀의 협조로 〈모두 사살하라〉라는 다큐멘터리를 제작해 2002년 2월, 방송했다. 이 다큐멘터리에는 노근리에서 사살 명령이 있었다는 추가 증언자의 증언이 나온다. 또 AP의 노근리 보도 이후 터져 나온 유사한 사건을 함께 다루면서 한국전쟁 중 미군의 피난민 학살이 광범위하게 벌어졌음을 강조하고 있다.

한편 노근리 피해자들은 미 국방성 보고서가 조작과 은폐투성이라며 미 정부가 내놓은 기념비 건립과 장학기금 조성안을 거부하고 있다.

별동대 팀워크가 빛난
끈질긴 추적

| 박대호 |

전 경향신문 경제부 부장대우. 전자신문, 서울경제신문을 거쳐 경향신문에 입사해 경제부에서 근무하며 전경련, 대기업, 중소기업, 재정경제원, 기획예산처 등을 출입했다. 기업 경영 현장을 경험하기 위해 오리온 그룹(스포츠 토토) 상무로 자리를 옮겼다. 기자 시절 이달의 기자상을 두 번 수상했으며, 올해의 경향인에 선정되기도 했다. 저서로는 『김대중 시대의 경제 읽기』(공저) 『언론에 비친 한국정치』(공저)가 있다.

1995년 10월 19일, 경향신문은 정치 · 경제 · 사회부의 취재진을 보강해 특별취재반을 가동했다. 박계동 의원의 폭로로 밝혀진 노태우 전 대통령 비자금 의혹이 동아일보의 특종으로 터진 바로 그날이었다. 10월 25일엔 은닉 부동산 추적팀을 따로 만들었다. (물론 이 팀의 이름은 취재의 성과가 감지된, 팀 구성 사나흘 뒤에 붙인 것이다.) 재정경제원을 출입하던 내게 박명훈 당시 경제부장은 25일 저녁 이렇게 통보했다.

"노태우 비자금이 이미 드러난 은행권 이외에 어디로 흘러 들어갔는지 밝혀야겠다. 부동산 아니면 주식, 또는 해외 송금일 텐데 비자금을 어떻게 은닉했는지 찾는 팀을 만들기로 편집국장과 합의했다. 팀장은 아무래도 부동산과 금융 취재 경험이 있는 당신이 맡아야겠다. 내

문제의 건물 　盧泰愚前대통령이 동방유량을 통해 위장매입했다는 의혹이 일고있는 서울 시청앞 서울센터빌딩. <金世九기자>

:: 노태우 전 대통령이 동방유량을 통해 위장 매입한 시청 앞 서울센터 빌딩.

일 당장 출입처를 떠나 '리베로'로 돌아라. 팀원은 원하는 대로 선정하라."

은행을 담당했던 박희균 기자, 증권 경험이 있는 허원순 기자, 당시 증권을 맡고 있던 홍인표 기자를 우선 팀원으로 정했다. 팀은 발족했지만 무얼 먼저 해야 할지 오리무중이었다. 비자금의 행선지를 쫓으라니, 그것은 바다에 던진 돌멩이 찾기나 매일반이었다. 기자에게 은행 계좌 추적권이 있는 것도 아닌데 돈의 꼬리표를 따라 최종 도착점을 찾아낼 수는 없는 일이었다. 결국 의심이 갈 만한 주식(기업)이나 부동산을 조사해 역으로 추적하는 방법뿐이었다. 10월 26일 오전, 드디어 첫 지시가 떨어졌다.

"민주당 비자금 진상조사위원회가 비자금 실무 관리책 3인으로 지

목한 하기철 동방유량 전 자금부장을 찾아야 할 것 같다. 지금으로선 비자금 관련 성명이나 루머 가운데 경제 쪽에 연결된 것으로 보이는 고리는 하기철뿐이다."라는 것이 박명훈 부장의 말이었다.

하기철 씨는 비자금 사건이 터진 뒤 처음 등장한 민간 기업 관련 인물이었다. 취재 지시를 받는 순간 오만 가지 생각이 다 들었다.

'동방유량이라? 동방유량 신명수 회장은 노태우 전 대통령의 사돈 아닌가. 동방유량은 기업 이미지가 매우 깨끗하고 신 회장 부자(父子)도 전경련 회장단에서 사리분별 있고 예의를 갖춘 모범 기업인으로 평가받고 있는데… 신 회장을 통해 비자금이 운용됐다? 믿을 수 없는 일이다. 어쨌든 알아보자.'

자금부장이었다면 당연히 은행을 자주 드나들었을 것이다. 일단 은행을 취재했다. 동방유량의 주거래 은행(주 채권은행)인 상업은행 영등포지점 관계자는 "하기철 씨는 지난해(94년) 8~9월까지 근무하면서 은행 거래를 맡았는데 형 사업을 도우려 이민 간다며 퇴직한 것으로 안다. 나이는 47~48세다."라고 알려줬다. "이민 간 게 확실하냐."고 내가 묻자 은행 관계자는 "언젠가 하씨가 유리병에 흙을 담아 와서는 '이민 가서 이 흙으로 향수를 달래야겠다.'고 말한 적이 있으니 이민 가지 않았겠느냐."고 답했다.

'만일 이민 갔다면 취재는 불가능하겠구나.' 한편으론 낙심하면서도 '별 이상한 사람도 다 있다.'는 생각이 들었다. 동방유량 관계자들은 하씨가 이민 갔다며 더 이상 설명을 거부했다. 도저히 안 되겠다 싶어 오후 5시쯤 박 부장에게 "하기철 씨를 찾을 수 없다. 정치부를 통해 민주당에 한번 알아봐 달라."고 요청했다. 30분 뒤, 정치부 장화경 선배가 연락해 왔다. "하씨가 시청 앞 서울센터 빌딩 관리 회사인 경한산업에 근무하고 있는 것 같다."는 것이었다. 경한산업 전화번호를 알아냈다. 전화로 먼저 사전 취재에 들어갔다. 전화를 받은 경한산업 직원은 "하기철 씨는 이사이며 지금은 자리에 없다."고 답했다.

이것이 취재의 첫 번째 진전이었다. 이민 간 걸로 되어 있는 사람이 빌딩 관리 회사에 근무하고 있다니. 뭔가 일이 될 것 같다는 직감에 마음이 바빠지기 시작했다. 됐다 싶어 팀을 바로 서울센터 빌딩 17층에 위치한 경한산업에 급파했다. 경한산업의 ㄴ과장은 "이 빌딩의 주인은 하경완 회장이라는 재일교포다. 하 회장은 일주일에 한두 번 출근해 필요한 결재만 한다. 회장, 사장, 이사의 연락처는 알려 줄 수 없다."며 돌아가 달라고 말했다. 빌딩 주인이 진짜 재일교포 하경완 씨이고 하기철 씨는 단순한 관리자라면 맥 빠지는 일이 아닐 수 없었다. 더구나 두 사람 모두 같은 하씨가 아닌가.

우선 하경완 회장과 하기철을 찾아야 했다. 이날 저녁 취재팀은 사회부의 협조를 받아 경찰 전산망에서 하기철을 검색했다. 나이 47~48세에 서울 출신이고 이름이 하기철인 사람이 적지 않았다. 이 상태론 취재가 불가능했다. 고민한 끝에 경한산업의 주인이라는 하 회장 찾기에 먼저 착수했다. 27일 오전, 서울센터 빌딩 1층에 입주해 있는 서울은행 소공동 지점에 가서 지점장을 만났다. 그는 "하경완 씨가 주인이고 그는 살아있는 것 같다."고 전했다. 또 맥이 빠졌다. 점심 무렵 신한은행 강석문 비서실장을 만났다. 신한은행은 재일교포가 세운 기업으로 강석문 실장은 재일교포 사회에 밝았기 때문이다. 강 실장에게 하경완 씨에 대해 알아봐 달라고 부탁했다. 두 시간 뒤, 오후 3시경 하경완 씨의 연락처를 입수했다. 나는 서툰 영어로 일본에 전화를 했다. 전화를 받은 사람은 일본어 투의 영어로 "그(하경완)는 2년 전에 죽었다."고 말했다. 귀가 번쩍 뜨였다. 취재의 두 번째 진전이었다.

죽은 사람이 결재를 한다?

일본에선 죽은 사람이 한국에선 살아서 결재를 한다? 이 건물의 정체에 심각한 문제가 있구나, 하는 확신이 들었다. 취재팀은 이날 오전 증권가와 국세청 취재를 통해 경한산업의 공식 대표이사가 박동현이라는 사실을 확인해 놓고 있었다. 그러나 박동현과 하경완, 하기철, 신명수, 노태우 사이에 연결고리가 보이지 않았다. 이날 오후 2시경 고교 후배 검사(지금은 변호사)에게 "하경완, 박동현을 검찰 전산망을 통해 알아봐 달라."고 요청했다. 고맙게도 저녁 때 "박동현이 또 있다. 동방유량 계열사인 해표 유니레버의 현직 부사장이다. 동방유량의 기획자금 담당 상무 출신(국세청 출신)이다. 주민등록번호는 ○○, 주소는 ○○다. 동일 인물인지 비교해 보라."고 후배가 연락해 왔다. 이것은 취재의 세 번째 진전이다. 동방 계열사 현직 부사장이 빌딩 관리 회사의 대표다? 동방유량과 신명수 회장(노태우 전 대통령의 사돈)을 통해 노태우 씨로 연결되는 끈이 보이기 시작했다. 이날 밤 늦게까지, 박희균 기자는 하기철 씨 집으로 추정되는 봉천동 산동네와 박동현 씨의 대치동 집을 뒤졌다. 막상 가 보니 하기철 씨 집이 아니라 다른 사람의 집이었고, 박동현 씨는 어디론가 이사를 갔다. 홍인표 기자와 허원순 기자는 동방유량 및 계열사 임원들의 집에 전화를 돌려 경한산업이라는 관리 회사를 알고 있는지를 물었다. 27일 아침엔 경한산업의 상업 등기부 등본을 떼 박동현 씨와 하기철 씨의 주민등록번호와 주소지를 알아낼 수 있었다. (임원의 변동 상황 등 회사 내역이 명시된 상업 등기부 등본이 있다는 것을 이때 처음 알았다.)

확인 결과, 양쪽의 박동현 씨는 예상대로 동일 인물이었다. 취재팀은 다시 박동현과 하기철 찾기에 나섰다. 박동현 씨의 경우는 동사무소 직원과 함께 확인했는데도 전출 주소지가 전혀 드러나지 않았다. 박동현 씨의 산본 집 전화는 다른 사람 명의로 되어 있었다. 하기철 씨의 경우 일산 집을 찾아 부인을 만났는데 "남편은 지방에 출장 가서 집에 없다."고 했다. 의혹은 점점 깊어 갔다. "숨지 말고 나와서 진실을 얘기해 달라. 기사에 그대로 반영하겠다."는 취재팀의 요청에도 불구하고 이들은 계속 잠적했고 결국 검찰 소환 때나 얼굴을 드러냈다.

의혹은 깊어 가는데 확증이 없었다. 28일부터는 증거 보강에 들어갔다. 그때까지 드러난 사실은 이랬다.

신명수 동방유량 회장과 노태우 대통령이 사돈을 맺은 뒤 얼마 지니지 않아 서울센터 빌딩, 즉 경한산업의 대표이사와 임원이 바뀌었다는 것(즉 주인이 바뀌었다는 것). 서울센터 빌딩의 대표가 동방 계열사의 현직 부사장이고, 오너의 개인 자금도 관리해 주는 자금 담당 임원 출신이라는 것. 이민 갔다던 동방유량의 자금 실무 책임자가 이 빌딩의 관리 이사라는 것. 두 사람은 취재 즉시 잠적했다는 것. 빌딩의 원래 주인인 재일교포 하경완 회장의 생존론'은 거짓으로 판명됐다는 것. 1년 전인 94년 말에 경한의 자본금이 갑자기 30배로 늘어났다는 것(즉, 큰돈이 외부에서 갑자기 유입됐다는 것). 경한산업은 동방의 다른 임원들은 거의 모르는 위장 계열사라는 것. 동방유량의 주인(신명수 회장과 그의 부친)은 원래 땅 사재기 등의 부동산 투자를 생리적으로 싫어하고 기업 경영에만 전념했는데 노태우 씨와 사돈을 맺은 뒤 갑자기 남에게

감춰야 할 빌딩이 생겼다는 것.

이 정도면 노태우 - 신명수 - 서울센터 빌딩의 경로를 거쳐 비자금의 일부가 흘러갔다는 추론을 성립할 수 있었다. 그래도 다시 확인에 들어갔다. 경한(빌딩)의 대표이사와 임원이 바뀌었고 원래 주인(하경완 회장)은 죽었지만 하경완 회장의 자녀가 상속 절차 없이 빌딩을 소유하고 있고, 박동현 씨와 하기철 씨는 하 회장과의 의리 때문에 그대로 일해 주고 있다는 가설도 성립할 수 있었기 때문이다. 이날 오후 내내 경한산업의 상업 등기부 등본 과거 치를 추적, 퇴직 임원들을 연락해 나갔다. 그 중 어렵게 연결된 박주례 씨(경한산업에서 30년간 근무하고 퇴직함)는 "그 빌딩은 하경완 회장 소유가 아니다. 누군가에게 팔렸다."고 확인해 주었다. 취재의 네 번째 진전이었다. 이후 취재 과정에서는 후배 검사의 이름을 사칭, 본의 아니게 후배에게 피해를 주기도 했다.

'하 회장 소유는 분명 아니고, 명의대로라면 박동현 씨 것인가. 그는 동방의 현직 부사장이다. 그럼 신명수 회장 개인의 것인가. 글쎄.'

취재팀은 이미 확인된 몇 가지 사실을 깔고 이 의문을 풀어 갔다. 이제 기사 구성에 들어가야 했다. 한쪽에선 기사 방향을 고민하고 다른 한쪽에선 증거 보강에 여념이 없던 이날 오후 4시경, 평소 잘 알던 분이 회사 앞 레스토랑으로 찾아왔다. 그는 그 분야의 고위층이었고 신명수 회장, 안신배 당시 경향신문 사장 등과 고등학교 동문이었다. 그 전까지 존경했고 당시 그분의 사정을 이해하기에 지금도 나는 다른 감정은 없음을 분명히 밝혀둔다. 그때의 얘기는 대략 이렇다.

"신 회장이 보내서 왔다. 박희균, 허원순 씨 등 후배들 풀어서 뭔가 조사하고 있는 것 다 안다. 그 기사를 꼭 써야겠는가. 취재 방향이 잘못됐다. 그 빌딩은 신 회장 개인이 투자한 재산이다. 노씨의 것이 아니다. 그 기사는 분명 오보가 될 것이다. 그것과 별도로, 자네도 이제 아이가 컸고 미래를 준비해야 할 때가 아닌가. 신중하게 해야 할 것이다. 신 회장과 안 사장은 알다시피 매우 친한 사이다. 안 사장 얘기는 들어봤나. 만일 기사화하지 않으면 (신 회장이) 자네 원하는 대로 해 줄 것 같다. 부탁한다.”

나는 “아직 기사화할 정도로 취재되지 않았다. 한두 번 알아보다가 진전이 없어 접어둔 것”이라고 어쩔 수 없이 거짓말을 하고 서둘러 자리에서 일어났다. 심증 상으로 취재의 다섯 번째 진전이었다.

“자네도 아이가 컸고… 미래를 준비해야지”

편집국에 올라와 바로 박 부장에게 얘기했다. 편집국장에게도 즉시 보고 됐다. “바로 쓴다.”는 결론이 나왔다.

29일자 두 번째 판부터 1면 머리기사와 3면 박스로 기사가 나갔다. 신 회장과 동창인 안신배 사장은 이후 후속 기사가 나가고 검찰 수사가 시작돼도 취재팀에 일절 간섭하지 않았다. 29일 취재가 본 궤도에 오르면서 부동산 전문가인 강승규 기자와 이기수 기자가 취재팀에 합류했다. 강남북의 또 다른 빌딩 추적에 나섰다. 30일자에 동방 페레그린 증권 의혹 기사가 1면 머리기사로 나갔다.

30일 점심 즈음, 한 통의 독자 제보 전화가 왔다. “삼성중공업 입주 빌딩인 강남의 동남타워 빌딩도 문제가 있다고 한다.”는 내용이었다. 취재팀이 확인하니 빌딩 회사는 정한개발이 아닌가. 상업 등기부 등본을 떼어 보니 정한개발의 대표이사 역시 박동현이었다. 정한개발도 경한산업과 비슷한 시기에 설립된 회사이고, 박동현 씨의 대표 취임도 비슷한 때였다. 취재의 여섯 번째 진전이었고 위장 빌딩이 또 하나 발견되는 순간이었다.

동남타워 관련 기사는 31일자 1면 머리기사로 나갔다. 정한개발의 등재 임원들에게 연락하니 그들은 "내가 그 회사의 임원으로 등록돼 있는지 전혀 몰랐다. 평소 알고 지내던 신 회장이 어디 쓸 데가 있으니 이름 좀 빌리자고 해서 그러라고 한 적은 있다."고 대답했다. 흑막의 확증은 굳어만 갔다.

31일에는, 성북동 호화주택을 발견했다. 이 집은 노씨 아들 노재헌 씨 소유였다가 노씨가 대통령에서 물러나기 직전에 하기철 씨로 명의가 이전된 것이 서류상으로 드러났다. 대통령 아들 노재헌 씨에서 일개 기업의 자금부장 하기철 씨로 명의가 바뀐 사실은 노태우 - 신명수 회장 - 하기철 씨로 이어지는 부동산의 확실한 연결 고리를 보여 주는 것이었다. 취재의 일곱 번째 진전이었다.

이후 타 신문들도 잇달아 경향신문 기사대로 보도하기 시작했다. 11월 4일 검찰은 "노씨의 은닉 부동산 수사에 착수했다."고 발표했다. 11월 8일 신명수, 박동현, 하기철 등이 검찰에 소환됐다. 11월 15일, 검찰은 서울센터 빌딩과 동남타워 빌딩에 노씨의 비자금이 유입됐다는 수사 결과를 발표했다.

이 취재의 개가는 자유로운 별동팀의 구성, 경제부 · 사회부 · 정치부의 긴밀한 협조, 로비를 막아 주고 기사의 독립성을 끝까지 보장한 사장 · 편집국장 · 경제부장의 의지, 부동산 · 가금융권 · 등기소 · 일본 등 관련 곳곳을 동시에 추적한 취재팀원의 열정 등이 함께 빚어 낸 결과였다. 그래서 언론의 취재가 아니면 자칫 묻혀 버릴 수도 있었던 '노태우 비자금의 부동산 유입 경로'를 밝혀 내고 그 돈을 국가가 환수하게 하는 성과를 거둘 수 있었던 것이다.

　(이 글은 필자가 기자 시절에 쓴 글로, 출판사의 사정으로 책 출간이 늦어짐에 따라 필자의 신상에 변화가 생겼다.)

기자를 보는 세 가지 시선

5장

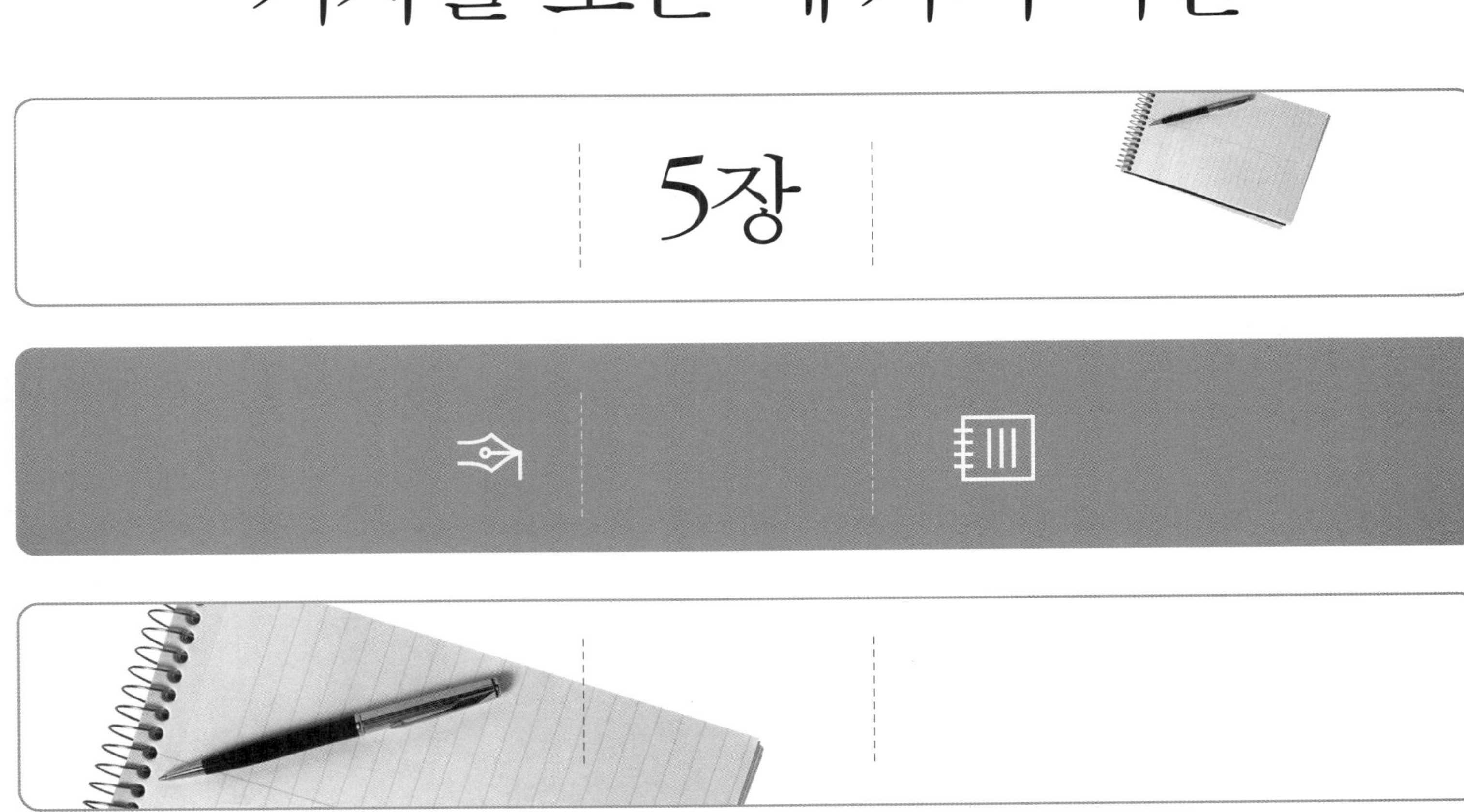

기자가 좋은 열두 가지 이유

| 박대호 |

전 경향신문 경제부 부장대우. 전자신문, 서울경제신문을 거쳐 경향신문에 입사해 경제부에서 근무하며 전경련, 대기업, 중소기업, 재정경제원, 기획예산처 등을 출입했다. 기업 경영 현장을 경험하기 위해 오리온 그룹(스포츠 토토) 상무로 자리를 옮겼다. 기자 시절 이달의 기자상을 두 번 수상했으며, 올해의 경향인에 선정되기도 했다. 저서로는 『김대중 시대의 경제 읽기』(공저) 『언론에 비친 한국정치』(공저)가 있다.

대학 졸업반 시절, 기자를 할까 말까 고민하다가 "내가 기자를 한다면 세 가지 이유에서다."라고 정리한 적이 있다. 그 세 가지 이유는 다음과 같다.

하나, 기자는 일반 기업의 종업원처럼 하나의 부품처럼 취급당하지 않고, 일하면서 자기가 한 일은 자기가 책임진다. 둘, 일로부터 소외되지 않는다. 일을 하면서 '내가 왜 일을 하고 있는지' 의미를 모르거나 '하고 싶지 않지만 어쩔 수 없이 한다'는 정도가 다른 직업보다 덜하다. 셋, 내가 좋아하는 일을 하면서도 사회 발전에 기여할 수 있다. 사회 비판 및 계도 기능이 기자 역할의 한 부분이기 때문이다.

오래 전 정리한 이 세 가지는 기자를 하면 좋은 점에도 포함될 수 있다고 생각한다. 그런데 기자 생활을 꽤나 오래한 지금, 앞의 세 가지 말고도 좋은 이유가 몇 개 생겼다.

우선, 이론과 현실의 조화를 이루면서 자신이 좋아하는 분야의 공부(혹은 일)를 할 수 있다. 자신이 좋아하는 분야의 전문가가 되기 위해 꼭 교수나 학자가 될 필요는 없다. 기자를 하면서도 얼마든지 전문가가 될 수 있는 길이 열려 있다. 예를 들어 문학 비평 전문가가 돼서 앞으로 전문적인 글을 쓰고 싶다면 문학 분야를 담당해 문학에 관한 기사를 쓰면서 문학 비평에 관한 깊이와 폭을 확장해 갈 수 있다. 공부만 하는 사람보다 공부 시간은 적겠지만 그들보다 많은 정보를 접하고 많은 사람을 자연스럽게 만나면서 이론적인 측면과 현실적인 측면을 다 들여다볼 수 있는 것이다. 이미 미국에서는 기자들이 해당 분야에 관한 책을 쓰는 게 당연한 추세가 되고 있으며, 기자들의 글이 이론 전문가들의 글보다 더 믿음을 얻고 있다. 물론 이렇게 되려면 기자 자신이 한 분야에서 일하도록 전문성을 확보하고 인사에서도 원하는 분야에 발령 받을 수 있어야 한다.

둘째, 정보 접근성에서 최고다. 사회는 점차 전문화되고 전문가들의 영역은 더 강고해지고 있다. 전문가 집단은 그들만의 마당을 만들어 정보를 교류하고 그 성과물을 비싸게 팔고 있다. 예를 들어 잘 조직돼 있는 연구소의 자료를 일반인들이 무상으로 받아 보기는 매우 어렵다. 중요 세미나의 자료 역시 일반인은 수십만 원, 또는 그 이상의 돈을 내야 볼 수 있다. 그러나 기자는 예외다. 취재를 위한 목적으로 자료를 접할 수 있으며 취재를 위해 거의 모든 세미나에 들어갈 수 있다. 아무리 바쁜 석학이라도 취재를 하러 온 기자는 만난다.

셋째, 좋은 인맥을 자연스럽게 확보할 수 있다. 기자의 생활은 취재의 연속이고 취재는 사람 만나는 일이 대부분이다. 이 메마르고 쉼 없는 만남이 쌓이고 쌓여 후일에는 엄청난 인맥을 기자에게 선사한다. 다른 직업군에선 이권에 개입하지 않고 '기브 앤 테이크'를 하지 않으면서 넓고 깊은 인맥을 쌓기가 매우 어렵다. 그러나 기자는 다르다. 한 분야에서만 일하면 그 분야 - 예를 들어 정치부 기자라면 정치권 인맥이 매우 두터워질 것이요, 여러 분야에서 일하면 정치, 경제, 사회, 문화 등에 걸쳐 폭넓은 인맥을 갖추게 될 것이다. 그 인맥은 기자 생활에 도움이 될 뿐만 아니라 때로는 업무 이외의 개인적인 일에도 도움이 될 수 있다. 특히 그 사람들을 진지하게 대하면 일생의 친구가 될 수도 있다. 물론 그 인맥을 무슨 용도로 쓸 것인가는 또 다른 문제이다.

넷째, 조직 관리 능력을 키울 수 있다. '벼룩 서 말을 몰고 다니기보다 기자 열 명을 데리고 다니기가 더 힘들다.'는 우스갯소리가 있다. 그만큼 기자들의 개성이 강하고 다양하다는 뜻이다. 그런 기자들을 적게는 10여 명에서 많게는 30여 명까지 관리하고 조율해 나가는 일은 쉽지 않다. 그런 과정에서 데스크, 즉 차장이나 부장은 자신도 모르게 조직 관리 능력을 배우게 되는 것이다. 데스크가 아니더라도 기자 생활을 성실하게 하면 조직 관리 능력과는 또 다른 의미의 문제 해결 능력을 키울 수 있다. 취재의 목표를 정하고 그 목표에 효율적으로 접근하기 쉬운 팀과 취재 방법을 선정한 뒤 단계적으로 문제의 핵심에 접근해 취재를 완성하고 후에 문제가 될 소지가 있는지를 점검해 최종적으로 기사화하는 기획 기사를 만드는 일은 마치 하나의 정교한 프로젝트와 같다. 이런 과정을 거쳐 기획과 의제 설정 능력, 그리고 문제 해결 능력을 자연스럽게 익히게 되는 것이다.

다섯째, 기자 생활을 제대로 한다면 비교적 깨끗하게 늙어 갈 수 있다. 매일 매일 취재와 기사 작성의 연속이어서 다른 직업인보다 개인적인 시간이 적고, 어떤 현상을 판단하는 기준을, 심지어는 경제 현상에 대해서조차 '돈이 되느냐' 보다는 '기사가 되느냐'에 맞추는 것이 기자들의 습관이다. 이런 직업의 특성으로 인해 기자들은 대체로 이권에 개입할 가능성이 적고 재테크에도 둔감한 편이다. 따라서 특별히 이재나 이권에 관심 있는 사람을 빼놓고는 기자 생활을 오래 한 사람들은 세상사에 밝지 못하고 영악하지도 않다. 이런 점이 실생활에는 경제적인 어려움을 가져올 수 있지만 상대적으로는 그만큼 사람을 순수하게 만든다.

기사로 약자를 도울 수 있다

여섯째, 기자는 자신의 이익은 챙기지 못해도 남을 도울 수는 있다. 예를 들어 사회적인 약자 혹은 중소기업이 사회적인 강자 혹은 대기업에게 부당하게 눌려 피해를 보고 있을 때 기자는 이 약자층을 큰 힘 들이지 않고 도울 수 있다. 약자의 호소가 객관적으로 이유 있다고 판단되면 사회 정의 차원에서, 구체적으로는 공정거래 등의 규정을 원용해 기사화함으로써 부당한 행위나 불평 등을 어느 정도 해소할 수 있다. 이런 일에 보람을 느끼면 그 기자는 우리 사회에서 누구도 할 수 없는 순기능을 해 낼 수 있는 것이다.

일곱째, 나아가 세상을 바꿀 수도 있다. 인간이 사는 세상은 깨끗하지도, 완벽하지도 않다. 완벽한 세상을 만드는 것은 신의 영역일 것이다. 그러나 기자는 그 신을 도와 한정된 영역에서나마 밝고 좋은 세상을 만드는 데에 기여할 수 있다. 속보 특종이 아닌, 발굴 특종을 통해 잘못된 흐름을 좋은 방향으로 제대로 바꿔 놓는다면 그것은 인간이 할 수 있는 가장 최상의 일을 한 것이나 마찬가지이다. 또 이 세상 어느 한 구석에서 천사처럼 착하고 욕심 없이 사는 사람의 이야기를 기사로 전달해 사람들이 감동하고 감화된다면, 적어도 죽어서 신에게 야단을 맞지는 않을 것이다.

여덟째, 기자는 신문사 안에서도 자유인이다. 기자들은 신문사 안의 윗사람에게 신경 안 써도 된다. 공무원들이나 일반 직장인들은 직장 생활을 하면서 윗사람의 눈치를 적잖이 봐야 한다. 그래야 인사 고과 등 평가에서 불이익을 당하지 않는다. 꼭 그런 이유가 아니라 하더라도, 명절 때 윗사람을 찾아가 인사하는 관행이 있는 걸 보면 아랫사람이 윗사람으로부터 그다지 자유롭지 않음을 보여 준다. 그러나 기자 사회는 그렇지 않다. 평기자가 부장의 개인사에 전혀 신경을 쓰지 않아도 불이익을 당하지 않는다. 기자는 그저 취재를 열심히 하면 그뿐이다.

아홉째, 좋은 선후배를 많이 만날 수 있다. 기자들 중에는 인간적이고 믿을 만한 선후배들이 적지 않다. 선비의 기개와 구도자의 순수, 그리고 적당한 현실 판단력을 갖춘, 그러면서 남을 전혀 속일 생각도 없고 속일 줄도 모르는, 어쩌면 이 직업을 떠나면 못 살 것 같은 그런 선배들이 있다. 또 맑은 영혼으로 순수하게 세상을 바라보며 아름다운 기사를 아침이슬처럼 영롱하게 만들어 내는 후배들이 있다. 이런 선후배들과 일하면서 자신을 돌아볼 수 있다는 것은 어쩌면 기자 생활에서만 가능한 일이라고 단언한다. 이것은 인생의 행복이다.

(이 글은 필자가 기자 시절에 쓴 글로, 출판사의 사정으로 책 출간이 늦어짐에 따라 필자의 신상에 변화가 생겼다.)

호시우행(虎視牛行)하는 기자를 바라며

| 천세익 |

한국언론재단 연수팀 차장. 기업체 홍보실, 노동자신문 등을 거쳐 1989년부터 언론재단에서 기자 전문화를 위한 연수 업무를 담당하고 있다.

직업의 관점에서 보면 '기자'는 매력적이다. 많은 사람들을 만날 수 있는 것, 사람의 관심이 있는 곳이라면 어디든지 갈 수 있고 세상 변화에 동력을 제공할 수 있는 것은 분명히 기자 직업만이 갖고 있는 매력이다.

개인적으로 기자(記者, reporter)보다는 저널리스트(Journalist)라는 표현을 좋아한다. 후자가 좀 더 광범위한 뜻을 내포하고 있기 때문이다. 하지만 이 글에서는 '기자'라는 단어를 빌려 그들의 세계를 바라보자.

기자 전문화를 위한 연수 업무를 시작한 지, 그새 14년의 시간이 흘렀다. 첫 만남을 나눈 수습기자들이 이제 14년차 중견 기자로 활동하고 있다. 기자를 몇 마디 단어로 정의 내리기는 쉽지 않다. 다른 직업에 비해 훨씬 높은 노동 강도와 끝없이 이어지는 스트레스, 자기가 쓴 기사 하나가 세상을 바꾸기도 하지만 때론 엄청난 오보로 이어져 예기치 못한 결과를 초래하기도 한다.

모든 직업이 그러하듯, 안에서는 자신의 성찰이 쉽지 않다. 반면 외부에서 섣불리 한 조직을 평가하고 그것을 일반화시키는 것도 오류를 범할 수 있다. 그럼에도 불구하고 기자 사회를 평가하고 비판하는 것은 기자들에 대해 깊은 믿음이 있기 때문이다. 사회로부터 존경 받는 언론인, 신뢰 받는 기자들이 좀 더 많아지기를 희망한다. 내 나름대로 분류해 본 기자들의 유형과 특성을 살펴보면 다음과 같다.

첫 번째, 자승지벽(自勝之癖) 형이다. 자신이 남보다 잘났다고 생각하는 그룹이다. 언론사 입사는 흔히 또 하나의 고시라고 불린다. 그만큼 언론사 공채 관문을 통과하기가 어렵다. 최소 100 대 1, 혹은 200 대 1의 경쟁률을 보인다. 최종 합격의 영광은 평균 3~5차례의 시험 관문을 넘은 10여 명 이하의 사람들만 누릴 수 있다. 이들은 자질 면에서 훌륭하다. 서류 전형을 통과한 사람들의 토익 점수는 940을 넘는다. (보통 2000명 정도가 지원하면 500명 정도가 서류 전형을 통과해 필기시험의 2차 관문에 도전한다.) 문장력도 만만찮다. 기사 실습과 집단 토론, 데스크 면접과 임원 면접을 통과한 실력파이고, 어학 실력과 문장력, 토론 과정에서 검증 받은 자들이다. 이들은 입사 3~5년차까지는 두각을 나타낸다.

그러나 기자라는 직업은 천재를 요구하지 않는다. 그보다는 오히려 성실과 끈기를 필요로 한다. 기자는 의외로 3D 직업에 속한다. 화이트 컬러(White Color)보다는 블루 컬러(Blue Color)에 가깝다. 이런 유형의 기자는 이 직업이 숙명적으로 갖고 있는 높은 노동 강도와 연속적인 스트레스를 이겨내지 못한다. 대략 5년차가 넘으면 한계에 이른다. 기존에 갖고 있던 내공을 바탕으로 기자 능력을 향상시키지 못하고 그 것을 갉아먹는 악순환의 고리에 돌입한다. 결과는 참담하다. 다른 직 장에 입사한 친구들과 만났을 때, 문득 그들이 자기보다 앞서 있다는 사실을 발견한다. 이들에게 필요한 것은 겸허함이다. 사람에 대한 따 스한 시선과 자신에 대한 철저함이 필요하다. 그 고비를 넘는 기자는 자신의 능력이 급상승 커브를 타고 있다는 사실을 발견할 수 있다.

두 번째, 포호빙하(咆虎馮河) 형이다. 포호빙하란 마치 범을 맨손으 로 잡고 황하를 걸어서 건너는 것처럼, 죽음을 두려워하지 않는 무모 한 용기를 빗대는 말이다. 5년~10년차 기자들이 이 부류에 많이 속한 다. 세상을 바꿀 수 있다는 자신감이 충만한 연차다. 그러나 자칫 이 자신감은 만용을 부른다. 5년차 정도가 되면, 기자 티가 물씬 풍겨난 다. 어떤 사안을 취재하고 기사를 쓸 때 두려워하지 않는다. 제어할 수 없는 스피드다. 공자(孔子)는 술이편(述而篇)에서 제자 자로(子路)에게 "나는 맨손으로 범을 잡으려 하고, 맨발로 황하를 건너려 하는 사람과 는 일을 함께 하지 않을 것이다. 반드시 어떤 일에 임할 때 두려운 마 음을 가지고 일을 성공하는 사람과 함께 할 것이다."라고 말했다. 기자 는 국민의 알 권리를 대신한다. 그래서 사회는 암묵적으로 기자들의 취재와 보도 행위에 동의한다. 언론 자유가 거론되지만 그것은 국민들 의 언론 자유이고 말할 수 있는 권리이지, 언론 사주나 기자들의 언론 자유를 뜻하지는 않는다. 기자의 취재 권리와 보도 활동이 어디에서 위임 받은 것인지 성찰이 필요하다.

세 번째, 좌고우면(左雇右眄) 형이다. 대략 10~15년차 내외 기자 들에게 많이 발견된다. 기자 외적인 부분에 대해 지나친 관심을 보이는 그룹이다. 기자는 흔히 '하루살이'에 비유된다. 그날의 성패와 결과가 극명하게 나타나기 때문이다. 하루에도 수없이 많은 결정을 한다. 결정의 근거는 무엇일까? 기자 정신과 엄격한 직업윤리에 바탕을 둔 결정이다. 하지만 이 그룹에 속한 기자는 올바른 판단을 유보한다. 이익을 보는 측과 손해를 보는 사람들 사이에서 줄타기를 시도한다. 더 큰 개인적인 이익이 담보되는 쪽으로 손을 내민다. 유혹의 달콤함에 취해 자기 정체성을 배반하는 것이다. 또 다른 특징은 기자 직위가 주는 안락함을 즐긴다는 것이다. 기자는 본질적으로 고독한 직업이다. 물론 팀워크에 의한 취재도 많지만, 결국은 기자 개개인이 결정하고 판단해야 할 사안이 많다. 그것은 기자라는 직업 자체가 '달콤' '편안'이라는 코드보다는 '고독' '결단'과 같은 단어와 더 친숙하기 때문이다. 다시 '초심'을 불러와야 한다. 왜 기자가 되었는지, 그때의 마음을 되살려야 한다.

네 번째, 구태의연(舊態依然) 형이다. 세상이 변화하고 있다는 사실을 모른다. 아니 애써 무시한다. 계몽주의적 시각으로 독자들을 바라본다. '아니면 말고' 스타일이다. 의외로 이런 분위기가 언론사 내부에 팽배해 있다. 주로 데스크 이상에서 많이 발견되는 증상이다. 외부 환경에 적응하려는 노력도 부진하고 내부 조직 운영에도 과거로부터 이어져 온 관습적인 태도로 일관한다. 취재 방식이나 문장 개선에도 애써 눈을 외면한다. 자신들과 관계를 맺고 있는 사회 조직들을 대할 때 우월적인 태도로 일관한다. 과거에 언론이 누렸던 여러 특혜들을 향수하면서 그것을 그리워한다. 난관에 부딪칠 때 해결하기 위해 고민하고 노력하기보다는 '옛날이 좋았다.'는 자조적인 언어로 문제를 회피한다. 변화를 인정해야 한다. 그리고 자신이 누려왔던 기득권을 포기해야 한다. 환골탈태(換骨奪胎)가 필요한 사람들이다.

　마지막 다섯 번째, 호시우행(虎視牛行) 형이다. 연차에 관계없이 모든 기자들에게서 나타난다. 호랑이와 같은 날카로운 눈으로 사물을 직시하고, 행동은 소와 같이 신중하게 한다는 뜻으로 승보사찰(僧寶寺刹)인 송광사의 기반을 만든 보조국사 지눌 스님의 탑비(塔碑)에 적혀 있는 말이다. 한국 언론의 위기가 거론된다. 신뢰도 저하와 언론인의 사회 공헌도 하락, 기자에 대한 비판적 시각 등이 증폭된다. 자업자득(自業自得)이다. 정치, 경제, 문화 권력과 유착된 부산물로 받았던 안락함과 풍요의 뒤끝은 이처럼 고약하다. 비리에 연루된 기자들에 대한 보도는 우리를 슬프게 한다. 하지만 포기는 너무 이르다. 기자들의 건강성을 믿는다. 많은 기자들은 지금 이 시간에도 호시우행의 길을 걷고 있다. 기자 직업에 대한 끝없는 성찰과 사람에 대한 따스한 시선을 갖는 기자, 자신의 부족함을 깨닫고 빈 곳을 채우기 위해 노력하고 있는 기자들이 우리 주위에는 예상보다 많다.

| 김종래 |

PC라인, 서울경제신문을 거쳐 동아일보 산업부 기자로 일했다. 2000년 동아일보를 끝으로 기자 생활을 접고, (주)팍스넷 전략기획팀장으로 자리를 옮겼다. 2001년 8월 (주)파파DVD를 설립해 DVD 인터넷 쇼핑몰 분야에서 일하고 있다.

관찰자는 싫다!
주인공이 되련다!

동아일보를 떠난 지 벌써 3년이란 세월이 흘렀다. 지금까지도 아침에 잠을 깨면 문득 내가 신문 기자라는 착각이 들 만큼 기자로서 일했던 경험은 잊기 힘든 강한 추억을 내 인생에 남겼다. 요즘도 평소 잘 알고 지내는 사람이나 친척들을 만나면 "그 좋은 기자 직업을 왜 그만두었냐."는 질문을 종종 받곤 한다. 과연 나는 왜 뭇사람들이 부러워하는 기자란 직업을 그만두었을까.

1994년 대학을 졸업한 뒤 월간 PC라인 기자로 사회생활을 시작했다. 이어 경제 일간지인 서울경제신문을 거쳐 1995년 말부터 2000년 초까지 종합 일간지인 동아일보에 몸을 담았다. 비교적 젊은 나이에 더 큰 매체로 초고속 스카우트되었고 다양한 미디어 현장을 경험하는 행운을 누린 셈이다.

기자로 생활하는 동안 경제부나 산업부 소속으로 정보통신(IT) 분야를 주로 취재했다. 급변하는 뉴 테크놀로지의 화려함과 경제에 미치는 영향을 취재하고, 열심히 아이디어를 내고, 흥망을 경험하는 국내외 주역들을 만났다. 한국의 신문 기자로서는 최초로 제프 베조스 아마존 사장을 미국 시애틀 본사에서 단독 인터뷰했고, 빌 게이츠 마이크로소프트(MS) 회장을 비롯해 휼렛 패커드(HP), IBM, 야후 등 내로라하는 해외의 CEO를 직접 만났다. 국내에서도 안철수 사장(안철수연구소) 이찬진 사장(드림위즈, 전 한글과컴퓨터 사장) 같은 벤처 기업의 젊은 기수들을 인터뷰하고 때론 집으로까지 찾아가 많은 대화를 나누기도 했다. 때론 이들 기업에 대한 특종 보도를 한 적도 있었지만 따지고 보면 나는 기자로서 그들에 대해 다른 사람들에게 정확하게 알려 줄 뿐 현장의 주인공은 아니었다. 숨 가쁜 취재가 반복되면서 결국 나는 '영원한 관찰자'일 뿐 그 이상도 이하도 아니라는 것을 깨달았다.

나는 주인공이 되고 싶었다. 경제의 중심에 서서 일하고 기업의 트렌드를 만드는 사람이 되고 싶었다. 경제를 바꾸고 새로 세우는 사람들을 옆에서 보면서 관찰자보다는 참여자가 되고 싶었던 부러움도 있었을 것이다. 그리고 이제 나는 취재 현장이 아닌 스스로 선택한 업종의 한가운데 서서 최선을 다해 일하고 있다.

한국의 기자, 점심시간도 아깝다?

해외 취재를 하다 보면 외국의 기자들을 종종 만나게 된다. 국내에서도 외국 언론사로부터 한국에 파견된 외신 기자들을 기자 간담회나 기업 홍보실 등에서 알게 된다. 그들은 한국 기자의 생활 자체를 놀라워한다. 한국 기자들의 기사 출고량이 엄청나기 때문이다.

기자 생활을 돌이켜보면 보람도 많았지만 가슴 한 구석에 죄책감도 늘 남아 있었다. 내가 취재해서 쓰고 신문지상을 통해 매일 보도되는 글이 정말 떳떳한가 하는 자문을 할 때마다 명쾌한 답변을 하기 어려운 점이 많았다.

영화나 드라마에 등장하는 기자의 모습은 삶의 여유가 있고 한 가지 취재에 많은 시간을 할애하는 것처럼 비춰진다. 영화 '슈퍼맨'에서 슈퍼맨의 직업은 신문 기자이다. 그가 만약 미국 기자가 아니라 한국 기자였다면 엄청난 기사량과 연속되는 취재로 결코 슈퍼맨으로 활동하지 못했을 것이다.

한국 기자들은 종종 스스로를 비하해 '카피라이터(Copy Writer)'라고 부른다. 이 말은 광고 카피를 쓰는 사람을 뜻하는 게 아니다. 정부, 기업과 홍보 대행사에서 이메일과 팩스로 보내온 이른바 '보도자료'를 베껴 정리하는 데만 해도 일하는 시간이 턱없이 부족한 상황을 빗댄 말이다.

나 역시 기사를 쓸 때 하루에 10꼭지 가까이 출고한 적도 종종 있었다. 이런 날은 거의 마비 상태에 빠진다. 현장 취재는 사실상 불가능하고 기사 작성을 하면서 전화로 겨우 사실 확인을 할 여유밖에 없다. 기자 생활을 관두기 직전에는 점심시간조차 아까워 햄버거로 10분 안에 식사를 때운 적도 있다. 그러면서도 내일은 어떻게 점심시간을 더 줄여 기사 쓰는 시간을 확보할까, 웃지 못할 고민에 빠진 적도 있다.

심지어 매주 마감해야 하는 이른바 '간지'(고정 기획면)와 기업 광고를 유치하기 위한 광고 특집 면까지 맡게 되면 취재 생활은 거의 혼란 그 자체다. 나는 취재 시간을 확보하기 위해 일주일에 하루 정도는 기사 작성을 위해 신문사에서 밤을 새우곤 했다. 물론 철야로 일한 다음 날에도 정상 근무를 해야만 했다. 그래서 한국 기자의 덕목으로 지칠 줄 모르는 체력이 가장 중요하기도 하다.

고립된 섬, 기자

그런데 왜 이렇게 일이 많을까. 그 이유는 외국 언론사에 비해 기자 수가 턱없이 부족하기 때문이다. 이라크 전쟁 당시 국내 언론사가 현지에 파견한 기자 수는 매체당 한두 명 수준이다. 아예 한 사람도 보내지 못한 곳도 있고 많아 봤자 서너 명이었다. 그런데 당시 중국 인민일보는 50명이 넘는 취재단을 이라크 현지로 보냈다. 당연히 생생한 전쟁 특종 보도는 인민일보의 몫으로 돌아갈 수밖에 없다.

미국 뉴욕타임스의 발행 부수는 국내 주요 일간지 발행 부수의 반도 되지 않는다. 그렇지만 기자 수로만 비교해 보면 국내 기자 수의 10배가 넘는다. 한국 기자가 결국 외국 주요 언론사 기자 10명 몫을 해야만 하는 셈이다. 이런 열악한 환경에서 발로 뛰고 분석한 기획 기사가 얼마나 나올 수 있을지 아직도 의심스럽다. 우리나라 언론사는 지금보다도 더 많은 수의 기자를 확보해야 한다. 기자가 절대적으로 부족하다.

60~70년대에 기자 생활을 한 선배들의 애기를 들어보면 취재할 때 시간이 충분했던 것 같다. 당시 신문 지면은 8~12면 정도. 매일 기사를 써도 신문에 기사화되는 경우가 드물었단다. 신문에 기사가 크게 나간 날은 기뻐서 다른 기자들과 어울려 축하주를 마시러 갔을 정

도였다고 하니.

현재는 어떤가. 신문사 간의 치열한 경쟁으로 섹션이다 뭐다 해서 신문 지면이 지금은 매일 60면이 넘을 정도로 늘어났다. 그런데 60~70년대 신문사 기자 수에 비해 기자는 겨우 10% 정도 늘어났다. 사람은 늘지 않고 신문 지면만 10배 가까이 늘어난 셈이다. 놀랍지 않은가. 지금도 신문사에서 정신없이 일하는 선후배나 동기 기자들을 만나 얘기를 나누다 보면 서글퍼진다. 한국에서 신문 기자는 아직도 '3D 업종'임에 틀림없다.

기자로 있는 동안 수많은 기사에 파묻혀 혹 수십 수백만 독자에게 부족한 글로 실수를 하지 않을까 하는 두려움이 유령처럼 나를 따라다녔다.

한국도 이제는 창간한 지 거의 백 년 가까이 되는 신문사들이 있다. 한 회사가 백 년 동안 유지되는 것이 분명 쉬운 일은 아니다. 아쉬운 점이라면 정보화 시대가 된 지금도 '기자는 고립된 섬'이라는 것이다. 일반 기업체라면 모든 활동이 조직적으로 움직이고 선임자가 한 일을 후임자가 빨리 배울 수 있도록 지식을 체계적으로 축적한다. 그러나 언론사는 그렇지 않다.

신문사에 몸담고 있는 동안 새 출입처를 맡을 때마다 소위 '맨 땅에 헤딩하기'라는 말을 떠올려야 했다. 이전 출입 기자가 밤낮 없이 뛰면서 개척해 놓은 취재원이나 지식이, 출입 기자가 바뀌면 축적되고 전수되는 것이 아니라 다시 '제로'에서 시작되기 때문이다. 신문사의 자회사로 있는 인터넷 신문사나 소속 월간지, 주간지의 동일 분야 취재 기자끼리 정보를 교류하는 일도 거의 찾아보기 힘들다. 심지어 같은 내용을 취재하면서도 한 계열사의 기자라는 것이나 서로 이름조차 모르는 경우도 꽤 있을 정도이다. 정말 한심하다. 신문사도 엄연한 기업으로 그 정보가 축적되고 발전돼야 한다. 이 치열한 경쟁 시대에 선배 기자들의 지식과 취재 노하우가 쌓여 후배 기자가 그것을 발판으로 더 빨리 성장하고 더 좋은 기사를 발굴할 수 있도록 해야 한다. 그렇지만 아직도 우리 언론사에는 부서와 개인 이기주의가 성행하고 회사는 그것을 제도적으로 개선해 주지 못하고 있다. 가슴 아픈 일이다.

활동 영역이 넓고 발굴 기사를 많이 보도하는 뛰어난 기자를 이른바 '민완 기자'라고 한다. 그런데 언론사에는 민완 기자보다 '민원(民願) 기자'가 오히려 많다. '민원'이란 이른바 윗사람이나 주위에서 들어오는 청탁 기사 요청을 뜻한다. 기자도 사람인지라 지인들의 부탁이나 제보를 받게 마련이지만 정도가 지나쳐 데스크나 국장단, 언론 사주의 지시로 내려오는 민원성 기사가 너무 많다는 것이다. 선배나 윗선의 부탁(혹은 명령)으로 하달된 민원 기사는 무시하기 어려울 때가 많다. 심지어 언론사의 주 수입원인 광고주가 압력을 행사해 윗사람으로부터 하달되는 민원 기사도 점차 많아지고 있다.

물론 이런 민원 중에도 꼭 보도해야 하는 중요한 자료가 발견되는 의외의 행운이 있을 수도 있다. 그렇지만 현실은 기사의 요건에 맞아떨어지지 않는 억지성 내용이 많거나 다른 기업과의 형평성이 맞지 않는 경우가 대부분이다.

민원에도 '계급의 법칙'이 적용된다. 동료나 후배 기자가 부탁하는 것이 가장 부담이 적다면, 언론 사주나 국장급 이상의 민원은 일반 기사보다도 더 신경 써야 한다. 만약 기자가 스스로의 양심과 자존심으로 버틴다면 얼마 가지 못해 인사상의 불이익을 받곤 한다.

기자는 '특종'의 화려함 뒤에 있는 '낙종'의 두려움도 크지만 오히려 기삿거리가 되지 않은 숱한 민원 기사를 처리하면서 느껴야만 하는 '비애'가 더욱 무섭다. 민원 기사 처리가 반복될수록, 무뎌지고 이런 논리에 오히려 익숙해지는 자신을 발견하고 기자 생활에 회의를 품게 된다. 기자는 늘 주위 압력과 청탁으로부터 자유로워져야 좋은 기사를 보도할 수 있다.

직업 기자는 그만두었어도 나는 기자다

바야흐로 평생 직업의 개념이 사라진 다원화 시대다. 한평생을 살면서 스스로 선택한 분야에서 다양한 경험을 즐기고 프로페셔널이 되어야 한다. 그런 의미에서 기자가 되고 싶은 사람을 만나게 되면 나는 이렇게 조언해 준다.

"반드시 기자가 되십시오. 그리고 좋은 기사를 발굴하세요. 하지만 평생을 기자로만 살지는 마세요. 기자 경험을 바탕으로 또 다른 세계를 찾아보세요."

일반인도 쉽게 기자가 되는 길이 열리고 기자도 쉽게 일반 직업의 세계로 옮길 수 있는 사회 분위기가 필요하다. 최근 인터넷 언론이 급부상하면서 온 국민이 기자라는 인식도 조금씩 힘을 얻고 있다. 개인적인 바람이라면 훈련된 기자의 양성도 중요하지만 다른 한편으로는 누구나 기자가 되어 일상적인 삶에서 목격하는 진실을 밝히고 정의를 실현할 수 있는 토대가 정착되었으면 하는 것이다.

그런 의미에서 나는 기자란 직업을 그만두었지만 영원히 기자라는 나름대로의 믿음을 갖고 있다. 남은 삶을 열심히 살아가면서 내 주위에서 보고 느끼고 발견하는 것을 주위 사람이나 인터넷을 통해 알리고 동료 기자들에게 제보하는 한 나는, 결국 죽는 그 순간까지 엄연한 기자일 것이다. 그리고 보다 진보되고 튼튼한 취재 시스템이 하루속히 우리 언론에도 마련되어 훗날 후배 기자들이 당당하고 자유롭게 맹활약할 수 있는 날이 오기를 간절히 기대한다.

기자 정보 업그레이드

6장

곡필은 하늘이 죽이고 정필은 사람이 죽인다

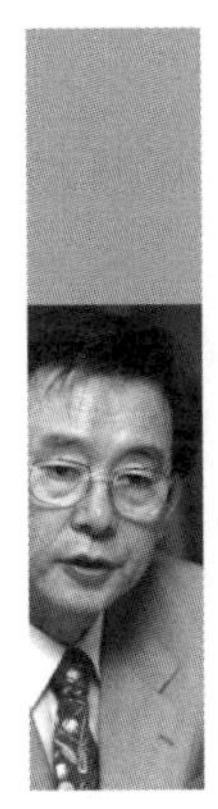

| 김삼웅 |

성균관대학교 언론정보대학원 겸임교수. 전 대한매일 주필. 민주화명예회복 및 보상심의위원, 제주 4·3사건 진상조사와 명예회복위원 등을 역임했다. 저서로 『한국 곡필사』, 『곡필로 본 해방 50년』, 『유신시대의 곡필』, 『통일론수난사』, 『친일정치100년사』, 『서대문형무소 근현대사』 등이 있다.

악화가 양화를 밀어낸다는 '그레샴 법칙'은 한국 언론에도 예외 없이 적용된다. 곡필이 정필을 밀어내고 곡론이 정론을 누른다.

60~70년대만 해도 신문사 편집국 벽면에는 "곡필은 하늘이 죽이고 정필은 사람이 죽인다."는 언론인들에게는 '만고의 진리'인 금언이 붙어 있었다. 군사 독재가 강화되면서 언론인들이 권력 쪽으로 기울어 곡필을 쓰게 되고 정필 언론인들이 밀려나면서 이 금언은 슬그머니 사라졌다. 지키지도 못할 '금언'을 지켜보면서 가슴앓이를 하는 것보다 떼어 버리고 '소신껏' 어용곡필을 쓰는 편이 더 '양심적'이었을지 모른다.

우리 역사에서 독특한 위치를 차지하는 선비 또는 선비 정신의 본뜻은 바른 말을 하고 바른 글을 쓰고 바른 생활을 하는 지식인을 일컫는다. 아울러 '목에 칼이 들어와도 할 말을 하는' 것이 선비 지식인의 상징이었다. 왕조 시대 임금의 한마디로 삼족이 멸하는 사회에서도 올 곧은 선비와 사관들은 정론직필의 소임을 마다하지 않았다.

동북아의 열악한 반도 국가가 500년, 1000년씩 왕조를 유지한 데는 이 같은 선비 정신이 왕권과 지배층의 전횡과 부패를 막고 사회 청렴도를 지켜 왔기 때문이다. 선비가 타락하여 지배층의 견제를 소홀히 할 때 왕조는 멸망했다.

내가 아는 바로는 한국사 최초의 사대 곡필은 신라 진덕여왕이 당나라 고종에게 바친 '태평송' 이라는 외교 문서이다. 그녀는 당 고종을 삼황오제(三皇五帝)에 비유하는 글을 손수 비단에 짜서 김춘추의 아들 범민을 통해 고종에게 바쳤다. 이후 신라는 당과 주종 관계가 되고 당나라 연호 · 관제 · 관복을 착용하게 되었다. 당군을 빌어 백제와 고구려를 멸망시킨 것은 다 아는 일이다.

신라 최대의 문인이자 학자로 알려진 최치원은 어려서 당에 유학하여 과거에 급제하고 벼슬을 하다가 황소의 난이 일어나자 '토황소격문(討黃巢檄文)' 을 지어 반란군의 투항을 받고 당나라에 문명을 날린 대 유학자다. 귀국 후 시무십조(始務十條)를 상소하고 『계원필경』을 짓는 등 고국에 충성을 하다가 당나라 조정에 '상대사시중장(上大師侍中狀)' 이라는 낯 뜨거운 사대곡필을 올렸다. "당 태종께서 친히 6군을 거느리고 바다를 건너 공손히 천벌을 행하시자 고구려가 위엄을 두려워해서 강화를 청하므로 당 태종께서 항복을 받고 발길을 돌리셨다."는 등 사실과도 부합되지 않는 아첨의 곡필을 썼다.

고려 시대 김부식이 편찬한 『삼국사기』는 고대사의 보고인 동시에 사대 왜곡의 사서로 꼽힌다. 신채호는 '조선역사상 일천년래 제일대사건' 에서 "김부식이 생각한 이상적 한국사를, 첫째 조선 영토를 대동강

이남에 국한시키고, 둘째 조선의 제도 문화 풍습 등을 모두 유교화시키고, 셋째 외국에 사신으로 다닐 만한 비열한 외교의 사령이나 감당할 인물만 양성했다."고 김부식의 사대 성향을 비판했다.

고려 말 충의지사, 동방이학(東方理學)의 시조로 불린 정몽주는 우왕에게 원나라와 절연하고 명나라로 귀의하자는 '절원귀명(絶元歸明)'이란 상소문에서 명나라 사신을 천사(天使)라 부르며 "대명(大明)이 창업하여 사해(四海)를 휩싸매 우리 돌아가신 임금(공민왕)께서 천명을 밝히 아시어 표문(表文)을 바치고 신(臣)이라 일컬었으니…" 운운하는 사대곡필을 썼다.

조선을 건국한 이성계는 아예 '이소역대(以小逆大)' 즉 작은 나라가 큰 나라를 치는 것은 불가하다는 명분으로 창업에 성공했다. 이후 조선은 중국을 대국, 상국으로 섬기는 사대외교를 국시로 삼았다.

세종대왕의 훈민정음 창제를 반대한 최만리는 "중국과 동문동궤(同文同軌)를 이룬 마당에 새로 언문을 만듦이 사대모화에 부끄럽다. 우리말이 중국의 방언으로 인정되는데 따로이 글자를 만든 전례가 없다. 몽고·서하·일본·서장 등이 제 스스로의 글자를 가지고 있으나 이들은 오랑캐이니 어찌 오랑캐와 같아지랴."고 넋 빠진 글을 썼다.

종교인의 대표적 곡필은 조선 말 천주교 신도 황사영의 이른바 '황사영백서'를 들 수 있다. 정부의 천주교 박해를 피해 토굴에 숨어 쓴 이 글은 "청이 조선을 병합하고 그 공주를 조선 왕이 취하여 의관을 하나로 할 것, 서양으로부터 군함 수백 척과 정병 5~6만, 대포 기타 필수 병기를 가지고 와서 조선족 왕에게 위협을 가하여 선교사의 입국을 자유롭게 해 줄 것"이란 내용을 북경 주교에게 보내려다 체포되어 참수되었다.

민족의 태양, 덕장·용장

일제의 조선 식민지 정책 중에 언론인과 지식인에 대해서는 '똑똑한 자를 회유하고 어리석은 자를 협박하며 반항하는 자를 탄압하고 순응하는 자를 수탈하는' 방식이었다. 일제의 이런 방법은 크게 실효를 거두었다.

많은 언론·지식인들이 그들의 회유와 협박에 넘어가 친일파가 되고 어용 논객이 되었다. 구한말의 대표적인 곡필배는 이용구다. 동학혁명 때 항일 용장이던 그는 변절하여 1909년 조선통감에게 '합방 청원서'를 썼다. 일진회 대표 송병준도 일본군 참모에게 조선의 내치·외교를 일본에 일임한다는 매국 서한을 보냈다.

한민족이 거족적으로 궐기한 3.1 운동과 관련, 매국노 이완용은 매일신보에 "황당한 유언에 매혹치 마라."는 글을 썼다. 이완용뿐 아니라 많은 친일파들이 비슷한 글을 쓰고 강연을 했다. 3.1 운동 후 창간된 동아일보·조선일보는 초기에 민족 언론의 위치에서 어느 정도 역할을 했다. 그러나 1930년대 중반부터는 총독부 기관지 매일신보와 비슷한 친일 논조를 유지하다가 물자절약을 내세운 조선총독부의 종용으로 문을 닫았다. 두 신문이 문을 닫으면서 상당수 언론인들이 매일신보로 옮겼다.

일제 시대, 정필은 설 땅을 잃고 이광수·최남선·김팔봉 등 친일 매국 곡필배들이 한 시대를 주름 잡았다. 조선총독부 기관지 매일신보는 특히 곡필 언론인들의 집결지로서 겨레와 민족을 팔았다. 당시 언론인·지식인·문학인들이 해방 후 그대로 눌러앉아 한국 사회의 주류 언론인·지식인이 되고, 다시 이승만 이래 독재 정권의 주구 노릇을 하게 되었다.

이승만이 친일 반민족 행위자를 처벌하지 않은 것은 큰 죄악이었다. 처벌은커녕 친일파들을 중용하면서 정권을 유지했다. 이승만 정권에서 반민특위 활동을 분쇄하는 데 가장 앞장을 선 자는 악질적인 친일분자 이종형이다.

그는 자기 소유 대한일보에 "소급법을 만들어 친일파를 처단하려는 것은 공산당을 즐겁게 하는 처사"라는 글을 쓰면서 친일 극우 단체를 동원, 반민법 제정 반대의 시위를 벌였다. '반민법은 망민법'이란 곡필로서 공공연히 반민특위 활동을 공격했다.

이승만의 생일이면 언론은 '민족의 태양'이라고 추켜세웠다. 시인 김광섭은 1955년 이승만의 80회 생일 때 서울신문에 "북악산 줄기찬 기슭에서 / 1세기의 태양을 바라보는 / 언덕 위에…" 운운하는 낯간지러운 헌시를 썼다.

이승만 정권에서는 이른바 '만송족'이란 어용 곡필족이 활개쳤다. 정권의 2인자인 이기붕의 아호 만송을 따서 생긴 어용족이었다. 이들의 곡필은 1960년 3.15 부정선거를 앞두고 극치를 이루었다.

제2차 마산의거가 발생하자 관제 언론들은 일제히 시위 군중을 '폭도'라고 규정하면서 "폭력은 민주주의의 반역이다."(서울신문, 4월 13일 사설)라고 썼다. 20년 후 광주민주화운동 때도 똑같은 일이 벌어졌다.

5.16 쿠데타가 일어날 때 한국 언론은 이를 지지 찬양했다. 조선일보는 61년 5월 19일자 사설에서 "군사혁명이 완전히 성공함에 즈음하여 우리는 세 가지 점에서 그를 높이 평가하지 않을 수 없다."면서 '전격적인 무혈 혁명', '혁명 공약', '국내외적인 지지'를 이유로 들었다.

동아일보는 5월 26일자 사설에서 "5.16 군사혁명은 문자 그대로 혁명이기 때문에 '비민주적인 방법이기는 하나' 장정권의 무능과 부패를 더 이상 묵인하여 준다고 함은 (중략) 한국의 민주주의를 수호하기 위해서는 다소간 '비민주적인 방법'이라 하더라도 이를 피할 수 있는 도리는 없을 것이다."라고 쿠데타를 지지했다. 이들뿐 아니라 대부분의 신문이 비슷한 행태를 보였다.

박정희 대통령은 1972년 10월 17일 느닷없이 현정을 중단하고 유신 쿠데타를 감행했다. 정상적인 언론이라면 헌정 파괴 사태에 사운을 걸고 비판하고, 저항해야 옳았다.

하지만 중앙일보는 다음날 사설에서 "현 체제는… (중략) 냉전 시대에 만들어졌고 따라서 남북의 대화 같은 것은 전혀 예상치도 못했던 시기에 제정된 것이다. 따라서 오늘과 같은 새 국면에 처해서는 마땅히 이에 적응할 수 있는 새로운 체제로의 일대 개혁적 전환이 있어야 하고…"라고 하며 유신 체제를 지지했다.

조선일보도 같은 날 사설에서 "오늘 우리에게 부닥친 안팎의 모든 정세를 살펴보면 조국의 앞날의 걸어가는 길을 내다볼 때 가장 적절한 시기에 가장 알맞은 조치로서 이를 환영하지 않을 수 없다."고 지지했다.

동아 · 한국 · 경향 · 서울신문 등 대부분의 신문이 유신 정변을 지지하는 사설 · 논설을 쓰고 한국신문협회는 10월 28일 "우리 신문협회회원 일동은 시대적 사명 앞에서 새로운 역사 창조와 국가 명운을 개척하는 데 앞장 설 것을 국민 앞에 천명"하면서 유신 헌법 개정을 지지했다.

신문들은 긴급조치가 선포될 때마다 이를 지지 옹호하고 저항하는 학생 · 종교인 · 재야인사들의 반유신 투쟁을 용공좌경으로 매도했다. 1980년 5월 광주항쟁과 관련하여 신문 등은 사실 전달은커녕 계엄사 발표만 일방적으로 보도했으며, 일부 신문은 광주 시민을 '폭도'로 몰았다. 전두환 장군의 특집 인터뷰 기사로 전면을 도배하면서 '덕장' '용장'이라 미화하고 민주 인사들의 탄압에는 침묵하거나 좌경이라 비난했다.

우리의 근현대 언론, 지식인의 역사는 치욕의 기록이다. 용기 있는 정론 직필의 언론인이 없는 바는 아니었지만 그들은 대부분 밀려나고 곡필·어용 언론인들이 주류로 이어졌다. 민주화 시대에 곡필언론(인)에 대한 제대로 된 연구가 부족하고, "곡필은 하늘이 죽이고 정필은 사람이 죽인다."는 언론 기본 정신의 회복을 위한 의지조차 보이지 않는다는 점에서 언론의 위기는 계속되고 있다고 하겠다.

저항, 시대정신, 그 이후는?

| 함경옥 |

일간스포츠에서 기자를 시작, 서울경제신문과 한국일보를 거쳐 세계일보 창간팀에 합류, 편집부장, 교열부장, 논설위원을 역임했다. KBS 구성작가를 겸하기도 했으며 한때 성우로도 활동했다. 저서로 『한국 기자사회 이해』 『선비문화』 『취재&편집, 기자의 세계』 『정보화 시대』가 있으며, 논문으로 '국익과 알 권리' 등 다수가 있다.

뉴 밀레니엄과 동시에 도래한 정보화 시대의 언론계는 춘추전국 시대를 방불케 하고 있다. 신문과 방송의 쌍두마차 체제로 상징되던 언론계에 뉴스 전문 TV와 온라인 뉴스(인터넷)가 등장하면서 정보 정글 시대가 되었다.

언론이 사회에 미치는 영향은 그 어느 때보다 광범위하고 심도 있다. 따라서 언론의 과거와 현재의 정체성에 대해 반추하고 미래의 비전을 정립하는 것은 우리 언론 발전을 위해 의미 있는 작업이다.

자본주의 사회에서는 소비자가 원하면 무엇이든지 공급할 수 있어야 한다. 소비자가 왕, 아니 신이라는 우스갯소리까지 나오는 것이 현실이다. 왕보다도 더 높게, 신처럼 경건하게 떠받들라는 얘기일 것이다. 이에 신문도 예외일 수 없다. 신문도 상품이기 때문에 소비자가 찾아주지 않으면 존재 가치가 없다.

메이저 신문사인 A신문사의 경우 기자가 데스크가 되면 사회의 어둠이 드리워져 있는 곳을 '예비 취재' 한다. 예를 들면 달동네, 구치소, 노숙 장소, 고아원 등을 순회하면서 그곳의 실상을 각인하는 것이다. 데스크를 볼 때 뉴스 현장에 가지 않고도 기사의 현장감을 살려 취재 기자와 독자의 거리를 최소화하기 위해서란다.

신문사 이모저모

70년대까지만 해도 전화 취재 및 기사 송고가 일반적이었다. 전화 송고는 기자가 뉴스 현장에서 직접 목격한 것을 보내는 것이어서 현장감 있는 사건 보도라는 장점이 있었다. 또 당시엔 이 같은 취재 형태가 정보 입수에 가장 빠른 방법이기도 했다.

그러나 지금은 다르다. 온라인 매체와 전략적 제휴로 취재 영역이 전방위화되어 실시간으로 뉴스 현장을 취재할 경우 데스크는 자리에 앉아서 정보를 가공, 완전한 뉴스로 만들 수 있기 때문이다. 이 과정에서 가장 문제가 되는 것은 현장감이다. 이런 취약점을 일찌감치 감지한 모 신문사는 대기자 · 전문 기자 제도를 도입, 미비점을 보완하고 있다.

정보화 시대, 정보의 옥석을 구분하는 작업은 매우 중요하다. 이른바 정보의 등급화 작업이다. 한국엔 1만여 종이 넘는 직업이 있다. 이 많은 직업군들이 필요로 하는 전문화된 정보를 제공하려면 기자도 고급화, 전문화되어야 한다. 기자 전문화에 대한 요구는 산업 사회의 대량 생산 체제에서 소량 다품종 시장화에 적응하는 경제 논리가 반영된 것이다.

　A신문사 기자들은 특별한 약속이 없으면 퇴근 시간 후에도 자리 지키기를 잘한다고 한다. 때문에 비상사태(대형 사건 사고)가 발생해도 후속 조치가 원활히 이루어져 신문 제작(판갈이, 호외 제작 등)에 무리가 없다는 것이다. 일반적으로 휴일에 대형 사건이 발생하여 호외를 발행하게 되면 제작 스태프를 동원하는 것도 수월치 않다. 비상 연락망이 있긴 하지만 이 역시 제 역할을 하지 못할 때도 있으니. 그러나 이제 창간한 세대를 조금 넘긴 A신문사는, 일제 시대에 창간되어 오늘에 이르는 경쟁지와 당당하게 겨루는 메이저 신문으로 독자들 앞에 서 있다. 기자들에 대한 후한 대우, 철저한 상품(정보) 관리, 매끄러운 인맥 관리 등 소위 3박자가 잘 조화된, 지식 최전선 뉴스 제작 현장이라 하겠다.

　또 다른 메이저 신문 B신문은 빈틈없는 조직 관리로 정평이 나 있다. 물샐틈없는 조직체이지만 기자들에게 넉넉한 대우에, 1등을 외쳐대는 분위기에 기자들은 만족을 느낀다는 것이다. 자타가 공인하는 한국 언론계 자웅 중의 하나인 B신문은 확실한 자기 목소리로 칭찬과 비판을 동시에 듣기도 한다.

　개성이 강하면 경우에 따라서는 칭찬을 듣기도 하지만 때로는 필요 이상으로 혹독한 비판을 받기도 한다. 그러나 언론사라면 이 같은 사회의 반향에 거부 반응을 보이기보다는 신문 제작에 유용한 피드백으로 이용하는 것이 바람직할 것이다.

　뉴스는 발굴(탐사보도)하기도 하지만 창조(인터뷰)하기도 한다. B신문은 발굴과 창조를 모두 잘하고 있다. 이들은 제일 먼저 경제 섹션을 만들어 독자들의 갈증을 해소해 주었다. 이것은 기존 정치 중심 신문 지면의 획기적인 변화였다. 이후 다른 신문사들도 앞 다투어 경제 섹선을 신설했다.

대형 사고 및 사건은 육하원칙에 따라 객관적으로 보도해야 하지만, 소위 특종은 취재 기자가 깨소금, 설탕, 기름, 간장 등 양념을 적당히 섞어 근사한 먹을거리로 만들어야 한다. 이런 특종을 만들기 위해 데스크를 비롯한 일선 기자들의 애환도 만만치 않다. 늦가을 감나무 밑에 가 입을 벌리고 있어도 "잘 익은 감이 저절로 떨어져 입에 들어가지 않는다."는 사실을 신출내기 기자들도 시간이 지나면 자연스럽게 깨닫게 된다. B신문사는 이러한 특종 의식을 일상화하여 특유의 캐릭터를 갖고 있다. 뉴스를 기다리고 있는 것이 아니라 발로 뛰어 발굴하고, 불특정 다수 독자들이 필요로 하는 정보를 엄격히 취사선택해 수준 높은 서비스를 해 주고 있다.

C신문사는 반세기의 전통을 가진 중견 신문사지만 언제나 갓 사회인이 된 것처럼 발랄하고 재기 넘치는, 뷔페 같은 신선한 분위기이다. 때문에 언론계에선 이 신문사를 '기자 사관학교'라고까지 말한다.

이젠 고인이 된 사주는 기자 시험에 고졸 이상이면(90년대 후반까지) 지원할 수 있도록 문호를 개방하여 언론계에 신선한 충격을 주는 등 독특한 사풍을 만들었다. 사주가 상고 졸업자라 파격적인 전형을 실시했다는 설도 있으나 아무튼 당시로서는 상당한 파격이었다. 요샛말로 말하면 '학력 파괴'였다. 학력 파괴로 인해 C신문사엔 J모 기자, D모 기자, D모 국장 등이 대학 나온 기자들보다 더 기사를 잘 쓰고 특종도 자주 했다.

C신문의 사주는 사주이자 기자로서 24시간을 쪼개 쓰는, 그야말로 '25시의 사나이'였다. 또 열정으로 가득한 편집국 분위기를 조성했다. 그는 사장이자 국장이고, 국장이자 기자로 편집국을 종횡무진으로 누

비면서 신문을 제작, 불특정 다수인 독자들에게 '알 권리'를 충족시켜 주었다.

C신문사는 매주 화요일 오전 9시(77년 이후 없어짐)에 화요 회의를 열었다. 사주 단독 연설회나 다를 바가 없었으나 기자들은 바쁜 스케줄에도 대부분 참석했다. 화요 회의는 일주일 치 신문 제작에 대한 일종의 평가회로 기사 작성에서부터 편집, 교열, 사진에 이르기까지 전 과정을 도마 위에 놓고 난도질을 하는 자리였다.

C신문사 사주는 잘한 기자에게는 상금을, 함량 미달의 기사를 만든 기자에게는 얼굴을 들고 다닐 수 없을 정도로 창피를 주었다.

"경제부 ○○○ 기자 있나? 당신 ○○기사 그게 기사인가? 동 서기도 그것보다는 잘 쓸 거야. 사회부 ○○○기자 있나? 사건 기사가 그게 뭐야? 서울역 지게꾼도 그것보다는 낫게 쓸 거야. 기자들이 너무 공부를 안 해."

그는 이렇게 '당근과 채찍'을 능수능란하게 구사했다. 그래서인지 C신문에는 항상 프론티어 정신이 배어 있었고, 4.19 혁명 이후에 독자들이 폭발적으로 늘었다.

신문사 사주 치고 기자들을 아끼고 사랑하지 않는 사람은 없을 것이다. 그는 큰 체구에 어울리지 않게 솜사탕 같은 감성으로 다양하고 개성이 강한 기자들을 어머니처럼 넓은 품으로 껴안아 기자들이 창조적 에너지를 폭발하도록 유도했다. 기자들이 잘 가는 술집에 자주 찾아가 자사 기자들의 외상값을 갚아 주기도 했다. C신문은 일제 하에서 맹활약하던 기자에서부터 4.19 혁명에 참여했던 기자에 이르기까지 다양한 계층의 기자들이 모여 열정적으로 일했고, 짧은 시간에 당시에 유수한 종합 일간지 중의 하나로 성장할 수 있었다.

경제 논리에 희생되는 기자 정신

광복, 한국전쟁, 4.19 혁명, 5.16 군사 쿠데타의 여울목을 거치면서 언론계 역시 이데올로기로 중무장했다. 그렇다면 이 같은 제작 환경에서 기자의 정체성은 어떻게 변화되어 왔을까?

일제 시대, 기자가 되고자 했던 사람들은 당시 지식인으로 민족과 국가에 대한 애국 충절의 열정이 가득했다. 국민 계도와 국권 회복을 위한 운동에 동참한다는 뚜렷한 목적의식이 있었던 것이다. 이 같은 의식은 4.19 혁명, 5.16 군사 쿠데타 이후까지도 지사형 언론인에게로 면면히 이어져 왔다.

그러나 80년 언론 통폐합을 겪고, 80년대 말 언론 시장이 폭발적으로 팽창하면서 기자들의 주가가 급상승했고, 언론계 역시 경제 제일주의로 변질되었다.

재벌급의 종교 재단에서 창간한 종합 일간지는 능력이 있는 기자들의 '블랙홀'이 되기도 했다. 당시만 해도 기자들의 월급은 종합상사(지금의 대기업)에 비해 턱없이 낮았다. 때문에 종교 재단에서 창간하는 일간지의 '두툼한 봉급'이 주는 유혹은 대부분 기자들이 둥지를 옮기는 촉매제가 되었다.

기자가 신문사를 옮기는 것은 철새가 계절을 극복하기 위해 둥지를 옮기는 것과는 다르다. 일반 직장인이 이직하는 것과도 다르다. 경쟁지와 똑같은 취재원에게 똑같은 정보를 입수했더라도 각 신문사의 사시와 편집 방향에 따라 기사의 내용이 달라지기 때문이다. 사실(팩트)이 같아도 사시와 편집 방향이 다르면 뉴스의 각도가 달라진다. 시각의 차이는 편집자에게도 예외는 아니다. 같은 기사라도 제목이 바뀌면 엉뚱한 뉴스로 둔갑, 독자들은 전혀 다른 기사로 볼 수도 있다. 때문에 기자들이 둥지를 옮기는 것은 장고 끝에 내리는 결정이다. 잘나가던 기자가 회사를 옮겨 새로운 사풍에 적응하지 못해 바보가 되는 경우도 있으며 견디다 못해 눈물을 머금고 친정으로 되돌아오는 사람도 있다.

아무튼 그때 상당한 숫자의 능력 있는 기자들이 신념보다는 경제 논리에 따라 새로운 둥지로 자리를 옮겼다.

자본주의 사회에서 돈의 위력은 새삼스런 얘기는 아니지만 대단한 것이었다. 80년대 말까지도 언론인들은 지성과 명예를 동시에 가진 인기 직업군에 속했었다. 그러나 IMF 사태를 거쳐 뉴밀레니엄 시대인 21세기에 접어들어 기자들의 인기는 경제 논리에 밀려났다. 한때 대학가에 풍미했던 '언론 고시'는 이제 박제화된 인상이다.

이런 분위기는 경제·사회적 변화에도 그 원인을 찾을 수 있겠지만, 기자들 자신에게도 동인(動因)을 찾을 수 있을 것 같다. 언론계의 주역은 역시 기자이기 때문이다.

2000년대 들어 종합 일간지들은 테마별 섹션을 다양하게 하고 있다. 이는 전문화, 고급화, 다양화된 사회의 시스템에 지혜롭게 적응하기 위한 전략이다. 이제 기자들은 '독자들이 신문을 제작하는 스태프들보다 자신의 분야에서는 오히려 지식 수준이 우위라는 현실'을 인정해야 한다. 이제 한 세기, 고유 문화가 창조될 수 있는 충분한 시간이 지 않을까? 그러나 오늘의 언론계엔 '이것'이라고 자신 있게 말할 특유의 문화가 없다.

일제 치하에서 지사형 언론인들은 '저항'이라는 이데올로기를 창출했으며, 해방 이후엔 자유 민주주의 사상을 '시대정신'으로 내세웠다. 그리고 문민정부를 거쳐 국민의 정부에 이르기까지 각 신문사의 발행

부수 경쟁은 오늘날의 자화상인 것 같은 인상이 짙다.

반세기 전의 기억이지만 '대머리 막걸리집'에서 각사 기자들이 모여 호연지기하며 통금 시간도 잊은 채 특종 비화와 낙종의 설움을 애기했었다. 그것이 바로 언론 문화라고 말할 수는 없지만, 희미하고 안개 같았으나 아름다운 비전을 키웠었다.

지금 언론계에는 꿈과 낭만이 없다. 해가 뜨면 증발하는 아침 이슬처럼 찾아볼 수 없다. 오히려 80년대 말의 '부익부 빈익빈' 현상이 다시 재연되고 있다. 잘나가는 신문사 기자들은 억대의 연봉으로 경제 제일주의 사회에서 언론계 귀족의 풍요로움을 누리고 있는가 하면 마이너 신문사 기자들은 기초 생계비 수준의 박봉에 시달리고 있다. 기자들 사이에서 상대적인 박탈감의 골도 깊다. 기자들의 의식이 경제 논리에 밀리고 있는 한 아름답고 위대하기까지 한 '기자 정신'이 복원되기는 어렵다.

정보화 시대인 21세기를 영접하듯 신문 박물관이 2000년 12월 15일 개관됐다. 최초의 뉴스가 발굴되고 창조된 과정이 어느새 한 세기를 훌쩍 뛰어넘은 것이다.

활자 시스템으로 시작해 CTS 시스템으로 오기까지, 한국 언론계는 일본 신문의 메커니즘을 극복하고 독자 체제를 확립하는 등 그야말로 장족의 발전을 했다. 그러나 세계인들이 꼽는 권위지인 미국의 뉴욕타임스, 워싱턴 포스트, 영국의 가디언, 프랑스의 르 몽드와 같은 신문은 아직 탄생하지 못하고 있으며 월터 리프맨과 제임스 레스턴 같은 대논객도 출현하지 못했다.

금세기엔 기필코 선진국형 언론 문화가 조성되어 훗날 세대들이 소중하게 전통을 이어가기를 기대해 본다.

'야마가 뭐야' 에서
'그 기사 킬됐어' 까지

| 박종권 |

중앙일보 사회부 차장. 1986년 중앙일보에 입사해 환경팀장, 대학평가팀장, 교육·NGO팀장을 거쳤다. 한국
기자협회 수석부회장을 역임했으며, 이달의 기자상을 수상했다.

80년대 중반 A일보 편집국 사회부. 신참 수습기자가 전화를 받고 있다. 책상 위에는 '꼬마 원고지'가 놓여 있다. 전화를 든 왼손 팔꿈치로 꼬마 원고지의 왼쪽 윗머리를 누른 채 부자연스런 자세로 볼펜을 놀리고 있다.

"한 칸 띄고, 마루땡땡이라고요?…"

원고지에는 '마루땡땡'이라고 또박또박 씌어지고 있다.

"예, 예, 탱크 설이요? 오징어 윤?…"

수습기자는 난감한 표정으로 머뭇거리고 있다. 전화에서는 호통소리가 터져 나온다.

"야, 옆에 다른 선배 없나. 바꿔."

당시만 해도 수습기자가 처음 편집국에 들어서면 먼저 어수선한 책상, 여기저기서 터져 나오는 욕설 섞인 고함소리, 시도 때도 없이 울리는 전화 벨소리, 이리저리 뛰어다니는 편집 기자들의 슬리퍼 소리에 정신이 반쯤은 나간다.

반거들충이 신세의 수습기자

처음에는 대개 사회부 '사쓰마와리(경찰 기자)' 수습으로 배치되는데, 하늘 같은 선배들 틈바구니에서 꾸어다 놓은 보릿자루처럼 부동자세로 앉아 있기 마련이다. 200자 원고지 뒷면에 이름, 나이, 출신학교 따위를 적은 자기소개서를 돌리고 나면 그날따라 기삿거리가 없는 선배들이 말을 걸어온다.

"어이, 새 피(참새발의 피가 아니라 'new blood' 다). 고향이 어디야? 응, 그래. 그건 그렇고 전화 좀 '땡겨서' 기사 좀 받지."

수습기자는 아직 전화를 '땡기는' 법을 모른다. (내 앞으로 조금 당기라는 얘긴가…)

"전화 좀 '땡겨' 받으라니까."

(더듬거리는 목소리로) "에, 에, 어떻게요?"

"거, 눈눈삼이야. 백설표 있잖아. 두 번 누르고 3을 찍으면 돼."

눈눈삼(**3)을 누르자

"저 ○○인데요. 기사 좀 받아주십쇼."라는 다급한 목소리가 튀어나온다. 그리고는 곧바로 "마루땡땡…"이다.

기사를 부르다 뭔가 이상한 낌새를 챈 전화 속 주인공은 "누구십니까."라고 묻고 수습기자는 곧바로 "예, ○○기 수습 ○○○입니다."라고 거의 군대식으로 복창하듯 답변한다.

'에, 에' 라는 간투사를 연발하면서 속삭이듯이, 그러면서도 정자체로 받아 적기 힘들 정도로 빠르게 기사를 부르는 데다 알지 못할 용어들이 튀어나오니 기사 받기가 잘 될 리 없다. 결국 기사도 제대로 못 받는 반거들충이 신세가 된 채 '제발 내 앞의 전화벨이 울리지만 마라.'고 기도하며 마감시간을 맞는다.

어느 신문사의 경우 선배 기자가 기사를 부르고 나서 "이거 휴지통이야." 하니까 기사를 받아 적은 수습기자가 "에잇" 하면서 원고지를 꼬깃꼬깃 구겨 휴지통에 버렸다는 믿거나말거나 이야기가 전해 온다. (휴지통은 모 신문사의 가십란 이름이다.) 비슷한 칼럼으로 촛불(촛불은 칼럼을 나타내는 그림으로, 촛불이란 글자는 없다), 탈바가지, 창, 주사위 등이 있는데 처음 접하는 수습기자는 헷갈리기 마련이다.

이 세상에서 적응력이 가장 강한 동물이 인간이고, 그 중에서도 적응력이 강한 인간이 기자라던가. 수습 2~3일이 지나면 반거들충이도 제법 기사를 받게 된다. 스트레이트 기사는 거의 예외 없이 '꼬마 원고지'를 쓰는데 칸이 14×5인 손바닥만한 원고지다. 200자 원고지(20×10)에 비해 작다는 의미로 꼬마라는 호칭이 붙었다.

"마루땡땡이 'ㅇ…' 을 의미한다는 것은 알겠는데 왜 동그라미를 '마루' 라고 하지? 점이 세 개이니 땡땡땡이 맞는 것 같은데…."

일본어를 배우지 못한 수습기자는 헷갈리면서도 일단 외워 익히는 것이 생존의 지혜라는 것을 안다. '구로 삼각' 이 새까만 삼각형(▲)이고, '시로 삼각' (전화상에서 들려오는 발음은 히로인지 시로인지 분명치 않다)은 속이 하얗게 빈 삼각형(△)이다. 또 '다이아몬드' 는 생김새대로 ◇를, '네모' 는 말 그대로 □ 를 나타낸다.

무릎을 치게 하는 약물 용어 중 하나가 바로 '당구장 마크(※)'다. 이 약물(約物)을 당구장 마크라고 부르는 것 외에 과연 어떻게 알기 쉽게 설명할 수 있을 것인가. 언론사마다 약물의 사용법이 조금씩 다르지만 이처럼 나름대로의 약속을 통해 의미를 전달한다.

물론 전화를 받으면서 숫자판 아랫단의 '눈(雪)표시(＊)'(제일제당과 관계가 있는 회사에서는 백설표라고도 하는데, 이는 백설표 설탕의 마크 때문이다.)와 '우물 정(#)'을 알게 된다. 그리고 '탱크 설'이 '은나라 시조 이름 설(卨)'의 한자 생김새에서, '오징어 윤'이 '진실로 윤(允)'의 생김새에서 비롯된 것이라는 사실을 알고는 선배들의 지혜에 살포시 웃음을 머금는다. 특히 신문 기자는 방송 기자와 달리 이름이나 지명을 한자로 쓰기 때문에 전화상으로 이를 설명하기는 쉽지 않다. '탱크 설'이나 '오징어 윤'의 지혜는 바로 이 같은 상황에서 생겨난 것이다.

뭐니 뭐니 해도 한자 이름이 골치를 썩인다. 지명이야 일단 한글로 원고지 여백에 받아 놓은 뒤 나중에 지명 사전을 찾아 베끼면 되지만 이름은 그리 간단한 문제가 아니다. 예를 들어, 좀 독특한 이름이지만, 금양필(琴亮珌) 씨를 전화로 불러보자.

곧이곧대로 "금양필 씨, 괄호 열고, 거문고 금에, 밝을 량에, 칼 장식 옥 필, 괄호 닫고"라고 하면 제대로 받아 적을 '문자 속이 기특한' 기자가 얼마나 될까. 이를 "금양필 씨, 괄호 열고, 금보라 금에 제갈양이 양에 김종필 필자 앞의 땐땐땐(삼수변)을 임금 왕(구슬 옥)으로 하고, 괄호 닫고"라고 하면 그냥 받아 적는다. 요즘에도 TV에서 주름진 얼굴을 볼 수 있지만, 당시 금보라는 잘나가는 탤런트였다. 이처럼 신문에 자주 등장하는 유명한 사람의 이름을 이용해 설명하는 것이 상례였다.

그러나 신문의 한자 이름 표기는 전화로 기사를 전달할 때도 어렵고, 독자들도 잘 몰라 점차 한글화의 길로 접어들었다. 예를 들어 모 일간지 편집국에 '슈'라는 글자가 들어간 이름을 가진 사람이 있었다. 한자로는 물 수(水)자 두 개를 수풀 림(林)자처럼 옆으로 붙여 쓰는데 옥편엔 없는 글자다. 역학과 한문에 능통한 분이 만든 조어라는 것이다. 당연히 활자도 만들어져 있지 않다.

그런가 하면 한글 이름도 부쩍 늘었다. '박차고나온노미새미나' 이후 '새봄', '하늘', '새롬', '초롱' 등 아예 한자가 없는 경우도 있다. 그러다 보니 최근에는 이름을 표기할 때 아주 중요한 인물이거나, 한자로 쓰지 않으면 이름이 헷갈리는 경우에 한해서만 한자를 쓴다. 사회가 국제화되면서 오히려 영어 이름 쓰는 것이 표기법 문제로 어려운 작업이 됐다.

이름 표기 이야기가 나왔으니 말인데, 요즘은 기사 말미에 취재 기자의 이름을 기입한다. 일종의 기사 실명제로, 그만큼 기사에 책임을 진다는 의미다. 80년대까지만 해도 아주 비중이 큰 톱 기사나 칼럼에만 이름이 붙었다. 물론 그런 기사가 '처음' 나간 날, 선배들이 '출판 기념회'를 열어 준다. 한 신문사는 기자 이름을 굳이 한자로 적는데, 최근 약간의 문제가 생겼다. '아람'이라는 순 우리말 이름을 가진 기자가 입사한 것이다. 여럿이 공동 취재한 기사의 말미에 그 기자의 이름만 한글로 돼 있는 모습이 약간은 반항적이면서도 신선하다.

"도꾸누끼 당했으면 반까이 해야지"

흔히 '사쓰마와리'는 기자의 꽃이라고 한다. 사회부의 경찰 출입 사건 기자를 지칭하는 일본 말로 한자로는 찰회(察廻)다. 그야말로 경찰서를 순회한다는 뜻이다. 이를 줄여 보통 '사쓰마리'라고 부르는데, 일본어를 조금 아는 축들도 처음에는 전혀 무슨 뜻인지 알 수가 없다. 물론 요즘에는 경찰 기자나 사건 기자라고 부르는 게 일반화됐지만.

여하튼 초고속 정보화 시대인 요즘도 '사쓰마와리'는 기본이다. 그런데 최근에는 경찰 마와리, 병원 마와리, 시민단체 마와리에 한 가지가 더 늘었다. 바로 '인터넷 마와리'다. 추가 정보도 검색할 겸 과거에 어느 매체에선가 보도됐는지 여부도 확인할 겸 인터넷을 '돌아다니는' 것이다. 그러다 보니 기사에도 인터넷 주소를 병기하는 경우가 많은데, 이를 전화로 확인할 경우 'www'는 '따따따'로 '@'은 '골뱅이'로 부른다.

'시경 캡'이 얼마나 무섭고 두려운 존재인지는 초년병 사쓰마와리를 경험해 본 기자만이 안다. 조폭(조직폭력배)들의 회의 분위기 같은 경찰 기자 회의는 대부분 무거운 분위기다. 이 분위기에서 먼저 입을 여는 기자는 '바이스 캡'이다. 여기에서 캡은 캡틴(Captain)을, 바이스 캡은 바이스 캡틴(Vice Captain)을 가리키는 용어다. 이미 현장을 떠난 대 선배들은 일본어 발음이 남아 '캬뿌'라고 한다.

"어이, 수습들. 일어나서 자기소개 하지."

자신의 소개가 끝나면 '라인(Line)'에 배치된다. 이 라인은 서울 시내의 경찰서를 권역별로 3~4개씩 묶은 것이다. 라인의 책임자는 바로 '1진'이다. 아마 최근 초·중·고교에서 교내 폭력 조직으로 유명한 '일진회'도 바로 여기에서 비롯되지 않았나 싶다.

라인이 배정된 초년병 사쓰마와리의 첫날밤은 누구도 예외 없이 경찰서의 형사계 당직실에서 잠을 자게 된다. 이름 하여 '하리꼬미'다.

잠복해 감시한다는 뜻의 일본 말로, 주로 형사들이 쓰는 용어이다. 사쓰마와리가 경찰에서 밤을 새우는 것을 '하리꼬미'라고 하는 것은 항상 어떤 사건이 발생할지 모르니 형사들의 동태를 감시하라는 뜻으로 쓰이는 것이리라. 새벽에 옆구리가 허전하면 형사들이 출동했다는 뜻이다. 정신이 번쩍 들어 형사들을 쫓지만, 쉬운 일은 아니다. 형사들은 사건 현장에 기자랑 함께 가고 싶어 하지 않는다.

아침 일찍 일어나 당직 사건 기록부를 챙겨 보고 보호실을 살펴본 뒤 '마와리(廻, 경찰서 순회 취재)'에 나선다. 맡겨진 '나와바리(繩張, 담당 영역)'에서 일어나는 사건은 모두 자신의 책임이다. 이웃 라인의 1진이 해외나 지방 출장을 갔을 때는 '가께모찌(掛持, 두 가지 이상의 일을 겸임)' 하게 된다.

사건을 챙겨 1진과 캡에게 보고하고 나면 취재 지시가 떨어진다.

"야, 불기사(화재 기사)의 야마(山, 핵심 주제)는 장소와 인피(인명 피해)니까 잘 챙겨 부르고(전화로 기사를 송고하고), 죽은 사람은 마루 사진(동그란 얼굴 사진)을 구하고, 폭행 기사는 킬(Kill, 기삿거리가 안 돼 버림)이야. 기사 부르기 전에 먼저 와꾸(틀, 기사 윤곽)를 잘 짜야 돼."

이때 가장 중요한 것은 마감시간을 지키는 일이다. 마감시간은 죽음의 선, 데드라인(Deadline)이다. 이 시간을 넘으면 아무리 중요한 기사도 그 가치가 제로가 된다는 뜻이다.

라인을 돌다 보면 다른 언론사 동료들과 자주 만나게 되고, 때론 함께 취재에 나서기도 한다. 적과의 동침, 오월동주(吳越同舟)다. 누설 심리와 은닉 심리의 이중성 속에 스쿠프(Scoop, 특종)를 만들어 가는 짜릿함을 느끼며 동지애를 키우기도 한다. 이들은 평소에는 밥도, 술도 함께 먹고 마시지만 사건이 나면 상황은 180도 달라진다. 필요에 따라 서로 취재한 내용을 풀(pool, 공유)하지만, '도꾸다네(特種)'가 될 만한 핵심적인 내용은 절대 풀하지 않는다. 특종은 기자에게 중요한 존재 이유이자 그 무엇보다 앞서는 가치이기 때문이다.

특종이 있으면 낙종(落種)도 있다. 그러나 낙종 중에서도 가장 아픈 것이 바로 '도꾸누끼(特拔, 낙종. 특히 다른 언론사들이 모두 기사화한 내용을 혼자만 빠뜨렸을 때를 지칭)' 당했을 때다. '가라마와리(空回, 헛돎)' 당한 것이다. 이때는 정말 견디기 힘들고, 사표를 쓰고 싶어진다.

낙종했을 때는 곧바로 '반까이(挽回)'를 해야 한다. 물 먹은(낙종한) 만큼 물을 먹여야 한다. 여기서 물을 먹는다는 말의 유래는 일본의 스모 경기에서 나온 것 같다. 국기원에서 열리는 스모를 보면 이긴 선수는 봉투를 받고 나서 긴 자루가 달린 물바가지에 물을 담아 진 선수에게 주는데, 진 선수는 두 손으로 받아 마신 뒤 퇴장한다. 만회하기 위해서는 눈에 불을 켜고 사건을 찾아다니며 냄새(사건의 기미)가 나면 '뻗치기(취재 대기 상태에서 결정적인 기회 기다리기)'에 들어간다.

그러나 항상 이렇게 첨예한 것은 아니다. 이미 알려진 단순 사건이나, 많은 기자들이 동시에 참여하기 힘든 경우 '풀 기자(대표로 취재하는 기자)'를 내보내기도 한다. 경우에 따라서는 쓸 것인지 말 것인지 '단고(談合)' 하기도 한다.

별것 아닌 것 기사로 써 난처하게 만들면 '액물'

사건 기자 생활이 끝나면 출입처 기자가 된다. 출입처란 맡은 취재 분야와 밀접한 관청이나 기관을 지칭한다. 예를 들어 교육을 담당하는 경우 교육부, 서울시교육청을 출입하게 되는데 이를 교육부 출입 기자, 시 교육청 출입 기자라고 부른다. 마찬가지로 환경을 담당하는 경우 환경부 출입 기자가 된다.

한 관청의 출입 기자들은 기자단을 구성하게 되는데, 이는 취재 방벽이 높았던 시절에 공동 취재의 필요성에 의해 생겨난 것이다. 그러나 사회가 분화되고, 정보의 차단 벽이 서서히 무너지면서 최근에는 출입 기자란 개념이 점차 사라지고 있다. 취재 환경이 달라지면서 기자실도 '브리핑 룸'으로 명칭이 달라졌다.

이런 가운데 몇몇 언론사의 경우 전문 기자 제도를 도입해 출입 기자와 달리 취재 영역에 따라 필요한 관청에 필요한 취재를 하는 식으로 변화하고 있다. 특히 기획취재팀이 활성화되면서 더 이상 출입 기자라는 영역이 '밥그릇' 역할을 할 수 없게 됐다.

출입처에서 만난 다른 언론사 기자들 중 가장 기피 대상이 '액물(厄物)'이다. 액물은 특종을 함으로써 다른 언론사 동료들에게 물을 먹이는 기자라는 의미도 있지만 별것도 아닌 것을 기사화해 회사 선배로부터 "야, 너는 놀고 있냐. ○○는 기사를 만들어 내잖아." 하는 질책을 듣게 만드는 기자란 의미가 조금 더 강하다. 서로 만만한 경쟁 상대는 '라이방'이라고 부르는데 아마 한국전쟁 이후 선글래스 브랜드의 대명사였던 래이밴과 라이벌의 합성어인 듯싶다.

어느덧 중견 기자 반열에 들어서면 일반 스트레이트 기사에서 '내리다지(신문 등의 조판에서 일정한 단수를 정해 한 곳에 갈라붙이는 소조)' 기사를 쓰게 된다. 고참 기자들은 일본 말로 '다찌끼리(立切)'라고 부르지만 요즘은 대부분 '박스(box) 기사'라고 한다. 작은 박스 기사는 '미니 박스'라고 하고. 참, 기사를 쓴다고 했지만 요즘 실제로 기사를 쓰고 전화로 부르는 기자는 없다. 원고지 대신 노트북이 지급된 현재는 기사를 '치고 쏜다'는 표현이 맞을 것이다.

중견 기자는 기사를 쓸 때 항상 '미다시(見出, 제목, 헤드라인)'를 생각한다. 제목이 나오지 않으면 일단 기사가 안 된다는 것이 상식이다.

두 가지 사례가 있다. 어느 일간지에서 편집자가 강판(조판 완료) 시간이 되도록 제목을 못 뽑자 편집국장이 원고를 빼앗아 쓰레기통에 버렸다는 것이다. 이유는 편집자가 제목을 못 뽑는 기사라면 기사를 잘못 썼든지, 기사 가치가 없든지 둘 중의 하나라는 것이다.

다른 하나는 편집자가 단 제목이 기사의 내용과 다르다고 출고 부서(취재 부서)에서 항의하자 편집국장이 "그럼 제목에 맞게 기사를 다시 출고하라."고 일갈했다는 얘기다. 바로 제목의 중요성이다. 판갈이(가판, 10판, 40판, 41판, 42판, 시내판 등등)를 챙길 때쯤이면 완연한 중견 기자가 된다. 판갈이 중에도 가장 핫(hot)한 것이 '돌판'이다. 윤전기에서 시내판이 돌고 있을 때 윤전기를 멈추고 중요한 기사를 '갈아 넣는' 것이다.

하루하루가 전쟁인 기자들에게 마감하고 신문이 나올 때까지 공백이 있다. 바로 석양주(夕陽酒)가 기다리는 시간이다. 여름에는 주로 '쐬주'지만, 겨울에는 '따끈이(데운 술)'의 정취가 있다. 이 자리에서는 국장이니, 부장이니, 차장이니 하는 호칭이 사라진다. 그냥 선배다. 조금 더 친밀하다면 형님이다. 어느 신문사에서는 선배에게 그냥 '아무개 형' 하기도 한다.

쟁이(신문 기자들이 스스로를 부르는 말)들의 애환은 술과 함께 풀어진다. 아마 술 마시는 속도는 어느 직종보다도 빠를 것이다. 하루하루 마감 체질이 되면서 성격도 급해지고, 또 빨리 술 마시고 취재 활동에 나서야 하니까. 그래서 폭탄주가 유행하는지도 모른다. 공평하게 빨리 취하고. 그리고 필름이 끊어지면서 잊을 건 잊고….

처음 기자를 대한 일반인들이 '싸가지 없는 ×'이란 말을 입에 올리게 되는 이유가 바로 기자들의 호칭 문제다. 김 국장, 이 부장, 박 차장이라고 부르지 김 국장님, 이 부장님, 박 차장님이라고 부르지 않는다. 기자들도 처음 입사하면 선배들의 그런 태도에 아연해지고, 한 달여는 지나야 적응이 된다.

책상 위에 발을 올려놓고 앉은 선배가 "이 부장, 전화요." 하고 전화를 돌려주는 것을 보면 어쩐지 거북스러운 느낌이다. 이는 국장, 부장, 차장이라는 호칭 자체에 존경의 염(念)이 담겨 있는 것이지만, 역시 일반인들에게는 거북스럽기 짝이 없는 호칭일 것이다.

'영어 속'은 있어도 '한글 속'은 없다?

최근에 들어온 수습기자들은 대부분 '영어 속'이 기특하다. 모두 토플, 토익 점수가 본토 사람들 뺨치게 높다. 보통 기자 공채 응시자들의 평균 토익 점수가 940점대다. 반면 '한자 속'과 '한글 속'은 부실하다. 그러다 보니 모든 용어에 자연스럽게 영어가 틈입하기 시작한다. 와리쓰께(割付, 편집에서의 판면 구성)라는 용어 대신 레이아웃(Lay out)이, 미다시(見出) 대신 헤드라인(Headline)이 자리하기 시작했다.

나아가 아예 기사와 신문의 판 제목까지 영어 일색이다. 섹션 신문은 그렇다 쳐도, 섹션의 제목은 너도나도 영어다. Week&, 매거진 X, Sports…. 아예 영어 제목의 신문들도 나온다. 머니투데이, 포커스, 메트로까지. 지면 속의 기획물이나 고정물도 사건 파일, 뉴스 파일, 뉴스 브리핑 등….

기사도 마찬가지다. 어지간한 경제 기사는 영어나 영어 약어를 모르고서는 이해하기 곤란하다. 블루칩, 옐로우칩, 코스피지수, 나스닥, 코스닥이 횡행하면서 주식 시장을 아예 스톡마켓으로, 선물 시장은 퓨처스마켓이라고 표현하기 시작했다. 인터넷의 물결에 휘말린 신문 기자들은 이제 ID로 자신을 표현하기 시작했다. 대부분 이니셜이나 좋아하는 단어를 쓴다. 필자는 한때 'babo, realbabo, gombau'를 생각해 봤다가 포기했다. 그런데 한글을 지향하는 신문에서도 ID만큼은 한글로 안 된다. 딱한 일이다.

새 천년(뉴 밀레니엄)의 시작이 벌써 먼 과거 같다. 새로운 시대에 신문 기자들이 일상적으로 쓰는 용어는 어떻게 변화할까. 인터넷과 영어가 휩쓰는 시대, 쌍방향 커뮤니케이션이 정착돼 가는 미디어 환경 속에 어떻게든 변화해 갈 것이다. 그런데 이 같은 용어의 변화를 용어의 진화로 부를 수 있을까.

글을 쓰는 자의 책무 중 하나가 글을 다듬어 아름다운 우리말을 만들고 보급하는 일이다. 언어가 진화한다면, 그것은 바로 '글쟁이'들의 노력의 결실이다. 반대로 퇴화한다면 이 또한 글쟁이들의 책임이다. 매일 매일 글을 '생산하는' 기자들인 만큼 한 줄의 기사를 쓸 때도 '아름답고 고운 우리말'에 대해 고민해 보자. 이와 함께 기자들의 일상용어도 언젠가는 온전한 우리말로 100% 대체될 날이 올 것을 기대한다.

신문쟁이는 비판의식을!
방송쟁이는 창조성을!

| 함경옥 |

일간스포츠에서 기자를 시작, 서울경제신문과 한국일보를 거쳐 세계일보 창간팀에 합류, 편집부장, 교열부장, 논설위원을 역임했다. KBS 구성작가를 겸하기도 했으며 한때 성우로도 활동했다. 저서로 『한국 기자사회 이해』 『선비문화』 『취재&편집, 기자의 세계』 『정보화 시대』가 있으며, 논문으로 '국익과 알 권리' 등 다수가 있다.

우리나라 직업 수가 1만 종이 넘는다고 한다. 이 많은 직업 중에 '쟁이'가 붙은 직종은 얼마나 될까? 국어사전에는 "사람의 성질 습관 또는 행동 모양 등과 일부 직종을 나타내는 말에 붙어 그러한 사람을 가리켜 낮게 이르는 말"로 쟁이를 설명하고 있다. 한자로는 장(匠)으로 표기되어 있기도 하다. 현대적으로 해석하면 '쟁이'는 근성 있는 직업인이 아닐까.

사회가 발전하는 양상에 따라 기자의 모습도 변한다. 구한말과 일제 시대의 기자상은 애국지사, 민족지도자로 국민에게 비쳐졌고, 광복 후의 기자상은 자유 민주주의를 쟁취하는 선봉장으로 자리매김했다. 국부로까지 불렸던 이승만 정권과 경제 개발로 미화되었던 박정희 정권, 전두환, 노태우 정권에 이르기까지, 자유 민주주의를 쟁취하는 데 기자들도 한몫 했다는 것은 누구나 인정할 것이다. 그러나 뉴 밀레니엄을 맞은 오늘에 이르러 기자의 위상은 평범한 샐러리맨처럼 되었다고 한다면 지나친 표현일까?

우리 사회에는 다양한 직종이 있다. 기자도 그 중의 한 직종에 불과한 것이다. 그러나 사회에 대한 책임 의식과 사회로부터 누리는 특혜(?) 등에 자유로울 수 없다. 그 같은 의식이 없다면 소위 기자 정신이 실종했다고 말할 수 있다.

신문 기사 무섭다는 표현에 촌철살인(寸鐵殺人)이라는 말이 있다. 이 말은 펜의 위력을 극명하게 나타낸 것이다. 펜 하면 기자, 기자 하면 펜으로, 펜은 기자의 분신이라 해도 과언이 아니다. 지금은 컴퓨터가 보급되어 취재 현장에서 키보드가 펜을 대신하지만 아직도 번개 취재 현장에서는 예외 없이 펜이 등장한다. 이처럼 펜은 기자의 상징물이다. 때문에 펜이 꺾이면 자유도 보장 받을 수 없고 펜이 꺾이면 민주주의도 그늘로 숨어 버린다 하지 않았던가?

사실 기자는 누구나 할 수 있지만 아무나 할 수 있는 건 아니다. 정보화 시대에 접어든 오늘날 기자의 역할은 전문화되고, 세분화되고 있다.

신문 기자와 방송 기자. 정보를 수집하고 취재해 보도한다는 본질적인 면에서는 대동소이하지만 각론으로 들어가면 상당한 차이가 있다. 신문 기자는 활자 매체로 의사(사상)를 전달하지만 방송 기자는 영상 매체 또는 음성을 통해서 의사를 전달하기 때문에 그 기질과 자질에서 차이점이 있을 수밖에 없다.

신문 기자에게 은근과 끈기를 바탕으로 한 날카로운 비판 능력이 요구된다면 방송 기자에게는 발랄하고 창의력이 돋보이는 언행이 필수적이라고 할 수 있다. 오프라인의 신문은 제한된 지면의 한계로 인해 활자와 활자 사이, 어구와 어구 사이의 행간에 기자가 못다 쓴 의미를 숨겨 두어 독자로 하여금 상상의 나래를 펼 수 있는 제2의 사상의 광장을 마련해 준다. 영상 매체인 TV 방송은 순간순간 사라지는 영상의 특성상 톡톡 튀는 언행이 아니면 시청자들에게 쉽게 각인되지 못한다. 때문에 TV는 사회가 진화될수록 더 섹시하게, 더 발랄하게, 더 도발적으로 제작되고 있다.

활자 매체인 신문은 칼럼, 사설 등 상상과 반추가 필요한 내용은 줄을 쳐 가면서 음미하는 것이 가능하지만 TV는 이런 반추가 어려운 것이 사실이다.

신문쟁이와 방송쟁이는 광의에서는 비슷할지도 모르나 협의에서는 소와 말같이 서로 다른 종인지도 모른다.

뉴스는 속보성에서 언제나 자유로울 수 없다. 방송의 경우 긴급 뉴스가 발생하면 오락 프로그램이 방송 중이라 하더라도 하단에 뉴스를 '자막'으로 처리할 수 있지만 신문은 이미 발행되고 나면 그날은 더 이상 소식을 실을 수가 없다. 호외로 응수하기엔 시간이 많이 걸리고, 그 호외 역시 기록에 의미가 있을 뿐이다.

방송은 심지어 24시간 내내 뉴스를 쏘아대고 있으니 보도 및 오락 기능에서는 신문이 TV를 도저히 따라갈 수 없다. 때문에 신문은 비판에, TV는 오락에, 온라인은 속보로 전문화, 고급화되어 가는 추세이다.

이제 언론계도 환골탈퇴해야 한다. 언론계는 80년대 이후 시설 장비 면에서는 업그레이드되었다. 그러나 콘텐츠를 생산하고 운영하는 인적 자원은 더 업그레이드되어야 한다. 신문은 신문대로, 방송은 방송대로 기능과 역할에 맞게 아름다운 변신을 이루어야 하기 때문이다.

지금은 신문 기자와 방송 기자의 기질에 큰 차이가 없어 보이지만 앞으로는 변화해야 한다. 변화하지 않으면 정보화 시대, 자생력을 잃어버릴 것이다.

최근, '기자'라고 하면 긍정적인 것보다 부정적인 이미지가 더 짙게 깔려 있다.

그러나 이전의 기자상은 오늘의 모습과는 사뭇 달랐다. 서재필, 장지연, 함석헌, 장준하, 천관우 등 애국지사, 민족지도자 등의 이미지를 가지고 있었다.

조선 시대, 선비는 나라를 걱정하는 지식인으로 백성을 위해 목숨을 초개처럼 내어 놓고 상소를 올리곤 했다. 조선조 대표적 개혁 사상가인 정암 조광조. 당시 사람들은 그를 두고 '광자(狂者)', '화태(禍胎)'라 불렀다. '미친 사람', '화를 낳는 사람'이란 뜻이다. 원칙에 철저하고 앎과 행함을 일치시키려 했던 그가 이같이 불렸다는 사실은 그때도 지금같이 매끄러운 선비가 사회적으로 출세하고, 요령이 판치는 세상이었음을 실증하는 사례라 할 수 있을 것이다.

조선 중기 새로이 등장한 정치 세력인 사림(士林)은 집권 세력인 훈척의 비리와 부도덕성을 비판하고 '송곳 하나 꽂을 땅이 없이, 추위와 굶주림에 신음해야 했던' 당시 상황을 성리학적 이념과 제도로 왕도국가를 세우려 했던 것이다. 이들은 연산군 때 사화로 많은 인재를 잃는 시련에도 좌절하지 않고 꾸준히 학문을 연마하고 개혁의 의지를 불태웠다. 1515년 드디어 조광조를 중심으로 한 사림의 인재들이 중종의 부름으로 삼사(사헌부, 사간원, 홍문관)를 비롯한 요직에 두루 등용돼 본격적인 개혁을 위한 발판을 마련했다. 그러나 훈구파의 끈질긴 저항으로 조광조는 그의 이상인 '왕도정치'를 이 땅에 꽃피우지 못하고 사약을 받고

38세의 짧은 삶을 마감했다.

겨우 한 세대 밖에 살지 못했던 그의 삶을 이처럼 사회가 시끄러울 때 재음미하는 것은 그가 추구했던 이상도 중요하지만 어떠한 난관에도 굴복하지 않고 뜻을 관철하려 했던 실천적인 행동에 더 박수를 보낼 필요가 있기 때문이다.

'시일야방성대곡'으로 애국지사, 대기자로만 알려졌던 장지연 선생이 말년에 친일을 했다는 지방지의 보도는 안 보았으면 하는 안타까운 설움이 앞섰다. 그것은 철저한 저항 언론의 이미지가 그가 없음으로 훼철의 변을 들을 수 없기 때문이다.

한국의 기자 정신은 멀게는 삼국 시대로까지 거슬러 올라갈 수도 있으나, 고려 말에서 조선 개국의 혼란기에서 찾음이 현실적이지 않을까 싶다.

정몽주, 이색, 길재를 중심으로 한 의리론이 옳은지, 이성계, 최영 등이 주장하는 시대정신이 옳은지는 당시로서는 판단하기 쉽지 않았을 것이다. 쓰러져 가는 왕조를 붙들고 충성을 외쳐 대는 것은 지식인의 무모한 해프닝쯤으로 보일 수도 있겠으나 역적으로 몰리면 삼족이 멸족되어 가문의 문을 닫아야 하는 현실에 의지를 굽히지 않고 절의를 지키는 것이야말로 한 시대의 지식인이 가야 할 정도다. 이 같은 절의 정신은 조광조, 황현 등으로 이어져 오다가 근·현대 기자 정신으로 발전되지 않았나 싶다.

지식인의 행동은 반듯하고 일관돼야 한다. 이 정권에 하는 말이 다르고 저 정권에 하는 말이 달라서는 역사를 기록하는 기자로서 함량 미달이다.

교수, 사장, 문인 … 전문성은 곳곳에서 빛을 발하다

| 반영환 |

전 한국문화재신문 사장. 조선일보, 경향신문을 거쳐 서울신문 문화부장, 편집부 국장, 주간 국장, 종합조정실장, 논설고문 등을 역임했다. 한국기자상을 수상했으며 저서로는 『신문방송학개론』 『한국의 성곽』 등이 있다.

웅지를 품고 언론계에 입문하려는 예비 기자들에게 기자를 그만두면 무얼 할 수 있는지 화두를 꺼내는 것은 망발에 가까운 듯하다. 그러나 인생의 긴 도정을 놓고 생각한다면 결단코 무익한 '망상'이 아니라 해봄직한 장기적 설계임을 말해 두고 싶다. 산에 오르면 내려갈 준비를 해야 한다고 하지 않는가. 인생을 자신의 설계대로 헤쳐 나가려 한다면 입문할 때 퇴임 후의 일을 입력해 두는 게 헛된 일은 아닐 것이다. 더욱이 요즘처럼 불확실성의 시대에는 말이다.

1998년 IMF 사태 이후 구조조정이라는 이름으로 많은 언론인들이 신문·방송사를 떠났다. 대체로 58~60세이던 정년이 무시된 채 밀려난 것이다. 대량 해고된 그 많은 퇴직 언론인들은 지금 어디서 무엇을 하며 지내고 있을까.

통찰력과 판단력, 기획력이 성공의 동력

퇴임 후 많은 언론인들이 대학으로 옮겨 갔다. 다른 전공 분야도 있겠지만 대부분 언론정보학 관련 강의를 맡고 있다. 20여 년, 혹은 30여 년 동안 언론계 일선에서 활동했던 현장 체험이 대학에서는 필요하기 때문이다. 우리나라 대학들이 대체로 학술적인 이론에만 치우쳐 있는 실정이어서 신문, 방송, 잡지 제작의 일선에서 쌓아 올린 경험은 매스컴 교육의 취약성을 보완하고 개선하는 데 크게 도움이 된다. 대학에서는 이런 실무 교육을 강화하기 위해 겸임교수 혹은 석좌교수 등의 타이틀로 퇴직 언론인들을 모셔 간다. 지금은 대학마다 언론정보학과가 있고 특수 전문대학이 많아서 유휴 언론계 인력을 흡수하고 있다. 퇴직 언론인에게나 대학에나 다 좋은 일이다. 퇴직 언론인의 대학 유입 현상은 앞으로 더욱 늘어날 것으로 보인다. 대학 교육이 점차 실용주의화하고 취업 위주로 개편되는 추세이기 때문이다.

대학에서 가르치려면 우선 높은 경쟁을 뚫어야 한다. 거기에는 기자 시절의 특정 분야에 대한 탁월한 전문성이 수반되어야 한다. 기자 시절의 취재, 보도, 편집의 경험은 기자라면 누구에게나 다 있다. 누구에게나 공통된 체험이면서 자기만의 독특한 영역을 갖춰야 한다. 일종의 브랜드라고나 할까. "어느 분야에는 이 사람을 따를 만한 기자가 없다."는 평을 들을 정도가 되어야 한다. 작고한 영화 전문 기자 J씨는 영화평론가로 이름을 날렸던 분이다. 신문에 실리는 그의 영화평은 정평이 나 있었으며 국내외 영화에 대한 그의 해박한 지식은 영화사전이라고 할 정도였다. 그는 방송에서 <명화극장> 해설을 맡아 인기를 누리기도 했다. 장담컨대 전문성을 갖춘 그 분야의 독보적 존재가 된다면 퇴임 후 대학 강단에 서는 일은 걱정 안 해도 된다. 이렇게 되기 위해서는 기자 시절 남보다 더 많은 각고의 노력을 해야 할 것임은 두말할 필요가 없으리라.

언론사를 그만둔 뒤 스스로 창업을 해 경영자가 돼 성공하는 사례도 적지 않다. S일보, M경제신문 등은 현역 기자가 창업주가 된 대표적 케이스다. 언론사가 아닌 일반 기업을 일으켜 성공적으로 운영하고 있는 사람도 적지 않다. 기업인, 경영자로서의 자질을 갖추었다면 얼마든지 가능한 일이다. 하긴 기자로서 현장을 뛰어다니며 경쟁사에 지지 않고 앞서 가려는 끊임없는 도전과 투지는 기업 경영에도 일관되게 요청되는 과제일 것이다.

사실 기자란 직업은 끊임없이 새로운 것에 도전하고 매일 매일 지면을 놓고 전투를 치르는 병사와 같다. 다른 경쟁사와의 싸움, 자신과의 싸움, 마감시간과의 싸움…. 이 모든 것들이 약육강식의 정글의 법칙이 통용되는 기업의 세계와 맥을 같이한다.

퇴직 기자들이 많이 진출한 분야는 출판사다. 사회과학 분야 출판으로 손꼽히는 H사, 문학 작품 전문출판사인 M사, 미술 분야 전문 출판사인 Y사 등의 대표가 모두 언론인 출신이다. 출판에서의 성공은 신문이나 출판이 지식 산업이라는 공통점을 갖기 때문일 것이다. 경영자 개개인의 탁월한 경영 능력이 일차적인 관건이긴 하지만. 여기다 기자들 특유의 예리한 통찰력이나 판단력, 기획력이 성공을 가져오는 동력이 되었을 것이다. 80년 신군부에 의한 언론인 강제 축출, 70년대 동아투위 사건 당시 언론을 떠났던 기자들 중 상당수가 출판계로 옮겨 간 것도 양자의 관계를 설명해 준다.

5.16 군사혁명 이후 언론인의 정계 혹은 관계 진출은 열거하기조차

힘들 정도로 다반사가 됐다. 특히 군사혁명이나 군부의 집권 등의 비상사태에서는 언론인 빼가기가 극심하다. 집권 세력은 새로운 엘리트를 필요로 하기 때문이다. 그 결과 많은 언론인들이 정계로, 관계로 진출해 개인적인 영욕(榮辱)을 겪었다. 그러나 이 경우는 정년퇴임이 아닌 재직 중의 '도중하차'라는 점이 다르다. 언론계의 유능한 인재들이 둥지를 버리고 권력을 찾아 훌쩍 떠나는 일은 모양새가 좋은 건 아니다. 문제는 이런 변신이 국가 민족을 위한 선택인가, 아니면 일신의 영달을 위한 수단인가 하는 데 있다. 전자라면 시비의 대상이 될 수 없겠으나 후자 쪽이라면 지탄을 면할 수 없을 것이다. (불행히도 우리가 보아온 변신은 대부분 후자에 속한다.)

기자는 최고 통치자인 대통령에서부터 길거리의 거지까지 다양한 취재 대상을 만난다. 신분이나 귀천의 차이가 없다. 그런데 정치부 기자들은 권력의 핵심부와 접촉할 기회가 많아지고 자연스레 친소(親疎) 관계가 생겨나고 그런 인연이 발탁의 계기가 된다. 현 국회의원 중에는 언론인 출신이 어느 직업군보다 많다. 작년까지 야당 대표였던 의원도 언론인 출신이다. 여야의 최고위원 중에는 여러 명의 전직 언론인이 포함돼 있다. 정계뿐 아니라 관계에서도 언론인의 진출은 두드러진다.

1970년대 정부에 각 부처 대변인 제도가 생기고 문공부에 해외공보관 제도가 시작됐을 때 현직 기자들이 대거 관료로 입신했다. 당시 정통 관료인 한 중앙부처 과장이 독백처럼 이렇게 내뱉었다고 한다. "이제부터 자식은 기자를 시켜야겠다." 기자들의 낙하산식 고공 인사에 대한 직업 관료의 항변인 셈이다.

아름다운 회귀

조기 퇴출당한 기자 후배로부터 우편물을 하나 받았다. 소포 포장지를 벗겨 내니 뜻밖에도 한 권의 시집이 나왔다. 후배의 이름으로 된 시집이었다. 기자 시절 사회부 기자로만 일했던 그가 시를 쓰고 시집까지 출간한 사실은 동료들과 선후배들을 놀라게 했다. 후배는 서문에서 "중학교 때 시를 썼는데 바쁜 기자 생활에 잠시 접어두고 있었다. 그러나 이제 자유인이 되어 좋아하는 시를 다시 쓰게 되었다."고 털어놓았다. 그가 신문사를 그만둔 지 1년 만의 일이었다.

중앙 일간지에서 30여 년을 외신부 기자로 근무하다 정년을 맞은 K 씨는 꽤 이름 있는 대기자였다. 그는 신문사를 그만둔 지 5년 만에 고려 시대 무인 정권을 소재로 한 대하 역사소설 5권을 출간하며 화려하게 데뷔했다. 앞으로 5권을 더 내 전 10권으로 마무리하겠다는 포부도 밝혔다. 허다한 역사적 사실을 추적해야만 가능한 역사소설을, 그것도 대하소설을 쓸 수 있었던 건 우연이 아니다. 고교 때 문학청년인 데다 기자 생활을 하는 동안 꾸준히 역사에 대한 관심을 게을리 하지 않았기 때문이다. 짬을 못내 오래 묻어 두었던 광석을 다시 꺼내 갈고 닦은 결실이다. 이것은 참으로 '아름다운 회귀' 라고 할 수 있겠다.

이러한 회귀는 문학에서만 보게 되는 건 아니다. 미술이나 서예, 음악 분야에서도 가능한 일이다. 퇴직 후에 전시회를 성공적으로 열어 화제를 모은 원로 언론인도 있다. 문제는 현역 시절 자신의 취미 또는 관심 분야에 대한 오랜 섭렵과 숙성이 전제되어야 한다는 것이다.

기자로서의 경험을 바탕으로 저술 활동을 하는 것도 바람직한 변신이다. 기자나 저술가나 글로써 메시지를 전달하는 건 마찬가지이다.

평생 글을 쓰며 살아온 기자가 퇴직 후에도 글을 쓴다는 것은 아주 자연스런 작업의 연장이라 할 수 있지 않은가?

돈, 술, 시간, 사람…기자를 이해하는 키워드 네 가지

| 이희용 |

연합뉴스 여론매체부 차장. 소설문학 기자, 세계일보 생활부 기자를 거쳤다. 연합뉴스에 입사 후 문화부를 거쳐 현재 여론매체부에서 일하고 있다.

돈, 얼마나 벌까?

기자들의 보수가 많다는 소문은 과연 진실일까.

엄밀히 따지자면 '아니다'가 진실에 가깝다. 언론사가 우후죽순처럼 늘어나면서 평균 연봉이 내리막길을 걸어온 데다 그나마 괜찮다던 중앙 일간지의 상당수도 'IMF 한파' 이후로 이젠 옛말이 된 것이다.

그러나 이른바 잘나간다는 조선, 중앙, 동아 등 메이저 신문과 서울의 지상파 방송사들은 아직도 다른 어떤 업종과 견주어도 최고 수준이다. 골라서 들어갈 수 있다는 보장만 있다면 보수만 생각하더라도 기자란 직업은 충분한 매력이 있다.

기자들의 보수를 한마디로 딱 잘라 가늠하기는 어렵다. 회사마다 천차만별이고 부익부 빈익빈 현상이 두드러져 산술평균을 낸다는 게 큰 의미가 없다. 더욱이 회사마다 연봉을 산정하는 기준이 다를 뿐 아니라 그나마 정확하게 공개된 적도 거의 없다. 조선일보처럼 개인에게 법인카드를 나눠 주어 취재비에 쓰도록 하는 곳이 있는가 하면 취재 수당, 교통비, 식비 등을 급여와는 별도로 계산해 주기도 하고 연말 실적에 따라 성과급을 지급하기도 한다.

최근 조사 결과 가운데 기자들의 전체 평균 연봉을 추정할 수 있는 통계는 2001년 10월 전국언론노동조합이 정부의 '주 5일 근무제' 도입 방침과 관련해 3년 경력 이상의 일선 취재 기자 131명을 대상으로 실시한 것. 조사 대상자의 전체 평균 연봉은 3574만 2000원으로 지방(3015만 9000원)보다 서울(3968만 7000원)이, 신문(2632만 6000원)보다 방송(4486만 8000)이 많았다.

한국언론재단이 2003년 3월 12일부터 4월 2일까지 전국의 신문, 방송, 통신사 기자 713명을 대상으로 실시한 조사에서는 평균 연봉 2000만 원 미만이 20.3%, 2000~3000만 원이 19.4%, 3000~4000만 원 19.8%, 4000~5000만 원 17.8%, 5000~6000만 원 11.2%, 6000~8000만 원 6.9%, 8000~1억 원 3.2%, 1억 원 이상 0.8% 등이었다.

평균 연봉 3500만 원대는 노동부가 2003년 8월 발표한 5명 이상 사업장의 평균 연봉 2443만 2000원보다 1000만 원 남짓 많은 수치. 그러나 언론사들이 대부분 300명 이상의 사업장이고 기자들의 99%가 대졸 이상의 학력이라는 점을 감안하면 전체 업종의 평균 수준에서 벗어나지 못한다.

위의 조사 결과에서도 짐작할 수 있듯이 대다수 지방 신문사들의 임금 수준은 열악하기 짝이 없다. 상대적으로 많은 신문들이 난립하고 있는 호남이나 충청 지역은 사정이 더욱 어렵다.

2001년 충북도기자협회의 설문조사에서는 61.3%가 연봉 2000만 원 미만이라고 응답했고, 2000년 광주전남기자협회의 조사에서는 1년 차와 10년차 기자들이 각각 1300만 원과 2800만 원이라고 대답했다.

이쯤 되면 대학생의 아르바이트 수준과 별다를 것이 없다. 올해 노동부의 최저 임금 월 56만 7260원(하루 8시간, 주 44시간 근무 기준)을 간신히 웃도는 형편이다.

그러면 이들이 어떻게 가계를 꾸려 나가고 자녀를 교육시키며 품위까지 유지하겠느냐고 혀를 찰 만하다. 아닌 게 아니라 사정이 이렇다 보니 취재와 기사 작성이라는 본업보다는 세일즈에 매달리거나 이권에 개입하는 일도 생긴다. (보통의 신문사들은 정기구독자나 광고주를 유치하면 일정액의 성과급을 주는데 이 수입이 더 큰 경우도 있다.)

그러면 반대로 괜찮다는 언론사는 보수가 어느 정도 수준일까. SBS는 코스닥 등록기업이어서 비교적 임금 수준이 투명하게 드러난다. 지난해 시가 총액 상위 20개 기업 가운데 SBS의 평균 연봉은 7200만 원으로 하나로통신, 기업은행, 동서, KTF 등을 제치고 1위에 올랐다. (SBS는 지난해 월드컵 특수로 인한 흑자분의 성과급이 포함돼 있어 평소보다 다소 늘어났다고 설명한다.)

'빅3'라고 불리는 조선, 중앙, 동아의 경우 2002년 연간 인건비를 종사자 수(정규직 및 비정규직 상근 근로자)로 나누면 각각 9693만 5000원, 7352만 6000원, 6157만 6000원으로 집계됐는데 여기에는 파트타임 근로자 등의 임금이 포함돼 있어 실제 1인당 평균 인건비는 이보다 조금 낮을 것으로 추산된다.

언론계에서는 SBS와 조선일보의 보수가 가장 많고 MBC와 중앙일보가 그 다음에 위치하며 KBS, 동아일보, 연합뉴스, 한국일보 등이 뒤를 따르고 있는 것으로 보고 있다. 한겨레는 출범 때부터 임금 수준이 낮았지만 우리사주조합이 대주주가 된 경향, 대한매일, 문화, 그리고 종교재단이 운영하는 국민과 세계도 'IMF 한파'를 지나며 급락했다. 경제지나 스포츠지의 경우에도 대체로 시장 점유율이나 매출 규모 등에 임금 수준이 비례한다.

70년대까지만 해도 기자들은 고학력 전문직으로 인정받아 온 것에 비해서는 낮은 보수를 받았다. 월급보다는 가치 추구를 더 중시하는 '지사형' 기자들이 많았던 덕분이기도 하지만 "기자들이 월급 갖고 사느냐."란 말이 있을 정도로 이른바 '촌지'나 '떡값' 같은 대가성 금품을 공공연히 받는 일이 적지 않았던 탓도 있을 것이다.

80년 언론통폐합 조치로 전국의 언론사는 통신사 1개, 방송사 2개, 중앙 종합지 6개, 영자지 1개, 경제지 1개, 스포츠지 1개, 지방지는 1도 1사로 축소된다. 이들에게 독점적 이익을 보장해 주면서 근로소득세 일부 면제 등의 혜택을 주니 기자들의 보수는 늘어날 수밖에 없었다. 87년 '6월 항쟁' 이후 언론기본법이 개정되면서 88년부터 언론사들이 부쩍 늘어나지만 일부 재벌과 종교 집단 등이 사세(교세) 확장의 수단으로 뛰어든 데다 수요에 비해 기자들의 공급이 딸려 보수의 상승세는 한동안 멈추지 않았다. 그러나 이 추세가 계속될 수는 없는 일. 과열 경쟁에 따라 수익성이 악화되자 일부 신문사에서는 임금 인하가 시작됐고 'IMF 사태'로 결정타를 맞았다. 그 뒤 지상파 방송사와 메이저 신문사들은 예전 수준을 회복했지만 아직도 많은 언론사들이 불황의 터널에서 벗어나지 못하고 있다.

일, 얼마나 할까?

기자는 오래 전부터 바쁜 직업 가운데 하나로 꼽혀 왔다. 뉴스란 게 언제 어디서 터질지 모르는 데다 매체 성격에 따라 매일, 혹은 매시간 기사를 써 대야 하기 때문이다. 또한 업무 자체가 공적 성격을 띠고 있어 개인 시간을 내기란 쉽지 않다.

휴가를 몇 년째 제대로 써 본 적이 없다든지, 동창회 때마다 일이 생겨 친구들 사이에서 '왕따'를 당했다든지, 경찰서를 출입하던 기자가 데이트할 틈을 내지 못해 애인을 놓쳐 버렸다는 따위의 일화가 비일비재하다.

한국언론재단이 한국리서치와 함께 2003년 3월 12일부터 4월 2일까지 전국 신문 - 방송 - 통신사 기자 713명을 대상으로 실시한 조사 결과에 따르면 응답자들은 하루 평균 11시간 4분 일하는 것으로 나타났다.

2001년 전국언론노동조합이 전국 32개 신문·방송사의 3년 경력 이상 일선 취재 기자 131명에게 물어본 조사에서도 일주일 평균 근무 시간은 66.88시간에 이르렀다. 이는 노동부가 2003년 7월 발표한 5인 이상 사업장의 1인당 주당 근로 시간 45.5시간에 비해 1.5배에 가까운 수치. '기자가 바쁘다.'는 말이 과장이 아님을 알 수 있다.

그러나 이런 의문을 제기하는 사람도 없지 않다. "주변에 기자들을 보면 아직도 낮술을 마시는가 하면 낮잠을 자기도 하고 심지어 근무 시간에 목욕탕을 가기도 하더라. 근무 시간 자체는 길다고 해도 공장의 기계가 돌아갈 때는 자리를 떠나지 않고 쉴 새 없이 몸을 놀려야 하는 제조업의 생산직 근로자보다는 실제 노동 강도가 약한 것 아니냐?"

물론 맞는 말이긴 하다. 그러나 이렇게 반문할 수도 있겠다. "제조업의 생산직 근로자들은 특별한 경우를 제외하고는 근로 현장을 떠나면 일에서 해방된다. 하지만 대부분의 기자들은 집으로 퇴근해서나 휴가를 가서도 회사의 촉수에서 벗어날 수 없다. 잠자리나 술자리에서 호출을 받기도 일쑤고 밥 먹을 때도 기사 아이템이나 기사의 첫 문장을 골똘히 생각한다. 말단 사원까지 이처럼 회사와 일 걱정을 많이 하는 직업이 또 있을까?"

실제로 언론노조 조사 응답자의 87.8%는 노동 강도가 높다고 생각하고 있으며 노동 과정에서 육체적·정신적 피로를 많이 느낀다는 하소연도 각각 83.2%와 86.3%에 이르렀다. 이렇다 보니 건강상의 문제가 안 생겨날 리 없다. 응답자의 45.0%가 "건강에 문제가 있다."고 대답해 충격을 안겨 주고 있다. 지역별·매체별로는 지방과 방송에서 더 심했으며 연차별로는 6~10년에 가장 문제가 많았다가 이후로는 건강 관리에 신경을 쓰고 있는 경향을 나타냈다.

2000년 원광대 복지보건학부 김종인 교수의 직업별 사망 연령 조사에 따르면 언론인이 65세로 12개 직업군 가운데 가장 낮았다. 스트레스나 술에 의한 원인도 적지 않겠지만 종교인(79세)은 물론 전체 평균(71세)에 비해서도 많은 차이를 보이는 것은 노동 강도와 깊은 연관이 있음을 시사한다.

언론재단 조사 결과에 따르면 하루 평균 근무 시간은 중앙 방송사가 13시간 44분, 통신사 11시간 20분, 지방 방송사 11시간 19분, 중앙 종합지 11시간 6분, 특수 방송사 11시간 4분, 스포츠지 10시간 57분, 경제지 10시간 53분, 지방지 10시간 22분 등의 순이었다.

부서별로는 사회부가 11시간 53분으로 가장 많았으며 정치부(11시간 41분), 경제부(11시간 10분), 체육·생활부(11시간), 사진·카메라부(10시간 56분), 문화부(10시간 45분), 국제·북한부(10시간 42분), 편집·독자·조사부(9시간 42분) 등이 뒤를 이었다.

표면적으로는 24시간 뉴스 체제를 유지하고 있는 방송과 통신이, 하루 한 번 발행하는 신문보다 근무 시간이 길다. 또 스트레이트 뉴스를 주로 처리하는 부서가 기획 기사를 많이 다루는 이른바 '간지(間紙) 부서' 보다, 외근 부서가 내근 부서보다 더 오래 근무한다. 근무 시간이 길다고 노동 강도가 더 세다고 단정할 수는 없다. 근무 시간과 휴식 시간의 구분이 모호해 '쉬면서도 쉬는 게 아닌' 경우도 있고 회사마다 부서마다 여건이 다르다.

문제는 세월이 갈수록 삶의 질이 나아져야 할 텐데 기자들의 세계에서는 날이 갈수록 노동 강도가 악화되고 있다는 사실. 하루 평균 근무 시간도 2년 전 조사에 비해 17분이 늘어났으며 지면과 방송 시간, 그리고 매체 수효가 늘어났음에도 불구하고 전체 언론 종사자 수는 줄어드는 추세를 보이고 있다.

구체적인 수치 말고도 체감 노동 강도도 훨씬 높아졌다. 10년 전만 해도 출입처 기자실에서 낮잠을 자거나 동료들과 노닥거리는 풍경은 흔히 볼 수 있었으나 지금은 모두 기사 쓰기 바쁜 형편. '바람도 쐴 겸'이라는 핑계로 출장 날짜를 넉넉하게 잡던 관행도 사라졌다. 매체가 늘어나면서 언론사마다 시장에서 살아남기 위해 불을 뿜는 경쟁을 펼치는 것도 노동 강도 강화의 주범이다. 경쟁지 동료 기자들의 기사를 적당히 베끼던 풍토는 이제 찾아보기 어렵다.

기술의 발달과 시스템의 개선이 업무의 효율성을 높이는 측면도 있겠지만 반면에 기자들의 노동 강도를 높이는 데도 많이 활용된다. 무선 호출기(삐삐)에 이어 등장한 휴대 전화는 일명 '족쇄'로 불리고 있으며, 디지털 카메라의 보급도 취재와 사진 겸업, 현장 즉시 송고 등의 관행을 만들어 기자들의 업무를 가중시키고 있다. 인터넷의 확산 또한 자료 수집 등의 시간을 획기적으로 줄이는 대신에 속보 경쟁을 일상화시키고 있다.

노동 강도가 강화되는 추세에는 어쩔 수 없는 측면도 있고 바람직한 모습도 담겨 있다. 그러나 장기간에 걸친 기획기사나 탐사보도를 시도할 가능성이 줄어들고 재충전이나 자기 계발을 위한 시간까지 갉아먹고 있는 것은 기자를 더욱 소모적인 직업으로 내몰고 있다.

술, 얼마나 마실까?

기자와 검사들이 폭탄주를 한 입에 들이키면 함께 마시는 사람들이 박수를 쳐 주는 까닭은? '기자와 검사들은 평소 박수 받을 일이 없기 때문에 이때만이라도 서로 박수를 쳐 준다.'가 정답이다.

맥주잔에 맥주를 채운 뒤 위스키를 따른 양주잔을 빠뜨려 함께 마시는 폭탄주는 검사와 기자들 사이에서 시작돼 널리 확산됐다는 것이 정설. 기자들이 칭찬보다 비난을 많이 받는다는 세태를 자조적으로 희화화한 농담이지만 그만큼 기자 세계에서 폭탄주가 일반화돼 있다는 사실을 말해 준다. 치아교정기를 낀 문화일보의 한 여성 수습기자가 경찰 출입 기자 반장(일명 시경 캡)의 강권을 뿌리치지 못한 채 빨대로 폭탄주를 세 잔이나 비웠다는 이야기가 아직도 들려오는 것을 보면 기자들의 폭탄주 문화가 얼마나 깊고 넓게 뿌리박혀 있는지 짐작할 만하다.

그러면 기자들은 왜 폭탄주를 즐겨 마시는 것일까. 빨리 취하려고, 맛있으니까, 재미있으니까, 구성원 간의 단합을 위해… 이 모든 게 정답일 수도 있고 다 아닐 수도 있다. 기자들과 폭탄주를 마신 뒤 '파업 유도' 발언을 해 물의를 빚은 진형구 대검찰청 부장검사는 국회 청문회에서 "폭탄주를 왜 마시느냐."는 국회의원의 질문에 "양주가 독해 맥주를 타서 마신다."고 답변해 실소를 자아내기도 했다.

기자에게는 일상적인 취재원과의 술자리를 하나 예로 들어보자. 장관(대기업 사장이나 경찰서장 등으로 바꾸어도 상관없다.)과 출입 기자 20여 명이 한자리에 앉으면 맥주로 '입가심'을 한 뒤 곧바로 폭탄주가 돌아간다. 소주잔이나 양주잔을 섣불리 주고받았다가는 장관이 기자들의 잔 세례를 모두 감당하기도 어렵거니와 "누구 잔은 받고 누구 잔은 안 받느냐."는 항의를 받기 일쑤이기 때문이다.

'언론과의 건강한 긴장 관계'라는 새 정부의 원칙을 앞장서서 실천하고 있는 이창동 문화관광부 장관까지도 기자들과의 저녁 간담회에서 폭탄주(비록 양주 대신 소주지만)를 만들어 마신 것은 이러한 문화를 반영하는 것이다. 부서의 회식 자리도 마찬가지이다. 부장이 부원들의 잔을 다 받기도 쉽지 않고 누구는 주고 누구는 안 주는 것이 신경 쓰이므로 평등하게 - 주량 차이를 감안하면 결코 평등하지 않지만 - 폭탄주를 돌리는 게 편하다.

폭탄주가 아니더라도 기자 세계에서 술자리는 흔하다. 스트레스를 풀기 위해, 부서의 단합을 위해, 동료 기자와의 친목 도모를 위해, 취재원과의 원활한 인간관계를 위해 일상적으로 술을 자주 마신다. 이 때문에 건강을 상하는 사람도 많고 구설수에 오르거나 사고를 당하는 일도 심심치 않게 벌어진다.

2002년 4월에는 서울행정법원이 간암으로 숨진 동아일보 기자에 대해 '업무상 재해'라고 인정했다. 기자 생활을 하면서 불가피하게 취재원과의 교섭 및 접대를 위해 과음을 했다는 것이다.

실제로 세상을 떠들썩하게 한 폭탄 발언은 대개 술자리에서 흘러나온 것이고 취재원의 '취중진담' 속에서 특종의 단서를 얻는 사례도 많다. 술자리에서 일찍 일어섰다가 낙종을 했다는 쓰라린 경험담도 적지 않다. 무엇보다 한국적인 풍토에서는 함께 취한 경험을 나눠야만 친해졌다고 느끼는 경우가 많아 기자들이 술자리를 외면하기는 어렵다.

언론재단이 2001년 전국 언론인 780명을 대상으로 실시한 의식조사에서는 일주일 평균 음주 횟수가 3회 이상이라는 응답자가 38.8%로 가장 많았고 2회 31.0%, 1회 24.8%로 나타났다. 남자 평균은 2.33회, 여자는 1.53회였고 술자리에 할애하는 시간은 하루 평균 49분이었다.

그러면 체질적으로 몸에서 술이 잘 안 받거나 술자리를 싫어하는 사람은 기자로서 자격에 문제가 있는 것일까. 그렇다고 볼 수도 있지만 술을 잘 마시지 않으면서도 훌륭한 기자가 되는 사례도 적지 않다. 더욱 '다행스러운' 것은 술이 아닌 것으로 기자들과 친해지려는 취재원(홍보대행사의 담당자들은 여성이 많다.)이 늘어나는 데다 기자 사이에서도 술자리가 눈에 띄게 줄어들고 있다는 것이다.

중앙일보 사보가 2001년 1월 직원들을 대상으로 실시한 설문조사에 따르면 일주일 평균 음주 횟수는 1~2회가 36.7%, 3~4회가 25.3%로 나타났다. 그런데 일주일에 3회 이상 술을 마신다는 응답자는 40대 가운데 62.5%나 되는 데 비해 30대로 가면 38.3%로 뚝 떨어지고, 20대에서는 14.3%에 지나지 않는다. 개인주의적 성향이 강하고 컴퓨터나 영화 등 다른 여가 수단을 많이 갖고 있는 젊은 세대들이 술을 덜 마시는 것이다.

이러한 추세를 반영해 최근 어떤 언론사나 어떤 부서에서는 술자리 대신 볼링장, 콘서트장, 영화관에서 비 음주 단합대회를 열기도 한다. 그러나 아직도 기자들이 다른 직종에 비해 술을 자주 마시고 술자리와 일의 연관 관계가 깊은 만큼 현명한 대처 방법이 필요하다.

술을 좋아하는 사람이라도 주량을 넘어서는 음주는 절대로 피해야 한다. 예전에는 취중 실수가 '무용담'처럼 회자되기도 하고 숙취 때문에 지각을 하거나 낮잠을 자는 것이 용인됐으나 이제는 그렇지 않다. 술에 취해 다른 사람에게 피해를 주거나 이튿날 일에 지장을 준다면 자기관리에 불철저한 사람으로 낙인찍히기 십상이다.

술을 잘 못 마시는 사람도 술자리를 피하려고 하면 여러 가지로 불이익이 따를 수 있다. 회사 내 술자리라면 큰 문제가 되지 않지만 중요한 취재원이라면 문제가 달라진다. 취재원이 술자리에서 중요한 정보를 흘리기도 하고 아예 술을 좋아하는 기자들과 자리를 따로 만드는 경우도 있기 때문이다.

술을 거절하면서도 술자리의 분위기를 깨지 않고 함께 즐기는 운용의 묘를 발휘해야 한다. 만일 정 술자리가 괴롭다면 등산이나 음악 감상 등 취재원이 즐기는 취미로 가까워지는 차별화 전략을 모색할 필요가 있다.

사람 관리, 어떻게 할까?

기자를 일컬어 흔히 '대통령부터 거지까지 만날 수 있는 직업'이라고 말한다. 어디까지나 회사를 대표해, 국민의 알 권리를 대신해 만나는 것이라 해도 대단한 특권이 아닐 수 없다.

실제로 대통령부터 거지까지 모두 취재원으로 만날 수 있는 경우는 극히 드물지만 어느 직업도 이렇게 다양한 사람을 만날 기회를 얻지 못한다. 장관이나 국회의원은 물론이고 대기업 CEO, 인기 배우나 스포츠 스타, 미담의 주인공, 희대의 살인마와 파렴치범 등을 직접 대면할 기회가 종종 생긴다. 물론 이들을 언제든지 찾아가면 만날 수 있다거나 전화 한 통화로 쉽게 불러낼 수 있는 것은 아니다. 다만 이들이 대부분 대중에게 자신을 알리기 위해 기자를 찾거나 공적 위치 때문에 어쩔 수 없이 기자를 만나게 되는 것이다.

취재원이 기자를 대하는 태도는 결코 공정하지 않다. 일차적으로 매체의 지명도, 영향력, 신뢰도 등에 좌우되지만 기자의 노력에 따라 얼마든지 만날 기회를 늘리고 대하는 태도를 우호적으로 만들 수 있다.

거의 모든 기자들은 출입처나 담당 분야를 맡아 취재를 하게 된다. 예를 들어 정치부 야당 출입이라면 야당 국회의원과 보좌관, 비서관, 관련 상임위원회 전문위원 등이 취재원이 되며 건설교통부 출입이라면 건설교통부 공무원과 산하 기관 및 산하 단체, 관련 업계가 취재 대상이다. 문화부 영화 담당이라면 영화배우와 감독은 물론 수많은 영화사와 관련 기관 및 단체의 움직임을 두루 꿰고 있어야 한다.

정부부처나 기관, 협회, 대기업 등은 대부분 공보실이나 홍보실이라고 불리는 부서를 두고 있다. 1차적으로 이곳 사람들과 신뢰를 쌓고 친분을 다져 놓아야 기사를 쓰는 데 많은 도움을 받을 수 있다. 홍보담당자들은 자기가 소속한 기관의 업무를 꿰뚫고 있는 데다 기자들이 무엇을 필요로 하는지 잘 알고 있게 마련이다.

그러나 이들의 도움은 한계가 있다. 홍보 담당자는 기관 차원에서 공개해도 좋다고 판단된 정보 이상을 알려 주지 않는 게 보통이며 다른 매체나 기자들과의 관계를 고려해 파격적인 특별대우를 해 주기도 꺼린다. 그렇기 때문에 관련 업무의 핵심 담당자를 반드시 잘 알아둘 필요가 있다.

해당 부처나 기업의 관계자들을 잘 안다고 해서 결코 충분치 않다. 이들은 은연중에 소속 기관에게 유리한 방향으로 기사를 쓰도록 유도할 가능성이 짙다. 따라서 공정하고 충실한 기사를 쓰려면 관련 분야의 전문가, 특히 반대되는 의견을 발표한 적이 있는 교수나 박사, 변호사, 공인회계사, 시민단체 관계자들의 명단과 연락처를 확보하고 있어야 한다. 이들 가운데 상당수는 일면식도 없는 상태에서 불쑥 전화를 건다고 친절하게 이야기해 주는 것이 아니기 때문에 미리 안면을 익혀 두는 것이 좋다.

그러면 이 많은 취재원들을 어떻게 관리해야 할까. 우선 시간과 노력을 최대한 절약하기 위해 취재원의 리스트를 작성한 뒤 △술이나 식사를 함께하며 친해 두어야 할 사람 △방문해서 안면을 익혀 두어야 할 사람 △세미나나 리셉션 등에서 만날 때 명함을 주고받을 필요가 있는 사람 △전화로라도 미리 인사를 나누어야 할 사람 △연락처만이라도 알아 두어야 할 사람 등으로 나눠 실행에 옮겨야 한다.

주변의 지인들을 제보자나 취재원으로 활용하는 것도 대단히 중요하다. 평소 연락이 뜸했던 사람이라도 미리 "내가 이 분야의 취재를 맡게 됐으니 많은 도움을 바란다."는 부탁을 건넨다면 무슨 일이 있을 때 "맞아, 이 친구가 있었지."라는 생각을 떠올리며 전화를 걸어오게 된다. 가족이나 친구들도 내 기사의 훌륭한 모니터 요원이다.

전화나 이메일로 항의를 해 오는 사람도 소홀히 하면 안 된다. 이들에게 친절한 해명과 사과 등을 해 주면(바쁘다는 핑계로 이런 일을 소홀히 하는 기자들이 너무 많다.) 반드시 요긴한 제보나 지적을 해 온다.

기자는 사교를 위해서가 아니라 기사를 위해 취재원과 만나는 것이기 때문에 단지 친해진다는 것만으로 목적한 바를 이룰 수 없다. 필요한 정보를 남보다 먼저, 또 충분히 얻으려면 신뢰를 주어야 한다.

취재원이 바라는 대로 기사를 써 주었다고 고마워할 것이라고 생각하면 오산이다. 홍보 담당자들은 보도자료를 그대로 베끼는 기자들을 겉으로는 고마워하면서 속으로 무시하는 법이다. 오히려 뼈아픈 지적을 해 준 기자를 믿는다.

사람을 대하는 태도도 중요하다. "당당하되 오만하지 않고 겸손하되 비굴하지 않다."는 말은 비단 기자에게만 국한된 경구가 아니지만 반드시 가슴에 새겨 두어야 한다. 미리 관련 지식을 습득한 뒤 취재원을 만나 '얼렁뚱땅 넘어가면 안 되겠다.'는 생각을 품게 하되 정말 모르는 것이 있으면 솔직하게 물어야 한다. 내용도 정확하게 파악하지 못한 채 기사를 쓴다면 취재원에게 무시당하고 독자에게 외면당할 수밖에 없다.

대쪽같으면서도 인간미가 넘치는 사람으로 비치기 위해서는 어려운 처지에 놓였을 때 깊은 인상을 남겨야 한다. 취재원의 문상을 간다든가 좌천됐을 때 위로 전화를 걸어 주면 평생 그 기자를 잊지 않는다. 기자도 돌고 돌지만 취재원도 돌고 돈다. 당장 내게 필요하지 않아 보이는 사람이라 하더라도 세심한 배려가 필요하다.

기자가 취재원을 관리한다고 하지만 반대로 자신도 관리 대상임을 잊어서는 안 된다. 홍보 담당자들은 기사를 유리한 논조로 이끌기 위해, 비판적인 기사가 나가지 않도록 하기 위해 필요하다고 생각하는 기자들과 친하려 애쓴다. 특히 기사 한 줄에 매출액이 왔다 갔다 하는 기업이라면 향응이나 선물 공세도 서슴지 않는다. '불가근 불가원(不可近 不可遠)'이란 말은 그래서 생겨났다. 취재원을 멀리 해서도 안 되지만 지나치게 가까우면 기사의 객관성과 공정성을 상실할 우려가 많다. 늘 자신의 자리를 되돌아보면서 이 기사로 득을 보는 사람은 누구이고 손해를 보는 사람은 누구인가를 생각해야 한다.

비록 경쟁 상대이기는 하지만 다른 매체의 동료 기자와 좋은 관계를 유지하는 것도 빼놓을 수 없다. 동료 기자의 귀띔으로 특종을 하거나 낙종을 면하는 사례는 부지기수다. 또 동료 기자들이 취재원이나 자사의 선후배와 만난 자리에서 자신을 평할 기회가 많다는 사실도 잊지 말아야 한다. 경쟁사 기자가 자신의 데스크에게 "그 친구 괜찮던데요."라고 하거나 취재원에게 "그 친구 기사는 믿을 수 있어요."라고 하게 만든다면 사내외 인간관계에서 성공한 사람이라고 해도 좋을 것이다.

더 이상 '범생이'는 필요 없다!

| 천세익 |

한국언론재단 연수팀 차장. 기업체 홍보실, 노동자신문 등을 거쳐 1989년부터 언론재단에서 기자 전문화를 위한 연수 업무를 담당하고 있다.

이 글을 읽는 사람들에게 던지고 싶은 세 가지 질문.

하나. 왜 기자가 되고 싶은가? 둘. 정말 기자가 되고 싶은가? 마지막 질문이다. 그렇다면 어떤 기자가 되고 싶은가? 이 글은 내가 던진 세 가지 우문에 대한 답변이 준비되어 있는 사람들을 위한 글이다.

많은 사람들이 기자가 되기를 원한다. 하지만 정작 "왜?"라는 질문에 자신의 의견을 솔직하게 말할 수 있는 사람은 많지 않다. 기자 직업이 갖는 매력과 사회적 지위, 그리고 높은 보수에 대해 편견을 갖고 있다면 그것을 버려야 한다. 더 이상 기자에게 우국적인 지사가 되라고 요구하지도 않으며, 기자를 바라보는 사회의 시각도 예전과 달리 차갑다. 보수 역시 극히 일부 매체를 제외하고는 대졸 초년생 평균 연봉과 비슷하거나 시간이 갈수록 처진다.

기자라는 직업은 자부심을 먹고 사는 숙명을 안고 있다. 살인적인 노동 강도, 조직 내부에 존재하는 강력한 위계질서에 적응하는 것도 쉽지 않다. 무엇보다 견디기 어려운 것은 하루 주기로 반복되는 '누군가에 의해 평가받고 있다.'는 스트레스다.

모든 것을 인정하고도 기자가 되고 싶다면, 더 나아가 동료 기자가 인정하고 취재원이 존중하는 기자가 될 자신이 있다면 그는 이미 '기자의 길'에 한 발을 내딛었다고 할 수 있다.

한국 사회에서 기자가 되는 길은 문이 매우 좁다. 단순히 경쟁률을 의미하지 않는, 공채 제도를 통과하는 것이 유일한 길이기 때문이다. 1953년 서울신문, 1955년 한국일보가 수습기자 공채 제도를 실시한 이후 모든 언론사는 공채 제도 틀을 유지하고 있다. 형식 역시 1차 서류 전형(혹은 필기시험), 2차 논술·작문, 3차는 면접의 단순한 형식이었다. 그러나 몇 년 전부터 채용 제도는 큰 변화를 맞고 있다.

언론사의 가장 큰 고민은 기자 직업에 맞는 인재 선발과 더 나아가 자사 정체성에 걸맞은 사람들을 어떻게 선발하느냐에 맞추어져 있다. 수습기자 채용 제도 변화를 이끌고 있는 곳은 기획이나 인사, 총무 파트가 아닌 편집국이다. 사장실, 혹은 경영전략실에 파견된 편집국 기자들(보통 15년에서 20년 정도의 연차)은 기존의 공채 제도가 더 이상 현실과 맞지 않다는 사실을 인식하고 있다. 좋은 기자의 선발과 공채 제도의 연관 관계가 희박하다는 사실을 발견한 것이다.

채용 제도가 변화하고 있는 이유 하나. 사회 변화와 맞물려 있다. 사회 구조는 갈수록 복잡해지고 구성원들 간에 존재하는 갈등은 중층적인 형태로 나타난다. 과거와 다른 복잡한 현상을 읽기 위해서는 종합적인 사고와 분석력이 요구된다. 과거 채용 제도로는 시험 잘 보는 모범생들은 선별할 수 있었다. 하지만 언론사는 더 이상 '범생이'를 요구하지 않는다.

이유 둘. 언론사의 위기의식이다. 과거와 같은 취재 관행이나 기자상으로는 더 이상 사회가 요구하는 언론의 자리매김이 불가능해졌다. 보다 전문화된 지식을 바탕으로 종합적인 분석 능력을 갖춘 기자들을 많이 갖고 있는 언론사만이 생존할 수 있는 냉엄한 환경이다. 이제 비로소 경영진은 기자들이 언론사의 유일한 재산이자 힘의 원천임을 깨달았다.

변화하고 있는 언론사들의 단계별 채용 제도를 살펴보자.

현재 한겨레신문사만이 1차 서류 전형 대신 필기시험을 고수한다. 이유는 간단하다. 한겨레를 지원하는 모든 사람들에게 시험을 보게 한다는 원칙이다. 1988년 창간 이래 계속 지키고 있다. 신문사 입장에서는 평균 2000여 명에 달하는 지원자들의 점수를 채점해야만 하는 부담이 있음에도 이 제도를 지키고 있다.

다른 언론사들은 1차 서류 전형 제도를 채택한다. 이때 필요한 것은 영어 성적 증명서, 자기소개서 등이다. 대한매일의 경우에는 작문 제출을 요구하기도 한다.

서류 전형은 어떤 기준으로?

1차 서류 전형을 통과하는 관건은 자기소개서에 달려 있다.

언론사 채용 실무자들은 말한다. "자기소개서는 왕도가 없다." 다만 몇 가지 기본 원칙을 지킬 것을 권한다. 원칙 하나. 'No short, No long"이다. 자기소개서를 읽고 심사하는 사람들은 소설가도 아니고 문 필가도 아니다. 글 압축과 핵심 파악 능력이 몸에 밴 언론인이다. 성장 과정, 지원 동기와 같은 일반론적인 것을 피하고, 자기만의 메시지를 압축된 문장으로 전달하는 것이 강한 인상을 준다. 인터넷에서 입수할 수 있는 자기소개서 사례 등은 아예 보지 말 것을 권하고 싶다. 한번 보면 아무래도 정형화된 틀 속으로 자기를 구겨 넣기 쉽다. 자기만의 독특한 컬러를 가진 '자기소개서'를 지금부터라도 준비하라.

영어는 대부분 토익 등 공인 점수로 대체되는 추세이다. 평균 820 점 정도를 요구한다. 작년 동아일보를 사례로 살펴보자. 동아일보 1차 서류 전형에는 1930여 명이 응시했다. 이 가운데 필기시험을 본 사람 은 540명. 4분의 1정도가 통과되었다. 서류 전형을 통과한 응시생들의 토익 평균은 940점. 요즘 학생들의 영어 점수 인플레 현상을 보는 듯 하다. 통과 점수가 너무 높다고 기죽을 필요는 없다. 최종 합격된 7명 (취재 파트) 중 가장 우수한 성적으로 통과된 사람은 평균 점수 이하에 있었다. 영어는 언론사가 요구하는 커트라인만 통과하면 된다. 다른 외국어도 회화 가능한 정도의 능력이나 공인 점수가 있다면 매우 유리 하다. 대학 4년 동안 학점 관리도 중요하다. 높은 평점을 요구하지 않 지만, '성실성'을 판단하는 근거가 된다.

1차 서류 전형은 평균 2000명 정도 지원한다. 그 중 반 정도인 1000명은 허수로 봐도 괜찮다. 남은 1000명에서도 300명 정도가 소위 '무림의 고수'들이다. 언론사마다 약간씩 다르지만 1차 서류 전형에서 평균 400명 내외를 합격자로 발표한다. 합격 숫자의 증감은 필기시험 을 보는 장소의 수용 인원에 따라 결정된다.

많은 응시생들이 걱정하는 공통분모가 있다. 서류 전형 시 학벌과 지역, 성별 차이가 존재한다는 우려이다. (2003년도 KBS가 첫 시도한 지역별 대학 출신자 배정을 차별, 혹은 역차별이라고 볼 수 있는 근거는 없다. 지역에 위치한 대학 경쟁력을 높이는 한 방안으로 이해하면 좋을 듯싶다.) 과거에는 분명 학벌과 지역, 성별 안배가 존재했다. 하지만 더 이상 '존재하지 않는다.' 채용 제도 라인에 있는 책임자들은 "학벌, 성차별, 지역 안배는 수습기자 채용 시 고려대상이 아니다."라고 말한다. 실제로 수습기자 채용 현황을 보면 대학이 다양해지고, 출신 지역 역시 골고루 분포되어 있다. 여성 선발 비율도 계속 높아지고 있다. 전체 합격자 중 50%의 합격률을 보이는 해도 있다.

1차 서류 전형을 무사히 통과했다. 기뻐하기는 이르다. 지금부터 시작이다. 앞으로 넘어야 할 고비가 첩첩산중이다. 2차는 필기시험이다. 다소 차이는 있지만 2차 시험 과목은 국어, 상식(혹은 종합 교양), 논술, 작문으로 구성되어 있다.

국어 문제는 난이도가 다양하다. 주관식과 객관식이 혼용되어 있는 경우가 많다. 시험과 관계없이 국어는 언론인 지망생들에게는 중요하다. 기자는 글을 써 먹고 사는 직업이다. 모국어인 국어에 대한 올바른 개념 이해와 문법 구조의 천착 없이 좋은 글은 나오지 않는다. 국어 시험은 매우 다양하게 출제된다. 한문, 고사성어에서 현대문학 이해, 문법, 문장 구성 등 모든 영역이 대상이다. 언론인이 되고자 한다면 국어는 선택이 아닌 필수이다. 단기간에 암기식으로 획득되지 않는다. 소설과 시, 고전을 즐겨 읽어야 한다. 단어의 묘미를 느껴야 한다. 국어 사전을 항상 옆에 두는 자세가 필요하다. 문법에 맞는 올바른 문장을 쓸 수 있는 능력을 미리부터 키우지 않으면 언론인 자격은 없다. 한자 역시 필요하다. 시험 출제 여부를 떠나 상상력과 글쓰기 능력을 배가

하는 데 큰 도움이 된다.

상식에 대해 갖고 있는 편견 하나. 단기간에 해도 된다는 생각이다. 일면 맞지만, 세상의 흐름을 관찰하는 자세가 중요하다. 단답형 문제를 푼다는 차원에서 생각하면 안 된다. 상식은 세상을 바라보는 창 역할을 한다. 또 논술 작성 시 완성도를 높이는 중요한 수단인 강력한 임팩트를 마련하는 데도 큰 도움이 된다.

한겨레의 경우 '종합 교양'을 본다. 문제 수준과 난이도가 매우 높다. 상식 책을 암기한다고 해서 풀 수 있는 성격이 아니다. 상식을 2차 시험 과목으로 채택하고 있는 언론사들은 암기 차원이 아닌 종합적인 교양 지식을 측정하는 데 초점을 두고 있다.

주제 의식을 유지하라 – 논술과 작문

논술과 작문. 2차 시험의 성패를 가름하는 길목이다. 국어와 상식 시험은 응시자들 사이에서 변별력을 찾기 힘들다. 왜 언론사에서 논술과 작문 시험을 볼까? 둘 사이의 차이점은 무엇일까? 논술과 작문의 주제를 예측하고 그에 맞추어 준비를 하는 것은 어리석다. 논술과 작문 시험이 무엇을 요구하는지를 파악해야 한다. 논술은 로직(logic), 즉 논리 전개 과정과 글의 구성이 중요하다. 작성 시간은 보통 60분에서 80분, 분량은 1200~1600자이다.

논술 시험 체크 포인트 하나. 주제에 대해 8매 정도 사고의 일관성과 단락 사이의 논리적인 전개를 할 수 있는 능력을 갖추고 있어야 한다.

체크 포인트 둘. 글의 구성이다. 마치 장강의 흐르는 물처럼 유연한 지 신경 써야 한다. 비약과 과장은 경계 대상 1호이다. 자칫 잘못하면 평이한 구성의 덫에 걸린다. 이래서는 결코 논술의 강을 건널 수 없다. 작문은 같은 글쓰기지만 논술과 성격이 다르다. 논술이 이론적 글쓰기를 요구한다면 작문은 문장력 테스트에 주안점이 주어진다. 하지만 수필 형태나 만연체 문장은 결코 환영 받지 못한다. 압축된 글쓰기 능력이 요구된다. 작문 주제는 시사적인 것보다는 일반, 보통명사에서 많이 차용된다. 예를 들어 '민주주의', '격(格)'(조선일보), '동서남북', '이메일'(동아일보) 등이 나온다. 글쓰기 능력이 우선이지만, 중요한 것은 주제 의식을 놓치지 말아야 한다는 것이다. 글쓰기를 업(業)으로 하는 직업은 많다. 대표적으로 소설가, 시인들의 글쓰기가 있다. 기자들은 그들과는 다른 형태의 내공을 지니고 있어야 한다. 압축된 글쓰기를 통해 올바른 정보를 전달해 주는 능력이다. 작문 시험에서는 얼마나 치열한 주제 의식을 갖고 압축적인 글쓰기를 하느냐가 평가된다. '서당 개 3년이면 풍월을 읊듯' 이 기자 생활도 10년 정도 하면 특유의 직업적 특성이 몸에 밴다. 복잡한 현실을 압축하고 핵심을 파악하는 능력이 길러진다. 본능이 되어 버린다. 하지만 응시생들에게 그런 고도의 능력을 요구하지는 않는다.

두 가지를 꼭 기억하기 바란다. 하나. 주제가 주어졌을 때, 그 안에서 주제 의식을 찾아야 된다. 전체 글 흐름 속에서 주제 의식을 잡고 글쓰기를 해야 한다. 둘. 자꾸 늘어지려는 문장을 피해야 한다. 주제 의식이 희박해지면 당연히 문장은 늘어진다. 동어반복과 중언부언이 이어진다. 필연이다. 주제 의식을 놓치지 않고, 문장의 늘어짐을 경계한다면 일단 심사위원들의 눈길을 잡을 수 있다.

논술과 작문은 단기간에 완성되지 않는다. 대학 입시에서 논술 과목이 부각되면서 작성 기술(skills)에 치우친 많은 강좌들과 교재들이 나왔다. 참고는 할 수 있다. 하지만 글은 본인의 사고능력을 반영한다. 급한 마음에 '한 권으로 보는 세계 철학사', '한 권으로 읽는 세계사'와 같은 '한 권 시리즈'를 잡는 것은 바람직하지 않다. "급할수록 돌아가라."는 말이 있듯이, 한 권을 보더라도 제대로 된 텍스트를 읽어야 한다. 깊고 넓은 인문학 소양과 사회과학적 지식은 좋은 글을 쓰는 데 가장 바탕이 되는 덕목이다. 논술과 작문은 전형 절차에서 가장 큰 변별력을 갖는다. 대부분의 응시자들이 이 과정을 넘지 못하고 사라진다. 필기시험을 4회 이상 통과 못했다면 원인의 99%는 글쓰기 능력 부재이다. 논술과 작문의 벽을 넘지 못했다는 뜻이다. 가혹한 이야기지만, 4회 이상 필기시험을 통과 못한다면 진로를 바꾸기를 바란다. 글쓰기는 단기간에 고무줄처럼 늘어나는 것이 아니다. 언론인으로서 자기 삶의 진로를 생각한다면 최소한 대학 1학년 때부터 폭넓은 독서를 통해 사고 체계를 확대하기 바란다. 또 하나 권할 것. 가능하면 대학 재학 중 개론 과목을 모두 수강하라. 경제학 개론, 사회학 개론, 언론학 개론, 여성학 개론, 법학 통론, 정치학 개론, 경영학 개론, 행정학 개론 등을 모두 듣기 바란다. 졸업 즈음 무척 성숙해진 자신을 발견할 수 있다.

실제적인 글쓰기 연습은 어떻게 해야 효율적일까? 언론사 입사를 위한 많은 스터디 모임이 있다. 논술과 작문 주제를 정한 후 글을 써서 서로 평가하고 있다. 큰 효과를 거두기는 역부족이다. 가장 좋은 것은 '글'에 대한 평가를 기자에게 받는 것이다. '글쓰기'에는 왕도가 없다. 자신의 실력 그대로 나타난다.

철저히 현장 중심으로 – 기사 작성

필기시험을 통과하는 인원은 30명~50명 내외. 평균 10대 1의 경쟁이다. 이 과정을 통과하면 기본적인 글쓰기 능력은 검증 받은 셈이다. 그러나 최종 합격의 기쁨을 얻기까지는 아직 갈 길이 멀다. 과거에는 바로 면접으로 이어졌으나 최근 들어 합숙 연수 과정이 추가되었다. 내용은 스케치 기사 실습 - 집단 토론 - 기자단 면접이다. 인터뷰 실습이 있는 경우도 있다. 분야별로 살펴보자.

먼저 스케치 기사 실습. 취재 주제가 주어진다. '대학로', '재래시장의 모습' 처럼 주제가 주어지기도 하고, 어떤 경우는 자유 취재로 진행된다. 하지만 어떤 상황에도 관통하는 몇 가지 철칙이 있다.

하나, JQ(잔머리 지수)' 를 버려야 된다. '잔머리 지수' 가 높을수록 글의 질은 떨어진다. 주어진 취재 시간은 평균 3~4시간이다. 취재가 끝나면 회사로 돌아와 60분 동안 800자 내외의 기사를 쓴다. 어떤 응시생은 주제가 주어지면 현장으로 가는 대신 PC방으로 달려간다. 물론 컴퓨터에서 많은 정보를 구할 수 있다. 하지만 글에서 필요한 것은 생생한 현장 모습이다. 심사위원은 글을 보면 취재를 얼마나 열심히 했는지 본능적으로 알 수 있는 내공의 소유자이다. 글에 모든 것이 녹아 있기 때문이다. JQ를 버리기 바란다. 주제가 주어지면 현장에서 아이템을 정하고 취재를 해야 한다.

둘, 기사 주제를 정확히 잡아라. 스케치 역시 보도를 전제로 한 기사이다. 자칫 감상문이나 기행문 형태의 글을 쓰기 쉽다. 원인은 주제 의식의 부재이다. 기사는 나를 위해 쓰는 것이 아닌 독자들을 대상으로 한다는 철칙을 항상 가슴에 담고 있어야 한다. 주제를 놓치지 않는 방법을 소개한다. '조폭의 논리'를 차용하는 것이다. 조폭은 싸움을 할 때 상대방이 아무리 많아도 단 한 명만을 노리고 끝까지 쫓아간다. 다소 거친 표현이지만 스케치에서 주제를 잡을 때 활용할 수 있다. 주제를 선택했으면, 끝까지 주제와 수미일관한 기사를 써야 하지만 이게 그리 쉽지 않다. 여러 주제를 건드리다 보면 메시지는 없어지고 나열만 남게 된다.

셋, 비약, 과장을 피하라. 주관적인 감정이 개입되면 나타나는 필연적 결과이다. 자기를 글에 내세워 결론을 내리는 것은 기사에서 금물이다.

넷, 생동감과 구체성이 나타나도록 고민해야 한다. 철저한 현장 취재의 결과물이다. 생생한 묘사는 읽는 사람들로 하여금 마치 현장에 있는 듯한 느낌을 준다. 구체성 획득은 사실(fact)을 보완하는 다양한 인용(ment)이 있을 때 가능하다. 2003년 SBS 시험 사례를 보자. 3차 합숙 평가 장소는 강원도 평창, 2차 필기시험을 통과한 30명이 참가했다. 그들을 평창읍에 풀어 놓았다. 제한된 시간에 독특한 주제를 잡고, 취재를 해야 한다. 무엇을 취재 아이템으로 할 것인가를 결정해야 한다. 동계 올림픽 개최도시에서 탈락한 주민들의 허탈한 심정 같은 진부한 주제를 잡아서는 심사위원들의 눈길을 잡기 힘들다.

언론사에서 왜 스케치 실습 기사를 시험 과목으로 채택할까? 논술 및 작문과 달리 스케치는 원고지 3~4매 분량을 요구한다. (물론 방송 기자는 방송 리포팅용 원고를 작성한다.) 실무 능력을 평가하겠다는 것이다. 논술 및 작문을 통해 검증된 30명 내외 인원에서 기자적 감각이 있는 사람을 선발하겠다는 의도이다. 취재 아이템 선정에서 싸움은 이미 결판난다.

기자들에게 필요한 커뮤니케이션 능력 - 집단 토론

집단 토론은 갈수록 비중이 커지고 있다. 얼핏 보면 아나운서도 아닌 기자에게 집단 토론이 무슨 의미가 있을까 생각된다. 하지만 집단 토론을 시험 과목으로 채택한 이유는 글쓰기에서 검증되지 않은 인성과 기자에게 필요한 품성, 그리고 커뮤니케이션 능력을 테스트하기 위해서다. 별도로 인성과 적성 시험을 보고 있는 언론사(대한매일)도 있다. 기자 직업에 맞는 인재를 선정하기 위한 치열한 노력이다. 심사위원으로 15년차 기자들이 동행한다. 주제는 '명품 열기', '386세대 평가'(조선) 등 시의성 있는 주제가 주어진다. 기자는 글로서 말하지만, 사실 모든 기사는 인터뷰에서 출발한다. 기자들에게 커뮤니케이션 능력이 요구되는 이유이다. 주요 체크 항목은 언론사마다 다소 편차가 있지만, '의사 전달 능력' '타인 견해 청취력 정도' '리더십' 이다. 집단 토론에서 좋은 인상을 주기 위해서는 기본적인 내공이 필요하다. 몇 가지 가이드라인을 제시한다. 주제가 주어졌을 때 처음 발언과 마지막 발언에 대한 준비를 해야 한다. 핵심을 빨리 파악하는 것이 관건이다. 전달 과정에 대한 대략적인 '로드 맵' 을 머릿속에 그려 놓아야 한다. 한 조당 주어진 시간은 30～40분 정도. 개인당 발언할 수 있는 횟수는 3～5회, 8분 내외 시간이다. 심사위원들은 전혀 토론에 참가하지 않고 응시생 가운데 진행자를 선정하고 모든 것을 맡긴다. (진행자는 자체 선정, 혹은 지정하기도 한다.)

5～7명 정도가 토론하기 때문에 토론에 들어가는 시점을 잘 맞추어야 한다. 적극적으로 토론에 가담해야 한다. "어～어～" 하다가는 발언할 기회를 잡기가 힘들다. 섣불리 결론을 먼저 제시하면 다른 토론자

들의 타깃이 되기 쉽다. 대화를 너무 독점해도 좋은 점수를 받지 못한다. 오히려 상대방의 말을 잘 듣는 것이 좋은 인상을 준다. 여러 사람의 토론 내용을 잘 정리해 자신의 견해를 덧붙여 발표한다면 금상첨화다. 언론사 시험을 준비하는 친구들과 한번 시도해 보라. 결코 쉽지 않다. 하지만 몇 번을 반복한다면 큰 흐름을 잡을 수 있을 것이다. 가장 중요한 것은 자신의 논점 전개이다. 언론에 이미 보도된 내용의 반복이 아닌, 자신의 논점을 명확하게 전달한다면 군계일학이다. 여기서 극단적인 전개는 결코 환영 받지 못한다. 적절한 사례와 비유의 인용, 숫자와 통계 등의 구체적인 숫자를 제시하는 것은 신뢰를 높이는 데 도움을 준다. 토론을 마무리 지을 만한 비장의 결정타(finish blow)를 갖는 것도 중요하다.

면접은 기자와 데스크가 참가하는 실무 면접, 그리고 국장과 임원들이 진행하는 최종 면접으로 구분된다. 질문 내용의 차이는 별 의미가 없다. 기사 실무 평가와 집단 토론에 참가한 응시생들이 그대로 가는 경우가 많다. 면접까지 도달한 응시생들의 실력 차이는 종이 한 장 차이. 면접을 통과하는 비결은? 없다. 오직 솔직한 대답만이 면접위원들을 감동시킬 수 있다. 물론 논리 있는 답변과 자신감 넘치는 태도도 중요하다. 하지만 '솔직함'의 덕목을 넘을 수 없다. 솔직하지 못한 답변은 후속 질문에 당황하게 되며, 대세를 그르치는 원인이 된다.

최종 면접까지 끝났다. '진인사 대천명(盡人事 待天命)'이다. 최종 단계에서 떨어졌다고 너무 낙심하지 마라. 필기시험에서 4회 이상 떨어진 사람은 심각하게 진로 전환을 고민해야 하지만 면접 낙방은 언론사와 '궁합'이 안 맞아 발생하는 경우가 많다. 약간의 보완만 한다면 다른 언론사에서 최종 합격의 기쁨을 누릴 수 있다.

변화하는 언론사 채용 제도

과거의 단순한 채용 제도, 서류 전형 - 필기시험(국어, 상식, 논술) - 면접 시대는 끝났다. 아직 이런 제도를 시행하고 있는 언론사도 있긴 하지만, 곧 변화에 합류할 것이다. 사실 공채를 기자 채용의 유일한 통로로 하는 국가는 일본과 한국뿐이다. (한국 언론이 일본 제도를 모방하고 있다는 것이 더 정확한 표현이다.) 하지만 일본만 하더라도 공채로 기자를 선발한 후 지사에서 최소한 5년 이상 근무하게 한다. 그 후 실력이 검증된 사람을 선발해 본사에서 근무하는 제도를 유지한다. 한국 언론은 한 언론사에 입사하면 퇴사할 때까지 근무한다. (근래 들어와 조금씩 그 벽도 무너지고 있다.) '고인 물이 썩듯' 이 경쟁력 약화와 환경 변화에 취약한 구조를 갖게 된다.

이제 언론사 채용 제도는 점점 변하고 있다. 그 변화의 물결은 다음과 같다.

하나. 학벌, 지역, 성 차별의 폐지이다. 모든 단계에서 블라인드 테스트(blind test)가 진행된다. 한겨레신문은 합숙 연수 시 별명(nickname)을 사용한다. 임원 면접에서도 블라인드 테스트를 적용하는 언론사가 늘어난다.

둘. 전형 단계별 리셋(reset) 제도 도입이다. 리모콘 등 기계 장치에 있는 리셋은 초기 복원 장치이다. 즉 서류 전형, 1차 필기시험 등 각 단계별 점수는 다음 단계에서 누적되는 것이 아닌 제로 상태에서 새로 출발한다.

셋. 편집국 기자들이 선발 과정에 적극 참여한다. 방관자적 입장에서 벗어나 좋은 기자를 선발하는 데 필요한 많은 아이디어를 내고 있다. 문제 출제와 평가, 집단 토론에 10년차 내외 기자들이 평가위원으로 참여한다. 합숙 연수에도 3~5명의 중견 기자들이 동행한다. 작문 및 논설 문제 출제 및 심사는 논설위원실에서 맡는다. YTN의 경우에는 사장이 포함된 최종 면접이 끝난 응시자들을 대상으로 편집국에서 인턴 실습(일주일)을 실시했다. 임원 면접에서 10명을 선발한 후 최종 인턴 과정에서 3명이 탈락되었다. 이것은 실무 능력이 최종 선발을 하는 데 핵심적인 기준이 되었다는 것을 의미한다.

넷. 글쓰기 능력을 포함한 인성과 품성 등 실무 능력이 전형 절차를 통과하는 중요 기준이다. 과거에는 1차(서류 전형)와 2차(필기시험)만 통과하면 바로 최종 면접이었다. 하지만 지금은 스케치 기사 실습, 집단 토론 과정이 추가되었다. 제목을 뽑는 편집 시험을 보는 언론사(조선일보)도 있다. 광범위한 독서와 핵심을 파악하는 능력, 그리고 언론 매체에 맞는 글쓰기에 적합한 훈련을 해야 한다. 언론인으로서 잠재력이 면접 관문을 넘는 데 핵심적인 요소이다.

인터넷 매체의 등장으로 언론사 간 경쟁은 점점 더 치열해지고 있다. 무한 경쟁 속에서 언론사들은 생존의 길을 찾고 있다. 채용 제도의 변화도 그 중 하나다. 더 경쟁력 있는 실무 능력의 소유자, 기자 품성에 맞는 인재의 선발이 필수다. 노래 잘하는 사람이 가수이고 춤 잘 추는 사람이 춤꾼이다. 기사를 못 쓰는 기자는 도태되는 시대이다. 기사를 잘 쓰는 실무 능력은 이제 기본이 되었다. 기자에게 필요한 품성을 자신이 갖고 있는지 스스로에게 자문해 보라. 기자라는 직업은 젊은 시절 자신의 삶을 던질 만한 가치를 갖고 있다.

이 글은 신문사 기자를 지망하는 수험생들을 대상으로 작성한 글이다. 매체 지망 비율을 보면 신문보다 방송 매체를 지원하는 사람이 더 많다. 4대 6혹은 3대 7비율이다. 방송과 신문의 전형 과정은 크게 다르지 않다. 1차(서류 전형), 2차(필기시험)까지는 같다. 3차 실무 능력 평가에서 방송 매체는 카메라 테스팅과 방송 보도 기사 작성을 본다. 별도 준비가 필요하지만, 실무 능력 평가를 중요시하는 것은 마찬가지다. 본인이 어떤 직종에 맞는가는 자신만이 알고 있다. 인기와 조류에 휩쓸리는 것이 아닌 자신의 적성과 능력을 판단하고 지원하기를 권한다.

미래의 기자

7장

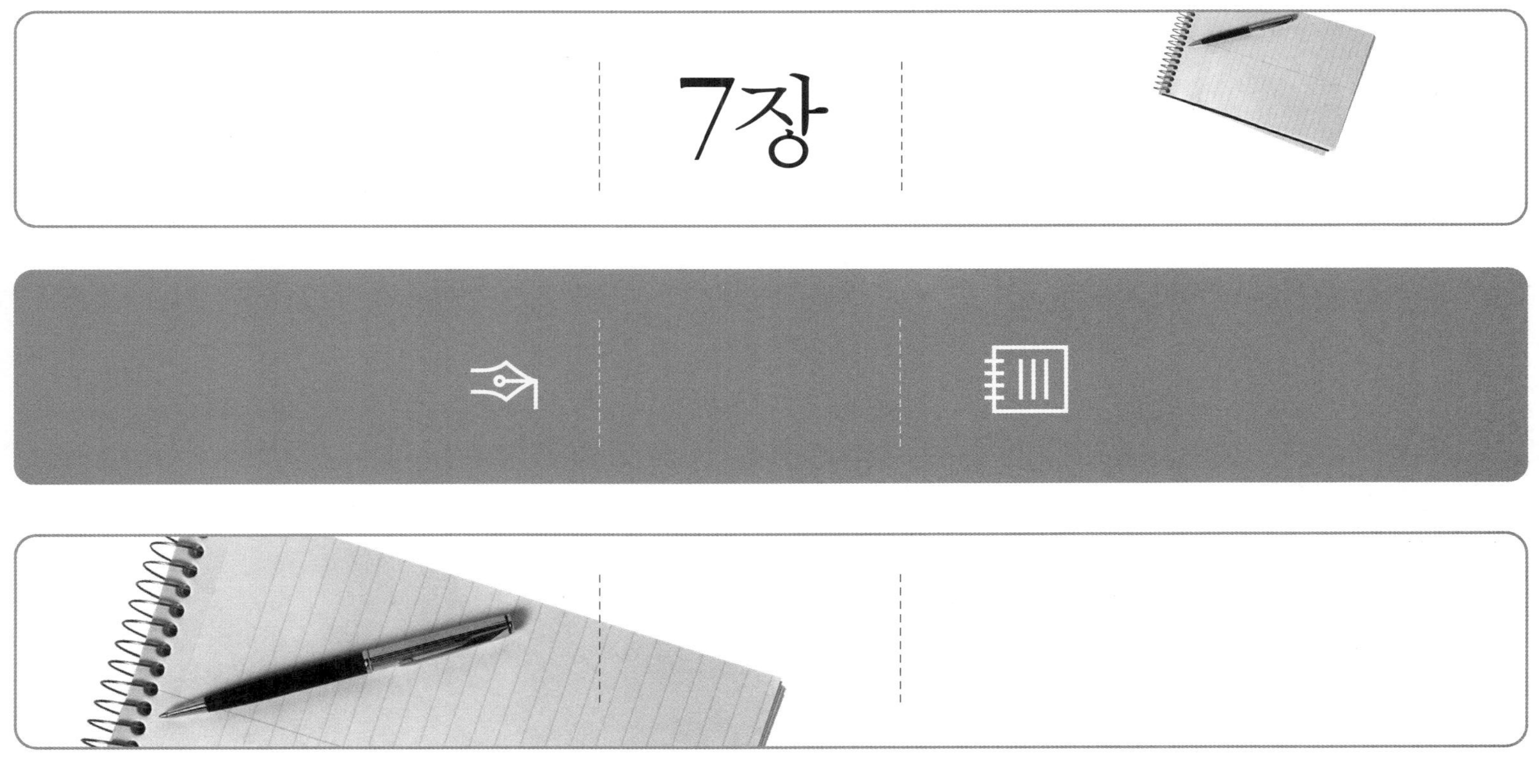

특권 의식을 버려라

| 정운현 |

인터넷 언론 오마이뉴스 편집국장. 중앙일보, 대한매일 기자를 거쳤다. 1988년경부터 친일 문제에 관심을 가지고 자료 수집과 연구 활동을 해 오고 있다. 저서로는 『친일파』 『반민특위』 『창씨개명』 『서울시내 일제유산답사기』 등이 있다.

우리 사회에서 기자는 행태상 특권층이라고 할 수 있다. 기자는 늘 세인의 관심 한가운데서 그 현장을 지키며 뉴스의 첨단에 서 있다. 또 그런 과정에서 유력 인사 등 뉴스 메이커들을 자유자재로 만날 수도 있다. 청와대 출입 기자가 아니고서야 어떻게 대통령을 가까이에서 만나고 또 거침없이 질문할 수 있겠는가. 그런 일이 비록 기자의 직무라고는 하나 일반인들이 쉽게 할 수 없는 일을 수행하고 있다는 그 자체만으로도 기자는 특권 집단이라고 할 수 있다.

아직도 기성 언론사 입사시험을 '언론 고시'라고 부른다. 입사만 하면 단기간에 영향력을 행사하는 능력자로 변신할 수 있기 때문에 아직도 많은 젊은이들이 언론사로 몰리고 있다. 이들 가운데는 기자라는 직업 자체에 매력을 느낀, 즉 기자가 꿈이고 적성에 맞는 사람도 분명 있다. 그러나 개중에는 기자라는 직업을 야망을 이루기 위한 징검다리로 여기는 이 또한 없지 않다. 정치인이 되려면 정치권에서 잔뼈를 키우기보다는 정치부 기자로 출발하는 것이 빠르다는 얘기가 언론계에 전해오고 있다. 이는 그냥 하는 허튼 얘기가 아니다. 현 정치권의 얼굴격인 한나라당 최병렬 대표, 홍사덕 총무는 기자 출신이다. 또 민주당에서 탈당, 신당 창당의 선봉장으로 활동한 김원기 의원 역시 기자 출신이다. 묘하게도 이들은 보수 거대 신문사인 이른바 '조중동'(조선, 중앙, 동아를 지칭) 출신이다. 이들 외에도 우리 정치권에는 연령대를 불문하고 노년부터 청년까지 기자 출신이 고르게 분포돼 있다. 이는 기자 출신이 지속적으로 정계에 진출해 왔다는 것을 뜻한다. 물론 이들이 애초부터 정치인이 되려고 기자로 나선 것은 아닐 것이다. 그러나 정계 진출한 그날부터 비판자요, 감시자에서 그 입장이 뒤바뀌고 만다.

적어도 기자가 되겠다고 꿈꾸는 대부분 사람들의 가슴속에 공통적으로 흐르는 것이 하나 있다. 그건 '무관의 제왕'으로 혼탁한 사회의 빛과 소금이 되고 목탁이 되겠다는 꿈일 게다. 몇몇은 앞서 말한 대로 특권층 진입, 또는 출세의 방편으로 기자를 택할지도 모르지만 그런 것보다는 순수함이 여전히 많다고 생각된다. 이는 그래도 기자가 우리 사회에서 일정한 역할을 해 왔고, 또 그런 기대가 사회 저변에 남아 있기 때문이라고 본다. 또 그런 사회적 기대가 여전히 젊은이들을 기자 사회로 이끌고 있다고 생각한다.

기자가 사회로부터 존경 받으려면 시대정신에 얼마나 충실했느냐, 그리고 그 직무의 본연에 얼마나 성실했느냐가 관건이다. 그런 점에서 기자가 정치권으로 들어가 또 하나의 구악으로 전락했다면 이는 비판 받을 소지가 크다. 다만 민주 사회에서 직업 선택의 자유가 있음을 전제할 때 기자 출신이 전문성을 살리고 시대의 목소리를 반영했다면 그의 정치인 변신은 참작할 점이 있다.

우리가 지난 역사 속에서 경험한 기자의 모습은 참으로 다양했다. 언론 전사기의 기자라 할 수 있는, 왕조 시대 사관(史官)의 경우 목숨을 걸고 역사의 진실을 기록해 왔다. 또 구한 말 망국기를 전후한 시기 기자는 우국지사이자 항일투사였다. (물론 일제 강점기 친일 신문에서 활약한 친일 반민족 기자가 없진 않았다.) 또 독재 정권에 맞서 필봉을 휘두르다 옥고를 치르거나 직장에서 쫓겨난 투사형 기자도 적지 않았다.

지난 역사를 돌이켜 보면 다양한 직업군이 기자 영역에서 활동하기도 했다. 시대 상황에 따라 혁명가나 사회운동가들이 기자로 활동하면서 대중을 상대로 계몽 운동을 전개하기도 하고, 때론 문필가나 역사학자가 기자로 활동하면서 정론을 펼치기도 했다. 이 시기 기자는 대개 행동하는 지식인의 면모를 가지고 있었다. 시대적으로 그런 면모를 가진 인사들이 언론계를 장악하고 있었고, 또 사회적으로 그런 성향의 사람들의 활동이 요구되던 때였다. 이 시기 기자들은 대중들로부터 존경과 추앙을 받았다고 해도 과언이 아니다.

그러나 최근 들어 기자의 모습은 많이 변했다. 언론의 기업적 규모가 커지고 사회적 영향력이 필요 이상으로 과대해지면서 공적 영역보다는 사적 영역이 비대해진 탓이다. 때문에 공익이나 사회 정의보다는 사주나 자사의 이익을 대변하는 사적 역할에 함몰된 기자가 늘어났다. 언론의 힘은 막강해졌으나 사회적 신뢰와 존경은 예전에 비해 크게 낮아졌다. 이는 결국 제 발등을 찍는 결과를 초래할 것이다.

우리 사회에 신예로 등장한 인터넷 매체는 이런 언론 환경에서 대안적 기능체로 등장했고, 또 그 존재 가치는 급속히 인정받고 있다. 만약 기성 언론이 수용자들로부터 사랑받는 매체였다면 대안 언론의 출현은 그 맹아부터 싹트기 어려웠을 것이다. 그러나 인터넷 언론이 기성 언론에 대한 불신을 자양분 삼아 그 누구도 예상치 못할 정도의 성과를 거둬 내고 있음을 볼 때 기성 언론의 한계와 그 끝을 가늠해 볼 수도 있다고 하겠다.

요 몇 년간 우리 사회를 소용돌이 치고 간 용어 가운데 하나는 '파괴'였다. 그리고 그 함의는 '건설적 파괴'였다. 이는 한마디로 고답적, 전통적 질서를 건설적으로 파괴시켜 조직에 활기를 불어넣고 이를 통해 조직의 살길을 찾는 혁명적 경영술이라고 나름대로 정의할 수 있다. 이는 상황에 따라선 '역사와 전통'을 깡그리 부정하고 제로베이스에서 출발한다는 의식이 저변에 깔린 것이라고 할 수 있다. 한마디로 역사와 전통을 신주단지처럼 모시며 우려먹던 시대는 이제 지났다는 얘기이다.

예를 하나 들어보자. 무수한 인재를 배출했고, 우리 현대사에서 주류 언론으로 크나큰 영향력을 행사해 온 '동아일보' '조선일보'는 올해로 창간 83주년을 맞았다. 반면 지난 2000년 2월 창간된 이후 현재 국내에서 대표적 인터넷 언론으로 불리는 '오마이뉴스'는 올해로 창간 3주년을 맞았다. 기존 상식의 궤에서 본다면 두 집단은 호랑이와 햇병아리의 대결인 셈이다. 그러나 현실은 어떤가. 판단은 독자에게 맡긴다.

독자를 푸대접하는 언론은 안 된다

이 글 첫머리에 언급한 대로 현재 우리 사회의 기성 언론은 대단히 권위주의적이다. 우선 사실을 제대로 보도하지 않고, 제 입맛에 맞는 사안만 보도하고, 나아가 자사에 불리한 내용은 빼먹기도 한다. 또 독자들에게는 '잘난 기자님'인 내가 썼으니 '못난 독자' 너희들은 읽고 (또는 듣고) 배우라는 식이다. 특히 국내 언론계 전반에 만연된 '가진 자' 위주의 취재, 보도는 언론 스스로 특권 부유층임을 자백하고 있다고 하겠다.

언론도 상품이건만 소비자(독자, 시청자)들에게 대단히 권위적이며, 때론 독자를 무시하거나 우습게 여긴다. 대다수 신문의 경우 외부 필자로는 유명 대학 교수나 박사들을 선호하며, 이들에게는 8매 전후의 칼럼 한 편에 수십만 원에서 때론 백만 원이 넘는 돈을 쉽게 건넨다. 그러나 밤 새워 쓴 일반 독자들의 글은 '독자투고'라며 지면 귀퉁이에 구겨 넣고는 단돈 몇 만 원을 주는 게 보통이다.

우리 사회에서 또 하나의 '신화'로 기록되고 있는 인터넷 언론 오마이뉴스의 급성장 비결은 그 안을 들여다보면 쉽게 납득하기 어렵다. 경영자의 경영술이 별다른 것도, 소속 기자들의 역량이 탁월한 것도 아니다. 기성 언론사의 10분의 1도 안 되는 인력과 게다가 경력이 일천한 주니어들이 인적, 물적 인프라가 막강한 기성 언론과 경쟁하고 있다. 그런데도 오마이뉴스가 취재 및 보도에서 거대 언론보다 우위에 선 적이 한두 번이 아니다. 그럼 과연 그 비결은 뭘까. 바로 오마이뉴스가 기성 언론의 권위를 타파하면서 언론 본연의 역할에 충실한 결과이다.

언론사의 핵심 인력은 기자 그룹이다. 그들이 뭘 생각하고, 어떤 주제에 의미와 가치를 부여하며, 또 어떤 방식으로 기사를 전개하느냐다. 그 다음은 데스크에서 이를 어느 정도로 비중 있게 취급하고 또 일선 취재 기자들을 어느 방향으로 고무시키느냐 하는 것이다. 이런 것이 흔히 신문사의 색깔로 정착되는 것이 보통이다.

각 언론사마다 큰 틀에서 나름의 방향(지향점)이 설정돼 있다. 그런 '방향'은 당연히 소속사 기자들에게 부지불식간에 공유돼 있다. 그런 '방향'은 대개 기사의 논조와 사회적 아젠다 설정에서 보수(수구)와 진보(개혁)으로 나뉘는 것이 보통이다. 여기에 더해지는 것이 바로 사주의 성향과 기업으로서의 언론사 이익과 관련된 사항이다. 쉬운 예를 하나 들어보자. 보수적 성향에 친재벌적이며(게다가 재벌과 친인척 관계라면), 거대한 수익 창출이 절실한 언론사라면 삼성 그룹과 같은 거대기업 집단을 정면으로 비판하기는 어렵다.

일제 말기의 친일 보도 등 조선일보 및 동아일보의 친일 문제는 거론하는 자체가 금기사항이다. 특히 자사 매체나 사주의 친일 행적을 논하는 행위는 사표를 각오할 만한 용기가 없고서는 엄두도 못 내는 일이다. 설사 용기 있는 기자가 기사를 출고했다손 쳐도 그런 기사가 자사 지면에 실릴 확률은 거의 '제로'에 가깝다. 이는 데스크(부장)의 검토와 편집부의 손을 거쳐 최종적으로 편집국장이 게재를 'OK' 할 가능성 또한 거의 제로에 가깝기 때문이다. 이들은 근무 경력에 비례해 일선 기자보다 상대적으로 사주의 심중을 더 잘 알고 있으며, 이를 지면에서 반영하고 있는 것이 보통이다.

한동안 기자 사회에서 가장 부러움의 대상은 권부의 상징인 청와대의 출입 기자였다. 언론사마다 조금씩 차이는 있지만 청와대 출입 기자는 대개 정치부 차장급 중견 기자가 맡는 것이 보통이다. 그간의 언론사 관례를 보면 청와대 출입 기자는 임기를 마치면 대개 정치부장에 보임되며 정치 담당 부국장을 거쳐 편집국장으로 승승장구하는 것이 보통이다. 모든 기자의 꿈이 편집국장일진대 그 첩경에 있는 청와대 출입 기자를 열망하는 것은 인지상정으로 이해할 만하다.

그런데 최근 참여정부 들어 청와대 출입 기자 사회에 큰 변화가 나타나고 있다. 우선 청와대 출입 기자들의 연령이 이전 정권에 비해 상대적으로 낮아졌다. 일부 출입 기자 가운데는 평기자들도 적지 않은 걸로 알고 있다. 또 예전에 비해 청와대 출입 기자의 '장점'도 크게 줄었다는 얘기가 들린다. 예전만큼 끗발은 없는 데다 반대로 일만 많아져 청와대 출입 기자를 기피한다는 얘기까지 들린다. 말인즉 그동안 기자 사회에서 '꿈의 출입처'로 불리어 온 청와대가 이제 '3D 출입처'로 바뀌었다고나 할까.

그렇다면 과연 청와대가 '3D 출입처'로 전락한 것인가. 아니다. 이제 비로소 청와대가 제자리를 찾은 것이다. 따지고 보면 청와대도 그 많은 정부 기관 가운데 하나에 불과하다. 그런데 언론계와 기자 사회에서 제 맘대로 청와대를 '꿈의 출입처'로 여겨 왔던 것이다. 그리고 그곳을 출입하면 출세 코스를 밟는다고 여겨 왔던 것이다. 이 같은 발상과 기대는 모두 바로 특권 의식에서 비롯된 것이다. 그런 신화 하나가 이번에 깨진 것이다. 정치 성향이 농후한, 이른바 '정치 기자' 몇몇에겐 서운하기 이를 데 없는 일이겠지만 대다수 기자들로선 환영할 만한 일이라고 하겠다.

참여정부의 언론 정책이 정권 출범 초기 연일 보수 언론의 도마 위에 오른 바 있다. 여기서 그 당위를 논하는 것은 차치하더라도 참여정부의 언론 정책이 기성 보수 언론에 참기 어려운 충격으로 작용했음은 부인하기 어렵다. 즉 기자실 폐쇄와 뒤이은 출입 기자단 해체는 언론 권력 해체의 첫걸음으로 볼 만하다. 기성 보수 언론들이 새 정부의 언론관에 대해 칼을 갈고 나선 원인 가운데 하나는 바로 이 때문이다. 자신들의 기득권을 인정하지 않음에 대한 노골적인 불쾌감의 표시였던 것이다.

그간 출입 기자단 소속 몇몇 기자들이 폐쇄적으로 정보를 독점하고 또 일부 제 맘대로 요리해 오던 메리트가 사라졌다. 이른바 '공개 경쟁 시대'로 전환됐다. 경력이 일천하고, 규모가 작고, 그래서 거대 언론들이 그동안 무시해 왔던 언론사들도 이제 소정의 절차를 거쳐 당당히 청와대 등 정부기관을 자유롭게 출입, 취재할 수 있게 됐다. 기존 출입 기자들로선 상실감이 적지 않을 것이다. 또 자존심도 크게 상했을 것이다. 그러나 거듭 강조하지만 그간 이들의 정보 독점과 특별대우는 엄격히 말해 부당한 것이요, 특권 의식의 산물이었다.

시민, 관객에서 주연으로 참여하다

이즈음에서 시대 변화와 함께 미디어 환경의 변화를 얘기해 보자. 권위주의 시대가 가면서 일반 국민들의 의식, 즉 민도가 급속도로 고양됐다. 이는 각자가 자기 목소리를 거침없이 낼 줄 알고 또 개성을 강조하는 시대로 바뀌었다는 정도로 풀이될 수 있다. 흔히 네티즌으로 상징되는 인터넷 세대의 시민들은 기존 언론의 권위주의적 행태와 보도 방식에 대해 크게 동의하지 않는다. 이는 언론의 외적 환경 변화 가운데 하나이자 기성 언론에 새로운 패러다임을 요구하는 목소리라고 할 수 있다.

지난해 10월 서울 광화문 네거리 일대에서 처음 시작돼 나중에 지방과 해외로까지 번져 간 이른바 촛불시위는 '앙마' 라는 한 네티즌이 인터넷에 올린 글로부터 촉발됐다. 효순·미선 양의 죽음을 같이 추모하자는 내용의 이 글을 읽은 수많은 네티즌들이 광화문 네거리로 모여들었다. 이 모임은 시위를 이끈 자도, 참가자들을 동원한 자도 없었다. 이는 거대 종이 신문이나 공중파 방송사의 캠페인 정도로는 결코 해낼 수 없는 일이다. 물리적인 힘이나 전통적 영향력이 행사하던 시기는 지난 것이다.

이러한 시대 변화를 가장 잘 파악하고 적응한 미디어(매체)가 바로 인터넷이다. 우리 사회에서 인터넷은 특수 계층의 전유물이 아니라 이미 텔레비전과 같은 대중물이 되었다. 네티즌들은 이제 언론의 역할마저 인터넷에 기대하게 되었다. 그리고 네티즌들은 관객에서 주연으로 참여하기 시작했다. 오마이뉴스가 내건 '모든 시민은 기자다.' 라는 슬로건은 뜻밖의 호응을 얻었는데 이는 그동안 네티즌들의 욕구가 분출된 것이라고 할 수 있다.

전통적인 개념에서 볼 때 인터넷 매체는 언론사라고 하기도 어렵다. 맨 파워나 하드웨어 측면에서 보면 그야말로 구멍가게에 불과하다. 그러나 이들 매체는 네티즌들의 욕구를 한껏 수용해 주고 기성 언론의 금기에 도전하면서 언론으로서의 위상과 역할을 찾아가고 있다. 독특한 글쓰기 역시 '특권 기자' 의 문턱을 순간에 무너뜨려 버렸다. 그리고 그 주인공들은 유명 대학을 나와 어려운 시험을 통과한 사람들이 아니라 바로 우리 이웃들이다.

한때 파격적인 패러디로 큰 인기와 호응을 얻었던 '딴지일보' 역시 언론의 눈높이를 낮춘 대표적 공로자라고 할 수 있다. 초창기 컴퓨터 통신을 통해 처음 등장한 사이버 논객들은 인터넷 문화가 꽃피면서 여론 시장의 또 다른 총아로 떠올랐다. 미학 전공자로 텍스트 분석을 통해 기성 언론사 기자들의 글쓰기를 파괴해 온 진중권이 그 대표적 인물이라고 할 수 있다. 그는 '안티조선 우리모두' 사이트를 비롯해 조선일보 홈페이지(조선닷컴의 전신인 디지털조선)를 주무대로 활동하면서 한때 '밤의 조선일보 주필'을 자칭하기도 했었다.

진중권 등이 사이버 논객으로 한껏 주가를 올렸다면 전북대 신방과 강준만 교수는 '인물과 사상'(월간, 계간 포함)을 창간, 주도하면서 교수이면서도 언론인 못지않은 역할을 해냈다. '성역과 금기에 도전한다.'는 모토를 내세우고 실명 비판과 함께 도전적 글쓰기를 해 온 강 교수는 우리 언론의 문제점을 신랄히 지적했다. 그의 초인적인 글쓰기와 지속적이고도 방대한 자료 수집은 그 어떤 기자보다도 전문성과 심층성에서 뛰어나다는 평가를 받고 있다.

최근 '문화일보' 기자로서의 활동을 접은 도올 김용옥 씨 역시 한국 기자 사회에 큰 파문을 남긴 인물이라고 할 수 있다. 동서고금을 종횡무진으로 누비면서 해박한 지식을 과시해 온 그는 독특한 언사와 파격적인 지면 편집으로 금년 여름까지 문화일보 지면을 장식했었다. 그는 신문사 외부 필자가 아니라 편집국 소속으로 있으면서도 종래의 편집국 직제를 초월해 주제와 형식에 구애 받지 않고 자유로운 글쓰기를 했었다. 그는 논쟁적인 글을 통해 자신의 주장을 강하게 구사하면서 계몽적 글쓰기를 했다고 할 수 있다.

앞서 언급한 진중권, 강준만, 김용옥 등이 지식인(혹은 전문가) 진영의 필자들이라면 오마이뉴스의 뉴스 게릴라(시민 기자)의 경우 인터넷 시대에 등장한 새로운 형태의 기자라고 할 수 있다. 2003년 9월 현재 오마이뉴스의 시민 기자는 그 수가 2만 7000여 명에 달하고 있으며,

10대에서부터 70대에 이르기까지 국내외에 산재해 활동하고 있다. 이들은 기성 언론의 사각 지대를 파고들거나 독자적인 글쓰기로 새로운 영역을 개척해 나가고 있다.

인터넷 문화의 발달로 뉴스가 대중화되면서 뉴스 가치 판단에도 파괴가 일어나고 있다. 고향에 계신 노모가 손주를 보러 오시는 것과 부시 미국 대통령이 한국을 방문하는 것 가운데 어느 것이 내게 더 중요한가. 또 키우던 강아지의 죽음과 알 만한 한 유명 인사의 죽음 중 어느 것이 내게 더 슬픈가. 그동안 전통적인 개념에서 보면 모두 후자가 뉴스이고 또 중요하게 인식돼 왔다. 그러나 그런 가치 체계는 점차 무너지고 있다. 과거 같으면 일기장에나 기록되어야 할 '사는 이야기'가 광범위하게 읽히는 것은 그런 변화를 반영한 것으로 보인다.

기자라는 직업도 결국은 많은 직종 가운데 하나에 불과하다. 한국 사회에서 언론(기자)이 권력 집단으로 치부돼 온 것은 다분히 기형적 현상으로 결코 바람직한 것이 아니다. 인터넷 등 대안 매체들이 등장하면서 근대 이후 100여 년간 틀을 고수해 온 기성 언론들은 자의든 타의든 변화를 모색할 수밖에 없게 됐다. 그런 과정을 통해 우리 언론과 기자 사회도 이제 제자리를 찾아야 할 것이다.

책임성을 바탕으로
전문성을 무기로!

| 공희정 |

한국디지털위성방송 홍보팀장. 오리콤, 동아TV, 방송위원회를 거쳤다. 2001년 위성방송 출범과 함께 한국디
지털위성방송으로 옮겨 와 현재까지 일하고 있다.

미디어의 발전은 어디까지일까. 디지털 기술의 발전은 미디어를
양적, 질적으로 급속히 변화시키고 있다. 컴퓨터와 커뮤니케이션 기술
의 결합으로 기존의 미디어는 분화하고 융합해 새로운 미디어를 생성
해 낸다. 미디어의 분화와 융합은 인간의 인지 능력을 극대화시키고,
공간을 초월한 인간 간의 직접적인 대화를 가능하게 했다.

디지털 시대에는 조간신문을 기다리지 않아도 인터넷을 통해 세상
돌아가는 소식을 접할 수 있다. 방송 시간에 맞춰 TV 앞에 앉지 않아
도 지구촌 곳곳에서 일어나는 다양한 사건들을 실시간으로 알 수 있
다. 그뿐인가. 요즘 많은 사람들이 이용하고 있는 인터넷 메신저는 이
역만리 떨어져 있는 사람들 간의 실시간 대화를 가능케 하여 메시지의
전달 속도와 범위를 무한대로 확대시키고 있다. 이러한 미디어 기술의

발달로 인해 기존 미디어가 갖고 있는 한계는 쉽게 극복되고 있다.

인쇄, 방송, 통신 매체로 구분되던 기존의 미디어들은 인터넷 신문, 전자책(e-book), 디지털 방송(지상파, 케이블, 위성), DMB(Digital Multimedia Broadcasting), 인터넷 TV, 인터넷 방송, DVD(Digital Video Disk) 등 다양한 형태의 뉴미디어들로 변신하고 있다. 편지는 이미 이메일에게 자리를 내주었고, 메신저를 통해 화상 대화도 가능하다. 이미 하나의 생활권이 된 세계는 9.11테러나 이라크 전쟁 등 생생한 사건 현장을 안방에서 실시간으로 볼 수 있을 만큼 가까워졌다. 이는 디지털 시대를 촉진시킨 위성 기술의 발전 때문이다.

미디어 기술의 발전은 단순히 메시지의 손쉬운 생산과 전달 속도의 가속화 및 범위의 확대에 기여한 것뿐 아니라 사회의 변화를 주도적으로 이끄는 역할을 했다. 참여정부를 탄생시킨 지난 대선의 경우, 뉴미디어의 대표격인 인터넷 미디어들의 활약을 통해 뉴미디어 시대의 언론이 어떤 형태로 변화해야 하는지, 또 이를 통해 사회가 어떤 변화를 겪을 수 있는지를 명확하게 보여 주었다. 인터넷 미디어들은 사회 현상에 대한 많은 사람들의 다양한 의견을 즉각적으로 전달하고, 이를 통해 새로운 여론을 형성하여 사회 변화를 주도하는 역할을 했다. 그렇다면 뉴스를 생산하는 기자들은 어떻게 변하고 있을까.

가장 큰 변화는 매체의 증가에 따라 뉴스 생산자의 범위가 급속히 확대되고 있다는 것이다. 뉴스 전달 형태 역시 단방향이 아닌 송신자와 수신자가 상호 작용하는 쌍방향 커뮤니케이션(Interactive Communication)의 양상을 띠고 있다. 이제는 언론사에 소속된 기자만이 아니라 누구나 자신의 의견을 글이나 동영상으로 표현할 수 있는 시대가 온 것이다.

뉴미디어가 발전한 중요 요인은 생산자와 수용자 간의 상호 작용성이다. 예전 같으면 독자들은 기사에 대한 의견을 전화나 편지로 언론사에 전달했다. 자연히 독자 반응을 수렴하는 데 시간이 많이 걸렸다. 그러나 뉴미디어 시대에는 기사에 대한 독자 반응을 인터넷 등을 통해 즉각적으로 파악할 수 있기 때문에 기사에 대한 의견은 단순한 의견일 뿐만 아니라 또 하나의 여론으로 자리 잡으면서 기사의 가치를 평가하는 중요한 잣대가 되고 있다. 이런 변화 속에서 뉴미디어 시대를 이끌어 가야 할 기자의 역할과 위상은 새롭게 변화되어야 한다.

2002년 12월 한국언론재단이 조사한 '수용자가 본 언론'에 의하면, 한국 기자의 영향력은 커졌지만 상대적으로 언론에 대한 신뢰도는 계속 하락하고 있으며, 그 이유로는 주류 언론에 대한 신뢰도 하락과 언론 환경의 급변을 들고 있다. 언론에 있어 신뢰는 가장 중요한 문제이다. 언론이 제공하는 정보에 대한 불신은 곧 언론의 존재 가치에 대한 위협이기 때문이다.

이 조사에서 눈여겨볼 것은 인터넷 이용의 급증이다. 이제 미디어로서 인터넷의 위상은 신문 및 TV에 견줄 만큼 격상했다. TV가 등장하였을 때 라디오가 겪었던 위기감을 지금의 신문과 TV가 겪고 있는 것이다. 특히 컴퓨터 보급과 함께 급속히 늘어나고 있는 인터넷 인구는 신문에 대한 만족도와 신뢰도를 낮추는 데 영향을 미치고 있다. 기성 언론사들은 뉴미디어를 포용하기 위해 인터넷 신문을 만들고, 인터넷 방송을 활성화하기에 이르렀다. 뿐만 아니라 올해 들어 인터넷 뉴스부를 별도로 신설해 종이 신문이 갖고 있는 한계를 극복하려는 적극적인 움직임도 보이고 있다. 이제 인터넷은 더 이상 신문의 보조 매체가 아닌, 독립된 하나의 미디어로 자리 잡아 가고 있는 것이다.

21세기, 미디어는 어느 때보다 양적으로 풍요로워지고 있다. 신문은 내용상 종합지에서 전문지로 세분화되고 있고, 기술상 온라인과 오프라인 신문으로 대별되면서 새로운 형태의 신문이 등장하고 있다. 방송 또한 종합방송과 함께 전문 분야를 집중적으로 다루는 전문 방송으로 나뉘어지며, 기술에 의해 지상파 방송, 위성방송, 케이블 방송, 인터넷 방송 등으로 나뉘고 있다. 그러나 이러한 양적인 변화에도 불구하고 각각의 미디어들은 아직까지 양적 성장에 비해 질적 성장을 이루지 못하고 있는 것 같다.

감시자가 많아진 언론 환경

이렇듯 매체 환경이 급변하고, 언론에 대한 대중들의 인식이 변화하고 있는 이 시점에서 디지털 시대의 언론, 언론인은 어떠해야 하는가.

미국의 언론학자 엔트맨은 미국 언론의 4대 파라독스로 질적 성장이 없는 양적인 풍요로움, 책임감 없는 공격성, 압력을 받으면서도 외면해 버린 개혁, 통제 받지 않은 권력을 지적하였는데 이는 디지털 시대에 접어든 오늘날의 기자들에게 시사하는 바가 크다. (우승용, 한국언론재단 수석전문위원)

메시지 생산의 중심에 있는 기자들은 지식 집약적 산업에 종사하는 사람이다. 따라서 이들은 전문적인 지식을 바탕으로 사회의 변화를 이끌어 갈 메시지를 생산할 수 있어야 한다. 그러나 기자의 업무량이 과도해지다 보니, 이러한 기자의 기본적 역할에 소홀해질 수밖에 없는 것이 오늘날의 현실이다.

기자들의 업무량은 과거와 비교해 보면, 신문의 경우, 신문 한 면을 만드는 기자의 수가 1986년 2.27명에서 1998년에는 1.37명으로 60% 감소한 반면, 주당 평균 신문 지면은 72면에서 185면으로 257% 증가하였다는 조사 결과(허행량, 세종대 신문방송학과 교수)가 이를 증명한다. 기사를 생산하는 중심에는 기자가 있다. 그럼에도 불구하고 면당 기자의 수가 감소하였다는 것은 기자들이 전문성을 확보하는 데 필요한 시간이 절대적으로 부족하다는 것을 역설하고 있다. 이 문제를 해결하기 위해 1차적으로는 기자의 수를 늘리고, 기자들이 보다 효율적으로 취재 활동을 할 수 있도록 언론 기업들이 지원해야 할 것이다.

대중들의 정보량과 속도가 무한대로 확대되고 있는 디지털 시대, 기자의 전문성은 기자의 위상을 제고하는 중요한 요소이다. 디지털 시대의 기자는 전문 정보를 유통시키는 '정보 유통자'이다. 요즘 많은 기자들이 자신들의 이름 앞에 미디어 전문 기자, 영화 전문 기자, 정보통신 전문 기자, 북한 전문 기자 등과 같이 자신들의 전문 분야를 내세우는 것도 이런 시대상의 반영이다.

기존 미디어의 세계에서 기자는 모든 정보의 문지기 역할을 하는 게이트 키퍼(Gate Keeper)였지만 이제 이런 역할로는 부족하다. 전문성이 부족한 기자는 엔트맨이 지적한 대로 책임감 없는 공격성, 압력 때문에 개혁을 외면하는 집단으로 오해 받기 쉽다.

시대가 바뀌어도 변하지 않는 기자의 역할도 있다. 기자는 사회 발전에 기여하는 공인으로, 객관적인 사실에 의거하여 기사를 작성하여 배포하고 이를 통해 사회 발전을 이끌어 가야 한다는 것이다.

최근 세계 언론을 놀라게 하였던 뉴욕타임스 제이슨 블레어 기자의 기사 조작 및 표절 사건을 보자. 이 사건은 기자의 자의적인 조작이나 표절이 더 이상 가능하지 않음을 시사해 주고 있다. 기자를 감시하는 눈이 그만큼 더 많아졌기 때문이다. 뿐만 아니라 부정확한 기사의 생산은 기자 자신의 명예 및 생명력에 치명적인 악영향을 끼치며, 더 나아가 그 기자가 소속되어 있는 언론사의 이미지에는 씻을 수 없는 오명을 남긴다는 것을 보여 주었다.

사실과 다른 기사에 대해 즉각적인 반격이 가능한 것은 국내 언론도 예외는 아니다. 기사가 사실과 다르거나 특정인이나 집단에 편향되어 있는 경우, 수용자들은 이런 기사에 대해 즉각적으로 자신들의 생각을 표현하고, 심한 경우 기사 생산자인 기자에게 원색적인 비난을 퍼붓기도 한다.

뉴미디어 시대, 기자에게 전문성과 함께 요구되는 가장 큰 덕목은 기사의 사회적 영향력에 대한 책임 의식이다. 이 덕목은 지난 시절부터 21세기까지 변함없이 중요하다. 미디어의 영향력이 증대한 만큼 사실과 다른 기사로 인해 특정인이나 특정 집단이 치명적인 타격을 입을 수 있다는 것은 너무나 자명한 일이다. 일명 언론 재판이라고도 하는 언론의 앞선 보도와 추측 기사는 한 기업뿐만 아니라 해당 산업의 발전, 나아가 국가 경제에까지 영향을 미치기도 한다.

반론 보도권이 존재한다고 하더라도 대중의 속성은 첫 기사에 의해 형성된 이미지에 많은 영향을 받기 때문에, 이미 언론에 의해 만들어진 부정적인 이미지는 정정 보도, 반론 보도로 쉽게 지워지지 않기 때문이다.

특히 신생 미디어의 경우, 자신들의 입지를 더 빨리 세우기 위해 선정적인 추측 보도를 남발하는 경우가 많은데, 이는 기자의 자질보다는 기자가 소속된 언론사의 성향 때문에 빚어지는 경우가 많다. 한 언론사에 소속된 기자는 기자로서의 사명감도 중요하지만 소속 언론사의 사시(社是)와 처해진 상황이 자신들의 기사 방향을 결정하기 때문이다. 현재 기자는 기사 실명제 시대를 살고 있다. 기자가 생산하는 기사는 소속 언론사에 귀속되지만, 종국에는 기자 자신의 이름으로 남게 된다는 사실을 잊어서는 안 될 것이다.

살아남을 것인가 도태될 것인가

디지털 시대의 기자가 생산하는 기사는 원 소스 멀티 유즈(One source Multi use)의 원칙에 맞게 생산되어야 한다. 하나의 메시지를 다양한 형태로 가공하여 유통하는 것은 디지털 시대의 콘텐츠가 갖는 기본적인 속성이다. 이제 신문의 기사를 인터넷, 방송, 핸드폰 등 다양한 미디어를 통해 접할 수 있는 시대이다. 기자들 역시 이런 변화에 발맞춰 취재하고 기사를 가공해야 한다. 이를 위해 언론사 사주들은 기자에 대한 과감한 투자를 아끼지 말아야 함은 물론이다.

윤전기를 사고 방송 기자재를 도입하는 데에는 수십, 수백억의 돈을 투자하지만 인적 자원인 기자들에게 투자하는 비용은 상대적으로 매우 적은 것이 우리 언론사의 현실이다. 일부 언론사의 경우에는 한 분야의 산업을 담당하는 기자가 단 한 명인 경우도 있다. 관련 정책에서부터 사업자들의 추이까지 전 분야를 단 한 명의 기자가 전담한다면, 질적으로 우수한 뉴스를 생산할 수 없는 구조라고 해도 과언이 아니다. 이런 상황에서 원 소스 멀티 유즈의 원칙까지 기자에게 부과하는 것은 어불성설이다.

디지털 시대, 언론은 이제 단순 경쟁이 아닌 생존 게임을 시작했다. 기자들 스스로 자신의 전문성을 확보하고 윤리 의식, 책임감을 강화하기 위해 노력하지 않는다면 미래는 없다. 이는 기자에게 투자하지 않는 언론 사주도 마찬가지다.

아날로그 시대의 기자는 디지털 시대를 맞아 새로운 변신을 요구받고 있다. 이들이 시대의 변화를 이끌어 갈 수 있다면, 이들의 위상은 당연히 상승될 것이지만, 그렇지 못하다면 이들의 위상은 구시대의 유물로 남을 것이다. 시대의 변화는 구성원들의 변화를 요구하듯, 뉴미디어 시대로의 변화는 기자들의 질적, 양적 변화를 요구하고 있다.